Pédagogie pratique

Faire réussir les élèves avec la pédagogie différenciée

Éric Battut, Daniel Bensimhon, Dominique Cantillon
Préface d'Élisabeth Bautier

RETZ
editions-retz.com

Les auteurs :

Éric Battut est très tôt immergé dans l'innovation pédagogique par des parents militant en faveur de Freinet. Il devient instituteur à l'âge de 20 ans. Il est très vite happé par l'éducation populaire devenant le responsable jeunesse de la Ligue de l'enseignement. Cette sensibilité sociale se retrouvera tout au fil de son parcours : enseignant en REP, maitre formateur, enseignant spécialisé, formateur ASH. Aujourd'hui conseiller pédagogique, il poursuit ses recherches notamment à Paris-8 Saint-Denis où sa rencontre avec l'équipe ESCOL va s'avérer déterminante pour penser une différenciation pédagogique réellement au service de l'égalité scolaire.

Daniel Bensimhon a débuté en 1982 comme instituteur puis est devenu professeur des écoles en 1993. Titulaire d'un CAFIMF en 1990, il a assuré la fonction de maitre formateur durant une dizaine d'années. Il devient conseiller pédagogique en 2001 d'abord en EPS puis généraliste. Il a assuré durant onze années des missions en France, au Maroc, et en Amérique du Nord pour la mise en place d'une pédagogie différenciée dans les établissements scolaires. Il assure régulièrement des formations sur l'Académie de Paris aussi bien pour le premier degré que pour les collèges situés parfois dans des quartiers très prioritaires.

Dominique Cantillon est professeur des écoles depuis 1994. Ses missions de conseillère pédagogique l'ont très vite amenée à s'intéresser tout particulièrement à l'école maternelle qui est devenue pour elle un terrain d'actions autant qu'un objet d'étude et de formation. Elle a fait partie durant plusieurs années de la mission maternelle à l'académie de Paris. Elle a contribué à l'élaboration du site internet de cette mission aux ressources très prisées des enseignants.

Remerciements :

Nos remerciements vont à tous les enseignants qui nous accueillent chaque jour dans leur classe, en particulier à C. Auvinet, C. Deschamps, L. Gautier, O. Jost, S. Lindepeig, C. Maignan, A. Mathiot, F. Pastant, C. Perron, N. Quillet, F. Samarine, S. Sergent, A. Stiren-Masson, M. Vaillant et C. de Vigan.

Crédits photos : Dominique Cantillon sauf pp. 170 et 183.

Cet ouvrage est conforme à la nouvelle orthographe – www.orthographe-recommandee.info

Cet ouvrage suit l'orthographe recommandée par les rectifications de 1990 et les programmes scolaires.
Voir le site
http ://www.orthographe-recommandee.info et son miniguide d'information.

FSC MIXTE – Papier issu de sources responsables – FSC® C022030 – www.fsc.org

Conçu & fabriqué en France

Direction éditoriale : Céline Lorcher
Édition : Claire Cabaret
Préparation de copie : Isabelle Chave
Correction : Émeline Guibert
Mise en page : STDI

Dépôt légal : juillet 2020

ISBN : 978-2-7256-3915-4

Sommaire

Nous avons, dans cet ouvrage, opté pour la forme neutre « enseignant » pour plus de lisibilité, mais nous sommes bien conscients que ce sont souvent des « maitresses », et donc des enseignantes, qui exercent en école maternelle. « Enseignant » fait référence ici aux personnes qui relèvent du corps enseignant, dans sa pluralité de genres.

Préface d'Élisabeth Bautier

Cet ouvrage, particulièrement riche en apports utiles pour la classe, comme pour la compréhension des phénomènes qui s'y produisent, s'appuie sur des résultats de recherche, dont les références couvrent des champs assez larges, car larges sont les domaines qui sous-tendent l'analyse des pratiques de classes : sociologie, psychologie, didactique, sciences du langage. Il repose cependant tout autant sur une connaissance certaine des élèves et des enseignants de maternelle. C'est cette double origine des propositions pédagogiques et didactiques qui fait l'intérêt et l'originalité de cet ouvrage. C'est elle aussi qui permet à ses auteurs de construire des ressources pertinentes dans les différents domaines qui vont du développement de l'enfant à ses apprentissages scolaires en passant par la relation avec les parents ou l'organisation de la classe.

Ces ressources peuvent ainsi permettre aux enseignants de faire face aux difficultés professionnelles liées à l'hétérogénéité des élèves ou aux difficultés de ces derniers quand leurs modes de socialisation familiaux les rendent justement peu familiers des pratiques scolaires et de leurs attendus. Ces attendus, trop évidents pour les enseignants, restent le plus souvent implicites pour ces élèves qui en conséquence ne peuvent tirer bénéfice des situations d'apprentissage et passent « à côté » des objectifs langagiers et cognitifs visés. Ces implicites sont également mis au jour dans toute leur complexité et dénoncés dans l'ouvrage.

Dénoncés, car ce qui est visé par ce que Louis Legrand dès 1970, a nommé pédagogie différenciée est bien l'appropriation des mêmes savoirs par *tous* les élèves, ce que les auteurs soulignent à maintes reprises. En ce sens, l'expression « pédagogie différenciée » serait sans doute moins ambigüe que celle, plus courante actuellement de « différenciation pédagogique » qui prend des connotations d'individualisation et de différences individuelles, actuellement dans l'air du temps ; alors même qu'il s'agit au contraire d'initier les élèves à apprendre collectivement dès la maternelle. L'ouvrage met heureusement l'accent sur l'importance des apprentissages spécifiquement scolaires, et en particulier sur les apprentissages langagiers nécessaires pour apprendre à l'école ; il souligne ainsi la différence majeure entre « dire ce que l'on a appris » et « apprendre à dire ce que l'on a appris ». Dans ce domaine des apprentissages du langage, omniprésent dans l'ouvrage, simultanément linguistique (les ressources lexicales et syntaxiques de la langue), langagier (l'usage de la langue qui mobilise les ressources en fonction des situations et des objectifs visés) et cognitif (le langage et l'élaboration de la pensée sont étroitement liés), les auteurs soulignent par les situations décrites le caractère indissociable de ces composantes, souvent négligé en formation initiale.

Faute de formation pertinente, les enseignants peinent à identifier les obstacles rencontrés par leurs élèves. Si leur difficulté de dire ou de comprendre est bien réelle, ces obstacles ne sont pas « seulement » linguistiques (le fameux manque de vocabulaire), ils sont bien simultanément cognitifs, langagiers et linguistiques. C'est cette complexité qui est travaillée ici de façon systématique car mobilisée par l'ensemble des situations présentées, la place centrale de l'étayage serré des enseignants est mise en évidence : ils apportent à l'élève les ressources manquantes qui vont lui permettre de passer du seul « faire » à « l'apprendre en faisant » et en étant conscient de ce qu'il apprend.

Ce qui sous-tend l'ouvrage, c'est avant tout l'importance de l'exigence cognitive et langagière pour TOUS les élèves, c'est une pédagogie différenciée qui n'est jamais simple adaptation au rythme ou aux difficultés linguistiques de l'enfant, mais bien la connaissance des obstacles qu'il rencontre afin de construire les étapes qui permettent de les dépasser. Rappelons que ces obstacles ne sont que rarement individuels, spécifiques de chacun, mais correspondent à un manque de familiarité avec les manières de faire avec le langage et les situations d'apprendre à l'école qu'il faut donc construire. Cette construction passe par l'analyse de ce que les situations proposées supposent de déjà familier, et qui est loin de l'être pour une majorité d'enfants. Cet ouvrage rend explicite aux enseignants ce qui leur est le plus souvent opaque et les laisse moins démunis devant les élèves pour lesquels, c'est l'école elle-même qui est opaque.

Élisabeth BAUTIER
Sociolinguiste,
professeure émérite de l'Université Paris 8,
membre de l'équipe ESCOL (CIRCEFT).

Ses travaux de recherche portent principalement sur la construction des inégalités scolaires dès l'école maternelle et la place du langage dans les pratiques scolaires.

Introduction

Voici un nouvel ouvrage sur la pédagogie différenciée qui s'intéresse à sa mise en œuvre à l'école maternelle. Pourquoi un tel livre ?

Cohérence avec les ouvrages des cycles 2 et 3[1]

Depuis que nous avons écrit notre premier livre sur ce sujet (2006), nous avons pu mesurer l'importance d'aborder les dispositifs de la pédagogie différenciée le plus tôt possible. En effet, l'aide ne doit pas être dispensée uniquement à partir de l'école élémentaire ; permettre à chaque élève de s'épanouir dès l'école maternelle nous a toujours semblé incontournable. L'égalité des chances, élément fondateur de l'école républicaine, doit se mettre en place dès les débuts de la scolarité.

Que ce soit en PS (et *a fortiori* en TPS) de l'école maternelle, les enseignants sont confrontés à des profils d'élèves très hétérogènes. Il ne s'agit pas forcément d'enfants qui rencontrent des difficultés lourdes d'apprentissage, mais plutôt des élèves plus ou moins réceptifs, plus ou moins enclins à apprendre, plus ou moins habiles dans le langage ou la motricité.

De plus, nombreux sont les enseignants d'école maternelle qui, à l'occasion de formations ou de conférences, nous demandent des pistes concrètes de mise en œuvre de la pédagogie différenciée pour de si jeunes élèves. Leurs questions tournent essentiellement autour de la façon d'aider les élèves au plus près de leurs besoins, de favoriser l'entraide, de donner le goût d'apprendre. Leurs inquiétudes reposent aussi sur l'idée qu'une différenciation hasardeuse pourrait creuser les écarts, générer du mal-être chez certains élèves, toucher à l'estime de soi.

L'homogénéité étant un mythe, voire un leurre, les collègues mesurent à quel point chaque enfant est différent des autres. Ceci est particulièrement vrai à l'école maternelle. Ce livre cherche à montrer ces différences et à voir en quoi ces dernières sont une réelle richesse pour l'épanouissement de chacun.

De nos échanges avec les enseignants, il ressort principalement que la gestion de cette hétérogénéité est leur difficulté principale et que leur métier prend davantage de sens lorsqu'ils trouvent des pistes solides d'aide et de gestion du groupe.

Ainsi est née l'idée d'un ouvrage pour la maternelle, car favoriser une entrée réussie dans les apprentissages, et plus largement dans la scolarité, représente pour les

1. Éric Battut, Daniel Bensimhon, *Faire réussir les élèves avec la pédagogie différenciée – cycle 2*, Retz, Paris, 2018. Éric Battut, Daniel Bensimhon, *Faire réussir les élèves avec la pédagogie différenciée – cycle 3*, Retz, Paris, 2018.

enseignants, mais aussi pour nous-mêmes, un levier très fort de lutte contre le déterminisme social et l'échec scolaire.

Mais qu'est-ce qui caractérise cette école maternelle que de nombreux pays nous envient ?

Les spécificités et les missions de l'école maternelle

Première étape de la scolarité de l'enfant[2], « l'école maternelle est **une école de l'épanouissement et du langage**. Sa mission principale est de donner envie aux enfants d'aller à l'école pour apprendre, s'épanouir et affirmer leur personnalité[3] ».

Devenue un cycle à part entière dans le cadre de la loi de refondation de l'école, l'école maternelle doit « garantir la réussite de tous les élèves au sein d'une école juste pour tous et exigeante pour chacun[4] ». Bienveillante, cette école « s'appuie sur un principe fondamental : **tous les enfants** sont capables d'apprendre et de progresser[5] ». Elle prend en compte les acquis de chaque enfant antérieurs à sa scolarisation pour le reconnaitre en tant que personne mais aussi lui reconnaitre sa capacité à apprendre.

Pour le bien-être des enfants, l'école maternelle veille à rendre cohérents les divers moments, qu'ils soient scolaires ou périscolaires, vécus par les élèves. Elle construit des passerelles en amont de ce qui lui préexiste (les familles et les structures de la petite enfance) et en aval, avec l'école élémentaire, en mettant en place un suivi des apprentissages.

L'école maternelle a aussi un rôle de **dépistage du handicap**, de prévention des difficultés et de compensation des inégalités sociales.

Les enseignants de l'école maternelle doivent tenir compte du développement et des besoins des enfants. Les situations d'apprentissages et les soins offerts correspondent aux besoins particuliers du petit enfant, « de jeu, de mouvement, de repos et de découvertes [...] d'expériences sensorielles, motrices, relationnelles, cognitives en sécurité[6] ».

---

2. Au programme de 2015 s'ajoutent des ajustements de 2019 qui précisent que « l'école maternelle est la première étape du parcours des élèves dans la maitrise des acquis fondamentaux – lire, écrire, compter et respecter autrui – à la fin de l'école élémentaire ».
3. Eduscol, « Présentation de l'école maternelle », aout 2019.
4. *Programme d'enseignement de l'école maternelle*, mars 2015.
5. *Idem.*
6. *Idem.*

Les enfants apprennent en jouant, en réfléchissant et en résolvant des problèmes, en s'exerçant, en mémorisant et en se remémorant. Dans chaque situation d'apprentissage, quelle qu'en soit la modalité, l'enseignant s'attache à observer les actions de ses élèves, il est attentif à leurs propos, suscite des discussions, formule des explications, rappelle ce qui a été acquis.

Très progressivement, durant les trois ou quatre années de l'école maternelle, les élèves apprennent **à vivre et à apprendre ensemble**. Ils sont confrontés à des expériences qui leur font découvrir des principes fondamentaux comme l'égalité, la justice, la fraternité, l'ouverture à la diversité des cultures, l'acceptation de la différence, la coopération et le partage, et qui les aident à développer leur estime de soi. Ils comprennent peu à peu les règles de la classe et de l'école, fondements d'une première citoyenneté. La socialisation scolaire oblige l'enfant à se penser en tant qu'individu pris dans un groupe, amené à apprendre avec d'autres. Pour cela, l'école maternelle s'attache à proposer des situations d'apprentissage inscrites dans un vécu commun, propices à débattre et à réfléchir ensemble.

L'organisation de l'enseignement à l'école maternelle en cinq domaines d'apprentissages contribue au développement global de l'enfant. Une priorité est redonnée par le programme de l'école maternelle aux **langages oral et écrit** dont la maitrise est déterminante pour la réussite scolaire.

Être enseignant de nos jours

Bon nombre d'enseignants, peu importe le niveau dans lequel ils exercent, de la maternelle jusqu'au lycée (pour ne pas dire plus loin !), se retrouvent fortement démunis face à l'hétérogénéité des élèves qui composent la classe dont ils ont la charge. Certains se découragent parfois profondément, au point de se sentir culpabilisés de ne pas parvenir à aider correctement l'ensemble de leurs élèves.

Ce sont des réalités très fréquentes auxquelles nous sommes souvent confrontés en tant que formateurs et nos réponses à ces difficultés convergent toujours vers la nécessité d'approcher les élèves au plus près de leurs besoins par le recours raisonné à une pédagogie différenciée. L'école maternelle, si elle a aussi un rôle de prévention, doit parvenir à s'intéresser et à suivre au plus près chaque élève. C'est un réel enjeu qui va bien au-delà d'une simple approche pédagogique.

À ce niveau de la scolarité obligatoire, il est souvent nécessaire de changer de modalité d'approche du groupe et de travailler avant tout sur la motivation pour enrôler les élèves dans la tâche. Dans ce cadre, la pédagogie différenciée offre un ensemble de possibilités d'actions très efficaces.

Ainsi, la mise en place d'une pédagogie différenciée donne du sens au métier de professeur qui vise avant tout à faire réussir tous ses élèves, ce qui constitue une réponse à une demande institutionnelle récurrente. Elle donne aussi du sens aux élèves qui viennent à l'école en étant convaincus qu'ils vont pouvoir être considérés selon leurs particularités et qu'ils pourront réussir les tâches scolaires – souvent perçues comme inaccessibles.

Sans oublier que nous sommes là pour donner des pistes concrètes de mise en œuvre, nous souhaiterions montrer que la pédagogie différenciée – souvent décrite comme une simple méthode, une pratique de gens de terrain – est à nos yeux d'abord un état d'esprit, une préoccupation[7].

Elle est au cœur d'un faisceau de trois champs complémentaires qui lui donne pertinence et légitimité : des intentions éthiques nous déterminent ; des recherches en sciences de l'éducation nous font penser ; des mises en œuvre nous font agir.

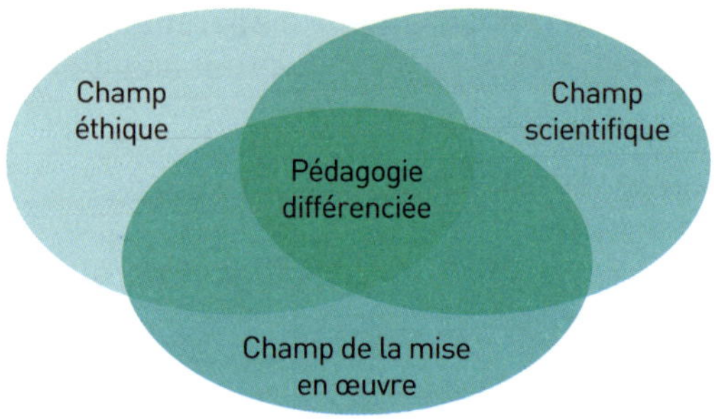

Doc. 1. – Les trois champs interpénétrés qui fondent toute démarche différenciée ▲

À l'origine, des intentions éthiques

Il n'y a pas de pédagogie différenciée sans intentions éthiques, visant à se préoccuper de la réussite de chacun des élèves qui nous sont confiés. Sans cette part sociale, morale et philosophique, voire simplement humaine et sensible, toute intention de différenciation serait au mieux techniciste, mais plus surement différenciatrice en ce sens qu'elle serait une gestion des différences sans préoccupation de la part humaine de l'élève-enfant qui nous est confié. On a pu voir dans l'histoire de la pédagogie différenciée ce genre de dérive qui a parfois pris la forme de « pédagogie par objectif » ou encore de « différenciation structurelle », l'une visant à l'acquisition de savoirs isolés, l'autre gérant les flux en filiarisant les parcours des élèves selon leurs capacités supposées. Ces stratégies éloignées de l'humain cherchent à atteindre l'idéal-type fantasmé de classes homogènes qui, on le sait, n'a jamais existé et ne peut pas exister, car même dans la plus grande des ressemblances, on est toujours et heureusement le différent d'un autre[8].

7. Selon l'expression de Philippe Perrenoud.

8. Pour ceux qui voudraient des arguments sur ce dernier point, nous invitons à lire le petit album de jeunesse *Vive la France* de Thierry Lenain (Nathan).

Au cœur, des mises en œuvre

Pour autant, la pédagogie différenciée réclame des actes. Elle ne peut pas être un « discours sur ». Elle se doit d'être une mise en action, une volonté que cette préoccupation éthique n'en reste pas aux principes, mais se montre efficace au travers d'actions concrètes qui rendent possibles les intentions éthiques.

Nombre de travaux sur la différenciation démontrent aujourd'hui que, d'une part, si le concept est bien cerné, sa mise en œuvre pêche, si bien que les intentions premières demeurent bien souvent des vœux pieux. D'autre part, ils expliquent que si l'immense majorité des enseignants voient la différenciation pédagogique comme indispensable, peu nombreux sont ceux qui passent à l'acte, faute de savoir comment s'y prendre réellement. Notre ouvrage vise justement à agir sur cet aspect souvent pauvre de la mise en œuvre pour passer de l'intention à l'action.

Aux aguets, les fruits de la recherche

Mais pour que cette efficience soit possible, il convient de savoir comment faire, non seulement en termes d'action, mais aussi en ayant pris soin de mesurer les effets de ces actions. En clair, les études, nombreuses en sciences de l'éducation, montrent que nos bonnes intentions risquent parfois de se montrer contreproductives. Nous devrons donc nous montrer attentifs à tous les risques qui peuvent faire passer d'une différenciation visant à prendre en compte chaque élève à un fonctionnement dans la classe qui accroisse les inégalités entre les élèves. C'est parce que ce passage de l'un à l'autre est contre-intuitif, tant nous nous imaginons que le fait de différencier est en soi porteur de vertu, que nous devons nous montrer encore plus vigilants à ces effets différenciateurs qui demeurent dans l'implicite de nos pratiques et que nous avons souhaité décrire afin d'appeler à la vigilance.

Ainsi, c'est dans une approche profondément qualitative et prudente que nous nous sommes attachés de manière déterminée à rassembler et à construire ce qui nous a semblé manquer lorsque nous étions nous-mêmes en classe ou questionnés par les enseignants que nous avions à former. L'ambition est de réussir à expliquer le comment à partir du pourquoi.

Affronter l'hétérogénéité des classes

La pédagogie différenciée apparait à une très grande majorité d'enseignants comme le moyen d'affronter l'hétérogénéité de leurs classes : hétérogénéité de savoirs et de compétences, d'attitudes et de comportements, mais aussi de compréhension des enjeux scolaires. Les études réalisées auprès des enseignants des écoles primaires montrent que cette question est leur première préoccupation. Pourtant, à mieux y regarder, on observe que la manière dont ils abordent cette hétérogénéité concerne deux aspects bien distincts des réalités de classe.

Chez certains, souvent les moins chevronnés, l'hétérogénéité apparait comme une question qui interroge la gestion de classe : que convient-il de mettre en œuvre pour apaiser la vie de classe et rendre possible l'élaboration de séances en posant un contrat didactique différencié visant à motiver et à mettre au travail chaque élève ? Ainsi, la pédagogie différenciée est le moyen de « poser le cadre ». Les gestes de différenciation alors mis en œuvre concernent la dimension « **éducation** » de notre mission d'enseignement (*cf.* encadré ci-dessous).

D'autres enseignants souvent plus chevronnés, affrontent l'hétérogénéité dans une tout autre perspective. Ils s'interrogent sur la manière de faire accéder chacun de leurs élèves aux compétences attendues. La différenciation pose les conditions pour que chaque élève accède à la réussite scolaire. Elle apparait alors comme le moyen de moduler l'organisation des situations didactiques pour permettre à chacun de s'y inscrire qualitativement. Cette préoccupation concerne la seconde dimension de notre mission d'enseignement : **l'instruction**.

Les trois fonctions de l'École[9]

Il est traditionnel d'attendre de l'école qu'elle joue un triple rôle :
– La **mission d'instruction** est centrée sur les savoirs. Elle a une fonction culturelle consistant à conserver et transmettre un corpus de connaissances et de savoirs disciplinaires.
– La **mission d'éducation** se mobilise autour de la fonction de socialisation visant à construire un vivre-ensemble par l'acquisition et l'accession à une série de normes et de valeurs partagées.
– La **mission d'insertion et de sélection** a une fonction économique utilitaire. Elle relève de tout ce qui a à voir avec la préparation au monde du travail, la gestion des flux, la sélection des élites et la méritocratie.

9. Prendre le mot École au sens large, au-delà de l'école primaire.

Le champ de la différenciation

La pédagogie différenciée, même si elle s'est imposée progressivement au point de devenir de nos jours une démarche incontournable et indispensable dans la classe, n'était absolument pas perçue comme une nécessité dans la première moitié du XXe siècle. Elle n'était évoquée que dans des cercles pédagogiques restreints mais ne correspondait à une préoccupation ni des enseignants, ni des instances dirigeantes de l'institution scolaire.

Même si, à son origine, ce besoin pédagogique a concerné plutôt les classes du collège, très rapidement, les dispositifs mis en place se sont déclinés pour des classes constituées d'élèves plus jeunes. Tout comme les autres cycles de l'école primaire, la maternelle n'échappe pas au recours à la pédagogie différenciée tant il est aisé de voir, de fait, l'hétérogénéité des élèves qui la constituent.

Nous tâcherons dans ce chapitre de définir ce qu'est la pédagogie différenciée et de montrer son importance au sein de l'école maternelle.

Définition de la pédagogie différenciée

Ce n'est que dans les années 1980 que la pédagogie différenciée a commencé à faire son apparition d'une façon assez précise dans le monde scolaire. Cette pédagogie avait déjà été prônée par Louis Legrand dans les années 1970 alors qu'il était directeur de ce qui deviendra plus tard l'INRP (Institut national de recherche pédagogique). Cela correspond aussi à la mise en place du collège unique qui a pour conséquence la constitution de classes hétérogènes et qui nécessite le traitement des différences entre élèves puisqu'ils ont vocation à rester ensemble. Cette idée novatrice voit la recherche d'un traitement adapté au profil des élèves mais aussi à leur rythme de travail.

Comment définir la pédagogie différenciée ?

Lorsqu'on regroupe les différentes définitions données de la pédagogie différenciée par les sciences de l'éducation, on obtient ce nuage de mots :

On observe qu'au terme « hétérogènes » qui est relatif aux élèves, s'oppose le terme « communs » qui ne laisse pas de doute sur l'ambition de maintenir et même de s'appuyer sur le groupe classe pour parvenir à surmonter cette hétérogénéité, le terme « ensemble » venant renforcer cette idée majeure.

La pédagogie différenciée ne vise pas un suivi individualisé. Si elle s'appuie sur les besoins spécifiques de l'élève, c'est pour voir comment s'en servir pour lui permettre de s'intégrer dans le groupe classe.

En effet, toute tentative trop régulièrement instaurée d'une individualisation des tâches à partir des besoins clairement identifiés aboutit à maintenir l'élève concerné à une plus grande distance encore des attendus scolaires. En clair, ce type de pratique accroit les écarts et donc les inégalités, plutôt que de les résorber.

La pédagogie différenciée n'est donc pas une individualisation des parcours. Au contraire, elle s'appuie sur le groupe social. Tout temps de travail individualisé doit donc être contrebalancé par du temps de travail collectif ou d'échanges entre pairs ayant des compétences hétérogènes.

La pédagogie différenciée ne cherche pas à aménager les parcours pour répondre aux particularismes de chaque élève. Elle vise plutôt à faire entrer chaque élève dans la complexité des savoirs scolaires ordinaires.

La pédagogie différenciée propose une palette variée de démarches et de procédés dans un cadre très souple à la fois structuré et structurant. Ce cadre est commun à tous.

Ainsi, nous définirons la pédagogie différenciée comme ce qui consiste à faire acquérir des savoirs communs par une pluralité de démarches qui prennent en compte les besoins de chaque élève, en maintenant le cadre de la classe : son espace et son groupe social.

Mais finalement, quel est son objectif principal ?

Elle vise l'acquisition des « savoirs », et plus encore les savoirs « communs », dont on a préservé la richesse et la complexité. Rien n'est plus éloigné de la différenciation que l'idée d'une adaptation des programmes à la baisse.

Différencier, c'est poursuivre le même objectif pour tous les élèves de la classe. On ne crée ni filières ni sélections !

En revanche, au sein du même objectif poursuivi, on aménage des étapes d'apprentissage, on simplifie plus ou moins la tâche, on aide plus ou moins l'élève afin de lui permettre d'être le plus efficace possible en même temps que les autres.

2

Les enjeux d'une différenciation dès l'école maternelle

Tout d'abord, force est de constater que les classes de l'école maternelle n'échappent pas à l'hétérogénéité au même titre que les classes de l'école élémentaire. Dans un premier constat, les classes « multi-âges », correspondant à un choix pédagogique de l'école ou à une contrainte d'organisation, représentent par essence une hétérogénéité. Cependant, les classes constituées sur la base d'un âge égal n'échappent pas à cette hétérogénéité liée aux caractéristiques individuelles des enfants : langue, culture, éducation reçue, maturité, motivation, capacités intrinsèques, etc. On voit bien que cette hétérogénéité – qui peut être perçue comme une « bonne chose » – est bien présente. Une bonne chose, pourquoi ?

- Les écarts entre enfants peuvent représenter une source intéressante de dynamique pédagogique (variété des intérêts, enfants experts, langage plus ou moins développé, etc.).
- Les relations de tutorat entre enfants de niveaux différents profitent à tous, que ce soit un tutorat informel ou un tutorat demandé par l'enseignant. Il s'agit d'une réelle richesse.

Au regard de ces particularités, il est incontournable de différencier sa pédagogie, mais précisons dans quels buts.

Il s'agit fondamentalement de viser **l'égalité des chances**. Certains écarts créent des désavantages pour les élèves les moins avancés. De plus, tous les enfants, même les plus avancés, doivent pouvoir progresser afin de maintenir leur motivation.

Il ne s'agit pas de chercher à annuler les différences (ce qui serait vain) mais de **rapprocher autant que possible les enfants les moins avancés du niveau de compétences visées** et de réduire les écarts entre enfants, liés aux déterminants sociaux et culturels externes à l'école. Les priorités résident dans les domaines les plus liés à la réussite scolaire (langage, numération, langue).

Ce chapitre cherche donc à comprendre pourquoi il est nécessaire de différencier, dès l'école maternelle, alors que le jeune enfant vient tout juste d'entrer dans sa scolarité. La mission de la maternelle n'est-elle pas de laisser le temps à l'enfant de se construire comme élève, sans pression excessive, dans une approche si respectueuse de ses particularités qu'elle s'interdirait toute forme de normalisation scolaire trop précoce ? Ou au contraire, l'école maternelle n'a-t-elle pas pour fonction de mener rapidement, voire à marche forcée, la mutation de l'enfant en un élève préprimarisé, la pédagogie différenciée en étant son bras armé ?

On le pressent, la différenciation en maternelle se situe entre ces deux extrêmes, mais pour quelle fonction ? Qu'en est-il du côté des représentations des enseignants ?

Le déclaratif des jeunes enseignants

En demandant aux jeunes enseignants de classes maternelles pourquoi leurs élèves ont besoin de différenciation pédagogique, on obtient ce nuage de mots[1] :

On observe une opposition entre le « tous » et le « chacun » qui vient illustrer le fait que l'école maternelle prend l'enfant dans ce qu'il est, comme « différent », particulier, unique, mais avec l'ambition de l'inclure à un « tous » uniformisant. La différenciation peut être l'un des moyens favorisant ce passage socialisateur par la prise en compte des particularismes des élèves, considérés comme « différents », mais avec l'objectif d'une inclusion sociale dans un groupe de pairs.

Intéressant, le mot « enfant » est systématiquement remplacé par le mot « élève ». Ces jeunes enseignants prennent au sérieux la maternelle comme une école de plein exercice, comme le confirme l'ambition affirmée que les élèves « progressent » grâce aux « apprentissages ».

À la source des différences apparaissent deux mots : « rythme », ici majeur, renvoie à l'attitude des élèves et vient s'opposer à « compétences », en mineur, qui relève des aptitudes ou des prérequis. Il semble qu'au moment de différencier, ces enseignants de maternelle pensent d'abord à prendre l'enfant comme élève, ils ambitionnent de construire les apprentissages inscrits dans les instructions officielles sans chercher à trop s'appuyer sur les particularismes du jeune enfant pourtant fraichement

1. Enquête réalisée auprès des enseignants néotitulaires de l'académie de Paris par le groupe académique « Différenciation pédagogique et personnalisation des parcours », 2019.

socialisé. À moins que ce ne soit révélateur d'une centration de la préoccupation des enseignants de maternelle à d'abord privilégier le « devenir élève » sur son versant comportemental. La différenciation viendrait alors, selon ces enseignants, agir plutôt sur l'attitude des élèves qui seraient encore peu familiarisés avec les nécessités scolaires que sur leurs aptitudes cognitives à entrer dans les savoirs.

La volonté de construire des savoirs serait-elle dès cette étape trop ambitieuse ? Ne vaudrait-il pas mieux viser le passage de l'enfant à l'élève à pas comptés ? Nous le verrons au fil de l'ouvrage.

Après nous être centrés sur l'élève, voyons comment ces mêmes enseignants expriment leurs besoins de pédagogie différenciée dans leur pratique quotidienne :

Si la préoccupation de l'enseignant est d'abord sa classe, son groupe, il demeure massivement confronté à une difficulté de « niveau », c'est-à-dire à l'hétérogénéité des compétences de ses élèves. L'enseignant semble entravé dans son ambition de construction de savoirs par cette hétérogénéité. Voilà qui est surprenant pour des élèves qui viennent tout juste d'entrer dans les savoirs scolaires. Comment peuvent-ils déjà avoir échappé à ces savoirs et quelles évaluations si précises amèneraient à constater que les élèves ont déjà des différences de niveaux ? À moins d'estimer que ces savoirs supplémentaires que certains possèderaient et d'autres pas ont été construits en amont de l'école maternelle.

Voilà qui questionne. Les fonctions premières de l'école maternelle sont en effet éloignées de cette ambition précoce d'acquis normés. On lui attribue plutôt la mission de « réunir les conditions favorables au développement culturel et social, psychologique et cognitif[2] » de l'enfant qu'on lui confie, de « faire vivre à chacun, dans un milieu structuré et structurant, une première expérience scolaire réussie[3] ».

2. Yves Soulé, *actes* du 87e congrès de l'AGEEM, 2014.

3. Jacques Lévine, « À quoi sert l'école maternelle ? » à lire sur : http://11.snuipp.fr/ancien_site/maternelle.html

On comprend donc qu'à l'école maternelle, les logiques de remédiations ont bien peu de sens, alors que les tout premiers apprentissages viennent seulement d'être commencés. Ainsi, comment l'élève pourrait-il déjà avoir besoin de remédiations avant même d'avoir échoué ? On peut donc estimer qu'une différenciation corrective va se montrer peu pertinente, inutile, voire contreproductive, en risquant d'isoler l'enfant du milieu d'apprentissage où il a vocation à se construire : le groupe classe. Si différenciation il doit y avoir, elle se doit donc d'être mesurée et, oserons-nous dire, se faire discrète.

Les premières bonnes postures

En revanche, il est certain que cette différenciation ne doit pas adopter les contours qu'elle prend à l'école élémentaire où une première « culture du résultat » est déjà mise en œuvre.

Différencier en maternelle vise d'abord à accompagner le cheminement de l'enfant vers son statut d'élève au travers des activités ordinaires de la classe. La différenciation ne bouscule pas, ne surprend pas, ne déstabilise pas, ne modélise pas. Elle ne se structure pas en dispositifs et en démarches lourdes. La différenciation en maternelle s'immisce dans la pratique naturelle de l'enseignant, en ce qu'elle est « une préoccupation », selon le terme employé par Philippe Perrenoud[4], c'est-à-dire une attention à la personne, **une vigilance** à son cheminement dans les plus petits interstices de ses apprentissages ordinaires, une distillation de la « chose scolaire » discrète, constante et tenace.

L'inspectrice générale honoraire Viviane Bouysse ne dit pas autre chose quand elle nous invite à « **rester simple** », en introduisant d'abord « des petites différences dans les pratiques habituelles, [car] elles peuvent produire de grands effets »[5].

Plus encore qu'en élémentaire, elle est d'abord un geste professionnel qui relève de la responsabilité pleine et entière de l'enseignant. Ce geste, ces gestes, sont rendus possibles dans une organisation simple, mais très réfléchie en amont. Elle gagnera à être ritualisée avec des temps et des types de **séances de format stable**, leurs structures récurrentes dégageant du temps pour l'enseignant qui se libère de la transmission des consignes, de la distribution du matériel, des régulations et… des remontrances. Cette disponibilité est mise au service des élèves qui ont réellement besoin de la présence de l'enseignant et de ses étayages.

Dans ce quotidien ordinaire, la différenciation s'appuie grandement sur les interactions entre élèves favorisant les formes de tutorat et les **aides mutuelles** qui aident les moins préparés à saisir les formes et les objets scolaires par l'imitation des pairs.

4. Philippe Perrenoud, *Pédagogie différenciée. Des intentions à l'action*, Paris, ESF, 1997.
5. Viviane Bouysse, *La gestion de l'hétérogénéité. La différenciation pédagogique en classe maternelle*, Conférence, La Réunion, 4 juin 2009.

Des domaines privilégiés

N'oublions pas cependant que l'école maternelle est la première école et à ce titre elle participe à la perspective scolaire de l'élève. Ainsi, elle ne doit pas se voiler la face ou se draper dans le souvenir de son passé glorieux. On lui demande aujourd'hui d'atteindre des attendus considérés comme déjà indispensables à l'avenir scolaire de ses élèves, ce que Viviane Bouysse appelle des « standards de niveau », posés comme devant être atteints par tous les élèves. Elle ajoute que nos priorités doivent aller à « ce qui est le plus en relation avec la réussite scolaire ». La différenciation visera donc d'abord à agir sur les domaines qui portent en eux les compétences clés, considérées à juste titre comme les briques de la réussite scolaire. On pense bien sûr au **langage**, dont nous verrons dans l'ouvrage combien il est la grande aventure de la différenciation, mais aussi la **compréhension** des textes entendus et les premières compétences en **numération**. Enfin, une place toute particulière doit être accordée aux premiers **outils graphophonologiques**. Un travail explicite et exigeant sur la syllabe, la reconnaissance des lettres, l'ordre des lettres dans un mot est considéré comme précurseur de l'apprentissage de la lecture.

En effet, on ne peut imaginer que certains élèves, qu'on n'aurait pas assez sollicités, arrivent au CP sans ce bagage minimal sur lequel les enseignants d'élémentaire vont s'appuyer dès la rentrée.

S'ajoutent à ce premier ensemble, la très aventureuse maitrise des **codes de l'école** et ses manières si particulières d'apprendre qui sont le point d'achoppement majeur lors du passage de l'enfant à l'élève et qui devra être la priorité de nos mises en œuvre différenciées.

Principes de mise en œuvre de la pédagogie différenciée

La mise en place d'une pédagogie différenciée dans la classe suscite toujours de nombreuses questions ou interrogations de la part des enseignants quel que soit le niveau de scolarité où ils exercent. Les élèves toujours aidés ne vont-ils pas se sentir stigmatisés ? Vais-je pouvoir garder la cohérence du groupe classe dans ce type de pédagogie ? Ne vais-je pas accroitre les écarts entre élèves ? Et les élèves les plus experts, quelle place leur donner ? Et puis, n'est-ce pas une pédagogie qui demande énormément de travail ne serait-ce que pour la préparation des séances ?

Ces questions, que l'on pourrait continuer à lister, sont toutes légitimes, mais elles sont souvent assorties de la reconnaissance d'une insatisfaction des collègues à ne pas parvenir, d'une façon raisonnée et forte, à aider les élèves dans leurs apprentissages pluriels. Cela relève du **sens donné à leur mission d'enseignant** auquel ils sont particulièrement sensibles.

Tâchons maintenant de réfléchir justement à la façon de dispenser cette aide tout en respectant différents principes directeurs.

Les aides sont cumulatives

Que ce soit sur un temps d'APC (aide pédagogique complémentaire), que ce soit des aides dispensées par les membres du RASED ou des aides données par l'enseignant durant le temps de classe, toutes sont complémentaires. Cependant, l'aide la plus forte, celle qui offre les meilleurs résultats doit être dispensée **durant le temps ordinaire de la classe**, lorsque le groupe classe est réuni.

L'aide est difficile à dispenser en grand groupe. Il faut pouvoir être proche des élèves, les regarder travailler, les écouter expliquer. Il faut pouvoir s'assoir avec eux et leur accorder un temps conséquent. Oui, cela suppose d'organiser le travail pour y parvenir, mais c'est possible, pour peu que l'on mette en place des moments autonomes et réfléchis. Sans que cela soit l'unique modalité, **les petits groupes** sont quand même à privilégier car bien plus efficaces. On peut dire alors que la pédagogie différenciée favorise la construction de l'autonomie, une compétence qui se construit tout au long de la scolarité.

Une classe hétérogène suppose aussi des élèves plus experts, plus avancés dont il faut tenir compte, au risque sinon, et tout particulièrement dans les petites classes, de les voir s'ennuyer et se désintéresser de la tâche demandée. La pédagogie différenciée s'y intéresse également, car ces élèves, si l'on trouve le moyen de les valoriser, représentent un excellent moyen de dynamiser la classe.

Une partie du chapitre 7 est consacrée aux élèves experts.

Que vise-t-on lorsqu'on différencie sa pédagogie ?

L'enseignant cherche, d'abord à **améliorer les résultats** des élèves. C'est un premier point indispensable à préciser, car l'école est avant tout un lieu où on apprend des savoirs scolaires.

Il cherche ensuite à ce que les élèves prennent confiance en eux. On vise à développer « **l'estime de soi** », élément tellement indispensable pour apprendre. On cherche donc à stimuler, à donner envie d'apprendre. Il n'y a pas d'apprentissage possible sans **motivation** qui en est le moteur.

Il vise aussi à favoriser **l'entre-aide entre élèves**, extrêmement efficace dans les apprentissages pour les deux parties. À chaque fois que cela est possible, on contribue à améliorer les relations entre eux et à leur apprendre à accepter l'autre tel qu'il est. On touche ainsi, d'une façon quotidienne, au concept de **fraternité**, troisième pilier de la devise républicaine. C'est à ce titre que l'on peut développer la cohérence du groupe d'élèves dont on a la charge.

Enfin, il cherche aussi (et surtout !) à ce que tous les élèves atteignent **le même objectif**. En revanche, les chemins pour y parvenir peuvent être différents, adaptés, allégés, modifiés, etc. Il y va de la cohérence de la mission de l'enseignant. Nous verrons, tout au long de ce livre, que ce principe est essentiel. Car, à l'inverse, comme le disait Jean-Pierre Astolfi[1], si on ne cherche pas à poursuivre le même objectif pour tous dans la classe, alors on sélectionne ! Il faut certes alléger pour certains élèves, mais avec une exigence constante. Reconnaissons toutefois que lorsque la tâche est par exemple très simplifiée, l'objectif poursuivi sur le moment peut paraitre différent d'un enfant à l'autre. Néanmoins, en fin de compte, la programmation des apprentissages est la même pour tous les élèves, de sorte que, *in fine,* ceux-ci puissent aborder des contenus communs à tous.

1. Jean-Pierre Astolfi, « Différencier par les modes de pensée » in « Raisonner », *Cahiers pédagogiques*, n° 296, septembre 1991.

D'autres principes à observer lorsqu'on différencie

À l'inquiétude que différencier reviendrait à étiqueter les élèves les plus aidés, il faut répondre par **la transparence**. C'est-à-dire préciser clairement, à toute la classe, qui va être aidé lors d'un temps d'enseignement et à quel endroit de la classe cette aide est dispensée. L'idée forte est que l'aide devienne coutumière, habituelle, et qu'il est même profitable que cette aide existe. Il ne doit plus y avoir de honte à être aidé par l'enseignant, voire par un pair. L'enseignant peut même noter au tableau qui est aidé sur le moment, cette transparence étant assortie *d'une explicitation* donnée au groupe. Très vite, la sensation de créer de nouvelles différences disparait tout simplement parce que les élèves se sentent aidés et épaulés mais aussi parce que leurs résultats tendent à s'améliorer.

MS – binôme à l'ordinateur ▲

Dans certaines classes, **des binômes** sont mis en place dès le début de l'année, avant même toute évaluation diagnostique, pour institutionnaliser l'entraide. Ces binômes évoluent au fil des périodes.

Aider tous les élèves est bien une des priorités des enseignants. C'est avoir une **attitude bienveillante** qui cherche à valoriser le moindre progrès et qui encourage l'élève. Pour y parvenir, c'est aussi apprendre à **observer les élèves**, comment ils fonctionnent et comment ils interagissent entre eux. Philippe Meirieu[2] nous rappelle à juste titre qu'un enseignant qui cherche à différencier sa pédagogie doit s'appuyer sur une règle : parler moins, faire agir plus et observer pendant ce temps.

Axe de différenciation

Oser dire et montrer de manière explicite, dans un langage que les enfants peuvent comprendre, que dans votre classe on prend en compte les besoins de chacun, qu'on le fait tous ensemble car on veut que tous ensemble nous réussissions.

2. Philippe Meirieu, « Plus que jamais la pédagogie différenciée », in « Retours sur… la pédagogie différenciée », *Cahiers pédagogiques*, Supplément 3, octobre-novembre 1997.

La question de la variété des supports

Beaucoup d'enseignants cherchent à varier les supports ou les situations d'apprentissage proposés aux élèves. C'est une volonté tout à fait louable car, pour de nombreux élèves, cela se traduit par une motivation nouvelle. Cependant, si l'on s'intéresse de plus près aux élèves plus fragiles, on s'aperçoit que cette variété de supports et de situations peut les perdre. Ces élèves ont besoin de **stabilité**, de répétition, de sécurité.

Prenons l'exemple d'une situation qui favorise le développement du langage pour un, voire plusieurs élèves réunis en groupe de besoins. L'outil qui aide à parler peut très bien être une image, celle d'un clown par exemple. En groupe restreint, l'enseignant amène les élèves à décrire l'image, à imaginer ce que fait ce clown, ce qui lui arrive. L'enseignant peut noter ces idées éventuellement sous la forme de dictée à l'adulte. Réfléchissons maintenant à l'intérêt d'utiliser la même image lors d'une séance ultérieure. Eh bien, ces élèves fragiles peuvent déjà reconnaitre ce clown, revenir sur ce qui a été dit la fois précédente, modifier des éléments. **L'aide du support écrit de l'enseignant est ici importante.** En bref, il ne faut pas tout reconstruire à chaque fois. Cela permet d'aller plus loin en « creusant plus profondément le sillon ». Petit à petit, et lorsque l'enseignant sentira cela possible pour ces élèves, d'autres images (supports) pourront être introduites en vue de la comparaison et du rapprochement de documents, car ces nouveaux outils sont propices à de nouvelles idées et donc à de nouveaux actes de langage.

Dans cette même perspective, mais d'une façon plus large, il est tout à fait souhaitable d'utiliser des supports qui ont été proposés à la classe bien plus tôt dans l'année. Prenons l'exemple d'un ouvrage de littérature de jeunesse proposé au mois d'octobre et qui a fait l'objet d'une première étude. Proposer ce même livre au mois de janvier ou de février va offrir, à tous les élèves et en particulier aux plus fragiles, l'avantage de retrouver l'univers de cet album, les personnages, les lieux, les actions. Ce « retour » sur l'ouvrage est profitable à tous car tous peuvent en parler là où, au mois d'octobre, certains ne s'étaient pas beaucoup exprimés. Il est aussi souhaitable de pousser plus loin cette reprise : aller plus en profondeur vers l'implicite, travailler autrement sur les illustrations, mesurer plus finement le rapport texte-image, imaginer une autre fin, une autre suite, générer un nouveau débat interprétatif, etc. **La reprise de l'album en collectif ou en groupe plus réduit aide grandement les élèves à mesurer leurs progrès**, car ils se remémorent ce qu'ils avaient compris et ce qu'ils comprennent maintenant.

Cet exemple à partir d'un ouvrage de littérature de jeunesse peut très bien se transposer à d'autres supports ou situations d'apprentissages : un parcours d'EPS identique où les élèves qui étaient en retrait la première fois osent maintenant prendre les risques demandés, la reprise de comptines, de chansons, de poésies. La même demande en arts plastiques, les mêmes images à exploiter, etc.

De la pédagogie du garçon de café à la table d'appui

Nous avions évoqué, dans les autres livres sur la pédagogie différenciée[3], la « **pédagogie du garçon de café**[4] », c'est-à-dire une attitude qui voit l'enseignant se déplacer constamment d'un groupe, d'un élève, d'un atelier à l'autre sans jamais prendre réellement de temps pour aider les élèves qui en ont besoin. Nous pourrions tout autant utiliser la métaphore de « l'abeille qui butine » de fleur en fleur. Très fréquemment l'enseignant ne prend pas le temps de s'installer auprès d'un élève, de s'assoir à son niveau. L'idée de vouloir répondre aux besoins de tous les élèves est louable, mais l'attention portée est furtive et tout ceci est trop rapide.

L'aide, celle qui vise à débloquer un élève, ne peut avoir d'efficacité qu'à la condition qu'elle soit relativement longue. Pour y parvenir, ceci suppose que les autres élèves soient en activité et ne réclament pas en permanence l'enseignant. Ceci suppose aussi que ce dernier ne se sente pas indispensable auprès de tous ses élèves et en même temps.

Axes de différenciation

Quelques principes à retenir :

- **Accorder un temps relativement long** à l'aide dispensée. Il faut pouvoir observer l'élève, le relancer, le faire parler, solliciter ses pairs qui sont autour de lui. Tout ceci suppose du temps.
- **S'installer à hauteur de l'élève** et ne pas rester debout au-dessus de lui. Il faut pouvoir le regarder agir sans interférence. Un adulte debout, ça impressionne parfois ! Certains enseignants utilisent un petit tabouret pour pouvoir s'installer confortablement.
- **Utiliser une table d'appui** pour définir le lieu où l'enseignant va donner de l'aide (voir ci-dessous).
- **Expliquer au reste de la classe** que l'enseignant n'est pas disponible pour les autres durant un certain moment. Il aide tel élève ou il est fixé sur tel atelier. C'est le principe de transparence que nous avons évoqué plus haut.

3. Voir Éric Battut, Daniel Bensimhon, *Faire réussir les élèves avec la pédagogie différenciée, cycle 2*, Paris, Retz, 2018 ; *Faire réussir les élèves avec la pédagogie différenciée, cycle 3*, Paris, Retz, 2018.
4. Philippe Meirieu attribue cette expression à Dominique Glasman. Voir Philippe Meirieu, « Pédagogie et innovation : l'école, ses finalités et ses acteurs », article paru sur le blog de l'auteur : *www.meirieu.com*

Différenciation, dispositifs et modalités à privilégier

La majorité des actions de différenciation passe par la mise en œuvre de dispositifs ou modalités spécifiques. Elles consistent généralement à regrouper quelques élèves autour de l'enseignant pour une diversité d'activités. Nous présentons ici les plus fréquentes et les plus efficaces, avant de les illustrer plus concrètement au fil des pages de cet ouvrage (parties 3 et 4 notamment).

La table d'appui

Dans la classe de GS, et d'une façon plus nuancée en MS (vers la deuxième partie de l'année scolaire), il est important de définir un endroit dans la classe où une table est destinée à l'aide. C'est la table d'appui.

L'intérêt de la table d'appui repose sur l'idée que dans la classe existe un espace aménagé pour l'aide. Cette dernière prend un **caractère officiel**. Sur un plan relationnel, l'élève sait que lorsqu'il est assis à la table d'appui, il va pouvoir disposer d'assez de temps, sous le regard de l'enseignant et en compagnie parfois d'autres élèves, pour réaliser l'activité demandée. L'idée est à la fois de sécuriser les élèves mais aussi de structurer à leurs yeux cette aide. De plus, cela leur donne la vision d'un enseignant attentif et bienveillant.

> Le vif succès de cette table d'appui auprès des élèves invitera l'enseignant à une organisation rigoureuse pour déterminer qui est aidé et à quel moment.

Le groupe de besoins

Il s'agit d'un groupe qui réunit ponctuellement de trois à sept élèves en fonction des difficultés ponctuelles qu'ils rencontrent. Il ne s'agit donc pas d'un groupe de niveau qui verrait les élèves y être maintenus de manière durable. Il s'agit donc d'un groupe plutôt homogène et changeant. Ce groupe travaille avec l'enseignant pendant que les autres élèves sont placés en autonomie.

Le groupe hétérogène

C'est un petit groupe de travail de trois à six élèves ayant des besoins différents. L'idée est de permettre aux élèves de coopérer en poursuivant un objectif commun par une tâche commune. L'objectif est que le plus fragile apprenne les manières de réussir au contact des autres et que ceux-ci se mettent à son service pour qu'il les apprenne. Cela est rendu possible par le fait que la réussite de l'élève en difficulté conditionne la réussite de tout le groupe. Des interactions et des apports d'aides vont donc spontanément émerger.

Le groupe d'entrainement

Il s'agit d'un groupe homogène dit "plus" car il est composé d'élèves à besoins similaires auxquels l'enseignant a adjoint un élève plus avancé qui servira de ressources lorsque les autres élèves en manqueront. Il cible une compétence particulière, prise plutôt parmi les compétences procédurales et les connaissances de base, et qui fait l'objet d'un entrainement systématique, d'un sur-apprentissage. L'élève « plus » joue un rôle de ressources, mais il est aussi souvent celui qui rassure affectivement ses camarades.

L'atelier préalable

Il s'agit d'un atelier d'explicitation qui vient en amont d'une séance d'apprentissage, destiné aux élèves fragiles qui sont peu à leur aise dans les séances à forts contenus. Il vise d'une part à doter les élèves qui n'en disposent pas des outils indispensables à la compréhension de la séance à venir ; d'autre part, à permettre à ceux-ci d'entrer dans l'activité en même temps que les autres, à égalité de compétence et de pertinence. Ce dispositif est décrit en détail dans le chapitre 15 « *Les différents moments d'intervention* ».

L'atelier de modelage

Plutôt que de mettre les élèves en situation de recherche, souvent aventureuse pour les plus fragiles d'entre eux, l'enseignant décide de montrer comment il s'y prend pour résoudre une activité. Devant ces quelques élèves, l'enseignant met un « haut-parleur sur sa pensée ». Il cherche à mettre au jour les processus mentaux qu'il active durant la résolution afin que les élèves s'en emparent. Il s'agit donc d'un **réel moment de métacognition** (voir chapitre 12 « *L'enseignement explicite et la métacognition dès l'école maternelle* »).

L'aide des pairs, le tutorat entre élèves

Il s'agit d'une aide horizontale d'un élève vers un autre élève. Elle se base sur le volontariat : le désir d'aider et celui d'être aidé. Elle nécessite donc un accord réciproque entre les deux élèves concernés. Il est utilisé lorsqu'un élève plus rapide ou plus expert a terminé son travail avant les autres. Il peut alors se mettre à la disposition d'élèves manifestant des besoins particuliers. Il ne faut pas confondre « aider » et « faire à la place ». Celui qui aide n'est pas celui qui tient le crayon.

Il est donc important de faire réfléchir à la façon d'aider : ne pas tout dévoiler, ne pas faire à la place, ne pas donner le résultat et... montrer de la patience. Il faut à chaque fois rappeler ces nécessités de façon à améliorer la façon d'aider.

L'activité enrichie

Cette modalité est destinée aux **élèves experts** (voir chapitre 7). Elle consiste à leur proposer une activité proche de celles travaillées en groupe-classe, mais contenant des enrichissements. Il s'agit souvent d'une tâche supplémentaire, possiblement plus complexe, mais qui ne sort pas l'expert de l'activité commune. Ce travail d'enrichissement gagne ensuite à être exposé devant le groupe-classe, car il est un complément de l'activité commune. Ce partage valorise les experts et permet que ce travail périphérique, que tout le monde n'a pas réalisé, soit restitué et soit rendu disponible à tous.

Le plan de travail

Le principe consiste à proposer aux élèves une liste d'activités qui vont leur permettre de gérer seuls un temps de travail conséquent sans requérir l'intervention de l'enseignant (voir chapitre 24 « *Le plan de travail* »). Ces activités peuvent être différentes selon les besoins des élèves. Elles peuvent aussi être librement choisies par les élèves. Le maitre n'enseigne plus : il est une ressource.

Différencier, sur quoi peut-on agir ?

Résumons les différents moyens d'action à la disposition de l'enseignant. Pour différencier, il peut agir :

- au niveau des outils ;
- au niveau des démarches ;
- sur les situations d'apprentissages :
- dans le degré de guidage ;
- dans la gestion du temps et de l'espace ;
- sur l'organisation de la classe ;
- sur la façon de mobiliser les élèves.

Il va sans dire que plusieurs de ces axes peuvent être poursuivis en même temps. Les différents chapitres de ce livre développeront ces axes.

À l'école maternelle, que faut-il plus particulièrement surveiller ?

La réflexion sur la façon de différencier selon ces différents éléments caractérise l'enseignement à ce niveau de la scolarité. Il faut donc s'interroger sur :

- le coin regroupement ;
- les rituels ;
- les différents espaces proposés ;
- l'accueil ;
- l'affichage ;
- l'organisation des ateliers ;
- la construction de l'autonomie...

Là encore, ce livre propose dans sa partie 4 des pistes dans chacun de ces domaines pour que la différenciation pédagogique soit un outil au service des apprentissages de tous et qu'aucun moment, aucun espace ne soit laissé au hasard. Mais avant cela, commençons par nous interroger sur les élèves qui s'inscriront dans ces dispositifs.

Le public de la différenciation à l'école maternelle

Qui dit pédagogie différenciée sous-entend la mise en évidence de certaines différences entre élèves. Ces différences ne signifient pas forcément des difficultés scolaires, mais on entrevoit l'intérêt pour l'enseignant de bien prendre leur mesure et de ne pas considérer d'emblée que tous les élèves de sa classe fonctionnent de la même façon et à la même vitesse.

Dans les classes d'école maternelle, pour d'aussi jeunes élèves, le rapport à l'enseignant, l'attitude face à la tâche scolaire, le rapport aux parents également sont autant d'éléments à prendre en compte par l'enseignant afin de se situer dans une dimension préventive de la difficulté scolaire mais aussi respectueuse de chaque élève. Cette seconde partie va être consacrée au public spécifique que sont les élèves de l'école maternelle afin de bien comprendre comment en tenir compte et viser l'épanouissement de chacun.

L'école maternelle, un rapport particulier avec l'élève

Bien plus que l'école élémentaire, l'école maternelle a toujours été en phase avec les rythmes de développement de chaque enfant pour lui permettre de devenir progressivement élève. Un regard d'emblée bienveillant s'opère entre les adultes et les élèves, assorti d'affection et d'écoute. Il s'agit avant toute chose de réussir cette entrée à l'école en accueillant chaque enfant tel qu'il est.

Les caractéristiques d'élèves aussi jeunes

Les élèves de cet âge, surtout dans les premières années de l'école maternelle, ne cachent rien et la spontanéité de ce jeune public fait justement le charme de ces classes mais aussi un paramètre à prendre en compte. En d'autres termes, le jeune enfant n'écoute pas forcément ce que dit l'enseignant, n'est pas forcément disponible au moment où on le souhaite, ne rentre pas forcément de façon immédiate dans un apprentissage proposé. Il s'agit **de rythme**, **d'âge**, mais aussi de **motivation**, voire d'affection envers l'enseignant. De plus, la durée de concentration d'un élève de cet âge est relativement courte et il faut donc prévoir des activités certes variées, mais aussi complémentaires, comme des « roues de secours » favorisant un temps conséquent d'apprentissage. Il s'agit bien d'un rapport particulier avec l'élève ancré dans une réalité de classe bien spécifique.

Enseigner à l'école maternelle

Être enseignant d'école maternelle, c'est être bien au clair sur la particularité de ce public.

L'école maternelle doit être une période de construction progressive par les enfants eux-mêmes de leur **statut d'écolier**. Ils n'entrent pas « écoliers » en PS (et *a fortiori* en TPS) et il n'y a pas lieu d'attendre qu'ils le soient déjà. L'école maternelle constitue une passerelle entre le monde de la famille et celui de l'école avec sa forme et ses rigueurs. La transition opère comme un choc de deux modes d'apprentissage, le mode spontané des premiers apprentissages vers un mode beaucoup plus contrôlé des apprentissages scolaires.

Les enseignants d'école maternelle accueillent les élèves tels qu'ils sont. Chaque élève est différent et va se comporter de manière singulière. **La réussite de tous ne peut passer que par les progrès de chacun**.

Les différences sont acceptées et respectées, elles ne peuvent être d'emblée gommées pour conduire un hypothétique « cours unique ». Chaque enseignant gère les différences du mieux qu'il le peut et cela suppose des gestes professionnels adaptés et réfléchis, construits parfois simplement à partir d'une bonne intuition au service d'une pratique qui réussit.

L'école maternelle : des approches différentes

Cette école oscille entre deux perceptions de son rôle qui peuvent être complémentaires :

- Soit l'enfant est considéré pour ce qu'il est et non pas pour ce que l'on voudrait qu'il devienne. Dans ce cadre, il s'agit de veiller à ce que tous les besoins du petit enfant soient satisfaits (sécurité, repos, jeu, expression, langage et apprentissages, etc.) et à ce que les parents soient fortement associés à cette première éducation en milieu collectif.
- Soit l'école maternelle a pour première mission de réduire les écarts sociaux et de donner les bases d'une scolarité réussie.

On mesure bien qu'**il s'agit de favoriser l'épanouissement des enfants** et de faire en sorte qu'ils deviennent progressivement des élèves.

Scolariser un enfant aussi jeune n'est pas chose aisée. L'école maternelle devient un cursus de trois ou quatre années, aussi long que celui du lycée ou du collège. Aussi, est-il indispensable de se soucier de l'aménagement de ce cycle et de profiter au mieux de sa longue durée pour proposer progressivement des situations d'apprentissage de plus en plus exigeantes en lien étroit avec la maturité et la motivation des enfants.

Affronter un nouveau rapport aux savoirs

L'entrée des enfants dans cette première école se met en place de façon différenciée selon la manière dont chacun d'entre eux va s'inscrire dans le projet scolaire et tirer profit des situations proposées par l'enseignant. Cette différenciation dans la perception des fonctionnements de l'école se cumule parfois avec une forme d'indifférenciation dans l'offre éducative lorsqu'elle ne tient pas compte de ces écarts de perception. À l'école maternelle, il existe donc précocement un risque de collusion de ces deux manques : la non-perception claire par l'enfant (et sa famille) des manières spécifiques qu'a l'école de faire apprendre et, parallèlement, un flou dans la perception par l'enseignant que les manières dont l'école propose ses savoirs sont intrinsèquement complexes pour ceux qui n'y ont pas été préparés.

L'importance de la complexité de ce passage entre apprentissages non scolaires et apprentissages scolaires est bien illustrée par Agnès Florin[1] qui rappelle qu'il existe une pluralité de modes d'éducation auxquels le tout jeune enfant aura déjà été confronté avant même son entrée à l'école maternelle, chacun de ces modes répondant à des logiques éducatives spécifiques auxquels l'enfant va devoir s'adapter.

Des parents à l'école : plusieurs modes d'apprentissage

Avant de rencontrer le « mode scolaire », le jeune enfant a déjà été confronté au « **mode parental** » dans un univers restreint, souvent protecteur et sécurisant.

Éventuellement, son vécu dans une petite communauté comme la crèche a pu contribuer à lui faire vivre des expériences significatives de vie collective. Il a alors connu le **mode « préscolaire »**. Ce mode consiste en une grande liberté accordée à l'enfant qui apprend en se confrontant à un environnement qui ne lui est pas personnel, mais qui a été pensé pour favoriser son épanouissement.

Il apprend seul et doit de lui-même tirer de ces expériences des savoirs et des savoir-faire. Les interventions des adultes concernent l'analyse de la tâche, l'explication de la consigne. La parole de l'enfant n'est certes pas réellement sollicitée, mais ses apprentissages sont rendus possibles grâce à la médiation de l'adulte et ils se font sur un mode dialogique. À l'école, en revanche, pédagogie et didactique s'entremêlent pour rendre les apprentissages propices au développement de l'enfant et pour faire réfléchir les élèves sur leurs processus mentaux.

Le « **mode scolaire** » est celui que l'enfant va rencontrer en dernier, autour de trois ans. Tout comme ce qui se fait en crèche, l'école vise également à ce que l'enfant construise le savoir par une confrontation avec des objets et des situations. Pourtant, dans le mode scolaire, l'ambition n'est pas seulement de s'enrichir des expériences. Il cherche aussi à placer l'enfant sur la voie de la construction de savoirs normés. La manière qu'a l'école de faire apprendre est certainement celle qui est la plus éloignée des autres modes évoqués.

Ainsi, si l'école de la République accueille tous les enfants, ils n'y rentrent pas tous aussi facilement. Si certains écarts sont relatifs à l'élève lui-même, dans ses difficultés à se mobiliser, à se concentrer, à s'ouvrir à l'altérité, d'autres lui sont moins directement imputables, car plus fortement corrélés à son environnement socioculturel. À l'inverse, certains enfants s'adapteront plus spontanément aux logiques scolaires, soit parce qu'ils y auront été préparés par leurs parents, soit

1. Agnès Florin et Géraldine Giraudeau, « Interactions de tutelle dans différents modes d'accueil préscolaires », *Les Dossiers des sciences de l'éducation*, n° 7, 2002, « Le préscolaire en question : Questions sur les pratiques », p. 45-57.

plus souvent parce que ces parents appliquent déjà à la maison des modes d'apprentissage proches de ceux de l'école, ou qu'ils ont soumis leurs enfants à des objets similaires à ceux que l'école utilisera. On pense en particulier à la littérature jeunesse dont les auteurs et les collections auxquels les parents accèdent peuvent être les mêmes que ceux rencontrés à l'école.

Cette question du rapport aux savoirs scolaires et à ses manières de faire apprendre nous apparait comme l'un des points déterminants à l'origine des écarts entre élèves.

Axe de différenciation

Différencier, c'est se préoccuper de résorber cet écart initial afin que ces différences de perception ne se mutent pas en difficultés scolaires.

La question de la coéducation

Il est difficile de parler de l'école maternelle sans évoquer **l'importance de la coéducation et de la relation entre l'école et les parents d'élèves**. En effet, la question qui se pose est bien : « En quoi, la coéducation peut être un facteur de réussite scolaire ? ».

D'ailleurs, le programme de l'école maternelle consacre un paragraphe complet à une école qui accueille les enfants et leurs parents. Il doit y avoir un dialogue régulier et constructif entre enseignants et parents.

L'école a donc « tout à gagner » à s'associer aux parents et, dans le cadre de la différenciation, cette association peut s'avérer **tranquillisante et rassurante** pour les élèves les plus fragiles. Compte tenu de l'âge des élèves qui fréquentent l'école maternelle, le lien avec leurs parents peut parfois être très fusionnel et la séparation que représente la scolarisation peut s'avérer, pour certains enfants, un réel obstacle aux apprentissages.

Si l'école se doit d'être ouverte vers l'extérieur, il faut donc réfléchir à l'accueil que l'on peut réserver aux parents. Il s'agit d'une prise en charge de la part des enseignants, mais cela présente de très nombreux bénéfices. Rappelons que les parents sont les éducateurs dits « premiers » et les enseignants apparaissent plutôt comme des « éducateurs professionnels » qui œuvrent en parallèle ou successivement lorsque l'enfant grandit.

Pourquoi évoquer la coéducation dans un ouvrage sur la pédagogie différenciée ?

Au-delà de la réussite scolaire que ce lien avec les parents peut représenter, on peut très bien comprendre que la fragilité dont certains élèves témoignent peut aussi être en rapport avec l'éloignement de leurs parents. Cela peut s'avérer d'autant plus vrai que l'enfant est jeune. Un début d'année scolaire en petite section peut représenter pour certains enfants un réel traumatisme lié au changement de lieu, à la présence de nombreux autres enfants, à la méconnaissance des adultes travaillant dans l'école. Le rapprochement entre l'école et les parents est ainsi tout à fait souhaitable et justifié pour le bien de tous.

Il s'agit donc bien d'un **axe de différenciation** qui vise certains élèves en particulier et qui touche aussi leurs parents.

Qu'est-il possible de faire pour mettre en place cette coéducation ?

Ce que nous allons vous proposer à titre d'exemples sont des initiatives que certaines écoles ont mises en place. Plusieurs axes que l'on pourrait voir comme « progressifs » peuvent être poursuivis.

Accueillir les parents avant la première scolarisation

Cette initiative vise à adoucir l'arrivée du jeune élève. Il n'est pas très compliqué de comprendre que l'angoisse est partagée par l'enfant et ses parents. Ces derniers peuvent vivre très mal cette séparation et ce d'autant plus qu'il s'agit de leur premier enfant. Rien d'anormal dans tout cela ! Du côté de l'élève, on peut aussi mesurer que cette angoisse n'est pas propice aux apprentissages et au bien-être.

Voici quelques propositions, à titre d'exemple :

- Visiter les lieux (classe, école, etc.) en présence des enfants et des parents, visite suivie d'une réunion avec les parents.
- Inviter les parents, lors de l'inscription de leur enfant à l'école, à aller dans les classes de TPS ou de PS.
- Accueillir les parents pendant une heure durant le temps de classe et discuter avec eux ensuite (temps de récréation, pause méridienne).

- Mettre en place des « classes passerelles » comme l'ont fait certaines écoles ; une fois par semaine, durant une heure, les enfants dès deux ans sont accueillis à l'école avec leurs parents. La présence de ces derniers est indispensable. Des activités motrices, ludiques, collectives sont alors proposées. L'idée est de viser en priorité les parents particulièrement inquiets de façon à aplanir ces inquiétudes.

Impliquer les parents dans la vie de leur enfant à l'école

Les dispositifs en lien avec cet axe visent à créer une continuité relationnelle entre l'école et les parents. C'est l'occasion de faire venir des parents ayant des compétences particulières mais aussi des parents qui pourront, par exemple, présenter la culture de leur pays d'origine. Que ce soit la lecture d'une histoire, la présentation d'un plat, des vêtements, etc., tout peut prendre de l'importance et tranquilliser, de ce fait, les enfants plus fragiles.

Modalités d'implication des parents : que peut-on faire ?

– Différents ateliers animés par trois ou quatre parents : ateliers mathématiques, atelier cuisine, atelier lecture, etc. La relation avec l'école est ainsi totalement changée et positive.
– Présentation hebdomadaire des travaux des élèves de façon simple (affiche, diaporama, etc.). Cette présentation se fait dans l'école et incite les parents à y venir. Là encore la proximité est enrichissante.
– Mise en place d'un « café lecture » à destination des parents. La discussion et les questions émergent assez vite. Cet espace de parole est souvent libératoire.
– Solliciter des parents différents pour les sorties scolaires.

Rendre compte des progrès des élèves

Cet axe semble naturel, mais il est parfois trop vite escamoté. C'est d'autant plus dommage que les parents sont très attentifs à ces progrès. C'est pour certains enfants l'occasion de dire de vive voix qu'ils sont en grande réussite, qu'ils aident volontiers les autres, qu'ils trouvent leur place dans la classe, qu'ils progressent pour eux-mêmes, etc. C'est un moment fort de valorisation tellement nécessaire pour les élèves moins « scolaires ».

Axe de différenciation

Comment procéder ?

- Le cahier de suivi des apprentissages (voir chapitre 10 « *Évaluation : le suivi des apprentissages* ») : il donne à voir le cheminement cognitif de l'enfant quitte à montrer ses erreurs (il a été question lors des réflexions sur les programmes de maternelle qu'il soit nommé « carnet de progrès »...).
- Des réunions individuelles fréquentes.

Les bienfaits de cette coéducation sont manifestes tant pour les enfants que pour les parents mais aussi pour les enseignants qui voient ainsi leur action facilitée.

Toutefois, il faut observer un point de vigilance. Progressivement, la présence des parents à l'école doit se raréfier de façon à ce que l'élève n'assimile pas l'école à la présence de ses parents.

C'est à ce titre que l'école occupe une place cruciale dans la société.

Réinterroger la question des « différences »

L'une des fonctions de l'école maternelle est d'intégrer les différences entre enfants aux pratiques quotidiennes, afin que chacun devienne un élève ordinaire, au sens d'un élève en capacité de profiter pleinement des savoirs proposés par l'école, tout en respectant ses richesses propres. L'école maternelle est donc en première ligne sur la question de l'hétérogénéité de ces élèves riches ou fragiles de leurs différences.

Les trois sources de l'hétérogénéité

On peut raisonnablement estimer qu'il existe trois grandes sources à l'origine de cette hétérogénéité.

- Tout d'abord, l'**hétérogénéité liée aux âges** des élèves, donc relative à leur **développement**, à leur **maturité**. Cette différence entre élèves est un incontournable de la maternelle, certains dans la classe ayant jusqu'à un tiers d'expérience de vie de moins (ou de plus) que les autres. Nombre de pages dans cet ouvrage abordent la manière d'affronter ces différences pour une gestion de classe apaisée au service de chaque enfant et ne sera donc pas développée dans ce chapitre.
- L'autre groupe de différences concerne les **caractéristiques propres** de chaque enfant, **son profil**, son caractère, sa manière personnelle d'entrer dans les apprentissages, ses goûts, ses motivations, voire ses capacités intrinsèques. On verra dans cet ouvrage comment, notamment, les pratiques préconisées par Maria Montessori[1] accompagnent au mieux ces différences dans la préservation des richesses personnelles de chaque enfant. Ces pratiques peuvent être mises en œuvre, sans forcément bouleverser les pratiques habituelles de la classe.
- Enfin, l'**hétérogénéité provient de ce que l'enfant a construit hors de l'école**, notamment dans son rapport au savoir et dans sa maitrise des codes scolaires. Au cœur de sa famille, chaque enfant s'est forgé sa façon d'être et de comprendre le monde. Il y a acquis des valeurs qui peuvent être plus ou moins proches de celles véhiculées par l'école. Il a été confronté à des expériences et à l'acquisition de connaissances, plus ou moins riches et diversifiées et, là encore, plus ou moins corrélées à celles sur lesquelles l'école s'appuie. Et, dans ce champ, les expériences langagières apparaissent comme primordiales, tant

1. Pédagogue engagée et d'avant-garde. Docteur en médecine, psychiatre, anthropologue.

notre système éducatif est basé sur le langage, objet d'apprentissage, mais également base sur laquelle s'appuient tous les apprentissages scolaires. Le cœur de cet ouvrage vise à donner aux enseignants les bases théoriques et pratiques qui leur permettront d'affronter, par la différenciation, les enjeux essentiels de l'école, sur lesquels elle gagnerait à être plus performante.

Commençons par aborder les différences des caractéristiques propres.

Est-il pertinent de parler de profils cognitifs ?

Nous entendons autour de nous une petite musique invitant à reconnaitre à chacun des enfants des qualités propres qu'il conviendrait de repérer et de renforcer pour son plein épanouissement. Faire autrement serait amoindrir le potentiel de ce petit être unique. Les enfants qui nous sont confiés sont certes *uniques*, mais le corpus de savoirs auxquels nous devons les initier est *uniforme*. Ce qui fait dire à Jean-Yves Rochex que « si les enfants sont tous différents, les élèves ne le sont pas[2] ». Les différences entre nos élèves sont d'expériences, d'éducation, mais jamais de « nature », à peine de « teinte ». C'est pourquoi nous nous montrons toujours méfiants lorsqu'on nous invite à appuyer notre enseignement sur des profils. Car il y a toujours risque que s'insinue l'idée de l'existence de talents préexistants, qui nous mène droit vers un retour de la « théorie du don[3] » que la recherche scientifique et pédagogique a combattu sans relâche. D'autant qu'aucune recherche n'est venue étayer l'existence de tels profils cognitifs.

Le danger d'une telle approche est bien relevé par le professeur de psychologie sociale Carol Dweck[4] dont les travaux montrent que ceux qui se croient doués dans un domaine (qui pensent avoir la *bosse des maths* ou le *sens des affaires*) vont éviter les autres champs de savoir avec la croyance que les dons préexistent et qu'ainsi, tout effort serait vain. En revanche ceux qui savent que les efforts et les apprentissages modifient le cerveau et que, donc, leur développement dépend d'eux-mêmes, ceux-là sont plus enclins à se confronter et à surmonter la complexité du monde[5] et donc réussir comme élève. S'il est sans doute souhaitable et fort agréable de croquer la vie en suivant nos goûts, l'école n'étant pas la vie, nous devons aider l'élève à l'affronter dans la pluralité de ses composantes disciplinaires, au risque, sinon, d'exclure rapidement les élèves que nous aurions « spécialisés ».

2. Jean-Yves Rochex, « La fabrique des inégalités », *L'École des parents*, n° 598, 2012.
3. GFEN (coll.), *Pour en finir avec les dons, le mérite, le hasard*, Paris, La Dispute, 2009.
4. Carol S. Dweck, *Changer d'état d'esprit : Une nouvelle psychologie de la réussite*, Wavre, Belgique, Mardaga, 2010.
5. *Ibid.*

Interroger les « intelligences multiples »

Avec son concept d'« intelligences multiples », le psychologue américain Howard Gardner[6] a ouvert la voie à de nombreuses théories qui ont abouti à des explicitations fumeuses que le chercheur lui-même réprouve. C'est pourquoi il semble prudent de retourner aux sources de son exposé pour saisir de quoi il s'agit.

Pour lui, l'intelligence passe par une diversité d'expressions. Chacune de ces expressions opère avec des procédures qui lui sont propres. Il définit huit entrées : musicale-rythmique, naturaliste, kinesthésique, logico-mathématique, verbolangagière, intrapersonnelle et interpersonnelle, visuospatiale. À bien y regarder, on retrouve finalement peu ou prou nos disciplines scolaires qui possèdent toutes une didactique propre, en ce sens que chacune d'entre elles regroupe un ensemble de procédures, de tâches et d'objets spécifiques lui donnant son caractère unique.

Chacun d'entre nous possède à l'état potentiel toutes ces expressions de l'intelligence, mais l'histoire personnelle de chaque individu va l'amener à en développer certaines en particulier. Pour l'enfant de maternelle, cette détermination n'est pas encore en acte, mais on lui a déjà choisi des objets et ménagé des rencontres qui peuvent l'avoir en partie déterminé.

Gardner nie que ces expressions de l'intelligence soient présentes de manière privilégiée ou innée. Il semble plutôt que la plasticité cérébrale permet d'envisager que des stimulations éducatives, tant familiales que scolaires, vont permettre à chaque enfant de développer une pluralité de compétences par-delà celles qu'il aurait préférablement, voire spontanément, développées par lui-même.

Axes de différenciation

Comme nous l'avons déjà écrit plus haut, il n'est pas souhaitable de maintenir l'enfant dans ses pentes naturelles, au risque d'un amoindrissement de son développement. Pour autant, les intelligences multiples nous invitent à relire nos pratiques et nos offres éducatives afin d'évaluer qu'elles ne convoqueraient pas trop exclusivement certaines « intelligences » à défaut d'autres. C'est une réalité que l'école maternelle a plutôt tendance à circonscrire les compétences des élèves à des logiques par trop verbales. Ainsi, il peut être intéressant de construire nos ateliers en prenant en compte ces intelligences, par la mise en place d'ateliers IM (comme « intelligence multiple ») comme l'illustre l'activité décrite dans le document 6.1.

6. Howard Gardner, *Les Formes de l'intelligence*, Paris, Odile Jacob, 1997.

Types d'ateliers	Types d'activités proposées
Atelier verbal	Langage autour de l'album *La Grenouille à grande bouche*[7]. Produire un écrit : un épisode de *La Grenouille à grande bouche* en dictée à l'adulte.
Atelier naturaliste	S'occuper d'un élevage animalier dans la classe. Distinguer fiction et documentaire sur les grenouilles. Collecter des informations sur la vraie vie des grenouilles.
Atelier visuospatial	Construire la maquette circulaire des déplacements (en randonnée) de la grenouille à grande bouche.
Atelier interpersonnel	Construire en coopération des affichages sur la vie des vraies grenouilles.
Atelier intrapersonnel	Remplir son cahier de vie avec des éléments choisis personnellement, sans contraintes autres que le plaisir de les collecter, sur le projet en cours.
Atelier musical	Chanter ensemble des comptines et chansons sur les thèmes animaliers.
Atelier kinesthésique	Mettre en scène l'album à l'aide de marottes manipulables. En EPS, proposer des déplacements animaliers.
Atelier logicomathématique	Réaliser un album à compter à partir de *La Grenouille à grande bouche*.

Doc. 6.1. – Projet avec entrées IM : « Que mangent les grenouilles ? » ▲

Les élèves peuvent se placer selon leur goût sur ces différents ateliers, en réaliser plusieurs de leur choix, ou les faire tous. Ces ateliers doivent être pensés comme des temps relativement libres, où l'enseignant n'aura pas d'exigences particulières.

Il est intéressant d'envisager que les élèves de chaque atelier aient l'occasion de présenter leurs productions. On pense en particulier aux entrées musicales, verbales ou kinesthésiques qui parfois ne prennent réellement fonction qu'en étant présentées oralement aux autres.

7. Francine Vidal, Élodie Nohen, *La Grenouille à grande bouche*, Paris, Didier jeunesse, 2009.

Axes de différenciation

Il ne s'agit donc ni de nier les différences entre enfants, ni de se montrer indifférent à ces différences[8]. Après les avoir reconnues, notre mission sera de ne pas renforcer la pente naturelle d'une entrée cognitive privilégiée par l'élève au risque d'un enfermement dans un mode de pensée incomplet. Il est cependant possible et souhaitable de prendre appui sur les spécificités de cet enfant qui nous est confié, afin de l'aider à entrer pleinement dans la complexité de la pensée, en partant de ce qui fait sens pour lui.

Pour tenir ce **positionnement médian entre particularisme et uniformité**, il s'agit d'ouvrir grand les fenêtres de nos modalités pédagogiques afin que chaque élève puisse accrocher le savoir, notamment en le laissant si besoin seulement écouter, manipuler, contempler, réfléchir pour soi, bouger, procéder à des analogies, imiter... Autant d'actions que nous pourrions considérer à certains moments comme moins efficaces que d'autres, mais qui sont celles qui aident cet élève à ce moment de sa progression.

Parallèlement, nous ouvrons successivement des portes uniques où chacun des élèves qui nous est confié devra oser se lancer, avec notre étayage, sans chercher à ce moment-là à suivre la pente qui nous paraissait naturelle pour lui. C'est ainsi qu'il progressera dans son métier d'élève, qui est forcément pluriel et composite et qui donc nécessite que l'enfant sorte de sa zone de confort.

Affronter les différences par la différenciation, c'est accepter de se montrer éclectique dans la manière de proposer les apprentissages à nos élèves.

La morbide conception naturalisante

Forme moins valorisante des profils cognitifs, la conception naturalisante s'appuie sur l'idée que les enfants n'auraient pas tous la même facilité pour apprendre, les mêmes prédispositions. Certains auraient des « petits moyens ». Cette conception, largement battue en brèche par les travaux actuels en neurosciences, qui montrent que l'intelligence se construit au fil du temps, est pourtant dans l'esprit de tous les éducateurs qui ont du mal à s'en départir totalement. Elle pousse au fatalisme, et l'enseignant peut s'imaginer être démuni, sans possibilité d'agir. Voilà qui est peu favorable à l'égalité de traitement dans l'éducation et à la possible mise en œuvre de remédiations. En effet, que faire face à un élève dont on pense qu'il n'a pas les capacités requises ?

8. Pierre Bourdieu, « L'école conservatrice. Les inégalités devant l'école et devant la culture », *Revue française de sociologie*, VII, 325-347, 1966.

Cette conception déterministe vient frontalement s'opposer au « postulat d'éducabilité »[9] de Philippe Meirieu, qui consiste à considérer chaque élève comme capable d'apprendre. Ce postulat est aujourd'hui validé par les sciences cognitives[10] qui montrent que l'intelligence n'est pas une valeur comptée puisqu'on observe en imagerie cérébrale qu'elle se développe à mesure que l'on apprend. Il faut donc s'en convaincre pour sortir de cette perception qui toujours refait surface. Roland Goigoux et Sylvie Cèbe nous y aident, lorsqu'ils montrent que la majorité des élèves signalés comme à risque d'échec scolaire ont « un potentiel intellectuel intact[11] », potentiel en partie inexploité faute d'être identifié.

Axes de différenciation

Ne soyons pas naïfs. La présence de certains élèves en situation de handicap dans nos classes vient confirmer à la marge l'existence de ce type de différences. Objectivement, certains de nos élèves en inclusion ont des capacités amoindries. Mais pour ceux qui ne sont pas en inclusion, nous devons nous interdire de porter un regard naturalisant. Certes, certains de nos élèves sont déjà en difficultés en maternelle, mais nous devons nous convaincre que l'intelligence ne cesse de se développer dès lors qu'on la sollicite. Ainsi, l'enseignant a entre les mains de quoi agir pour modifier des déterminismes trop précocement plaqués. Pour ce profil d'élève, les entrées de différenciation sont d'abord **tout ce qui est relatif à l'explicite** des fonctions des tâches scolaires (voir chapitre 14 « *Le dialogue maitre-élève au cœur de la différenciation* »). Puis, vient **ce qui relève de l'imitation des gestes justes**, par les relations privilégiées que l'enfant peut établir avec un pair (voir chapitre 8 « *L'efficacité des relations affinitaires entre pairs* »).

Les différences d'attitude

Un dérivé de la conception naturalisante se trouve dans l'idée que l'élève aurait intrinsèquement des attitudes qui viendraient entraver son implication dans les tâches :

- Il ne montrerait pas assez de motivation.
- Il ne serait pas autonome.
- Il serait trop inhibé.

---

9. Philippe Meirieu, *Le choix d'éduquer, éthique et pédagogie*, Paris, ESF éditeur, 12e édition 2016.
10. Stanislas Dehaene, *Apprendre ! Les talents du cerveau, le défi des machines*, Paris, Odile Jacob, 2018.
11. Sylvie Cèbe et Roland Goigoux, « L'Influence des pratiques d'enseignement sur les apprentissages des élèves en difficulté », *Cahiers Alfred Binet*, vol. 66, 1999.

- Il ne penserait qu'à jouer.
- Il n'écouterait pas.
- Il ne parviendrait pas à se concentrer.
- Il ne pourrait pas rester en place.
- Il ne serait pas élève.

Pourtant, être élève se construit, l'autonomie s'apprend, la motivation ne se décrète pas, l'inhibition s'apprivoise, le plaisir de jouer et de bouger se met au profit des apprentissages. Les pratiques pédagogiques doivent tenir compte de ces spécificités qui bien naturellement s'expriment chez nos élèves. Il convient de ne pas leur donner trop de relief en stigmatisant ses attitudes aux yeux de l'élève, voire de ses pairs, au risque de les enkyster. En même temps, il faut les affronter en entourant l'élève de toutes les attentions et de tous les étayages nécessaires pour dépasser ces granularités sur le chemin du passage de l'enfant à l'élève. Pour autant, ces attitudes, si elles demeurent malgré leur prise en compte, peuvent être les signes de difficultés d'autres natures qu'il conviendrait d'investiguer avec l'aide spécialisée de la psychologue de l'Éducation nationale ou du médecin scolaire, mais aussi simplement parfois avec l'aide du maitre E, les difficultés à entrer dans les apprentissages précoces étant bien souvent source de perturbations du comportement chez l'enfant. Là encore, il convient de ne pas naturaliser ces façons d'être au risque de précocement ne pas parvenir à les lisser.

Axes de différenciation

Ne pas attendre que l'élève soit autonome, mais construire l'autonomie.

Ne pas s'imaginer qu'il doit spontanément obéir, mais lui en apprendre l'importance.

Il s'agit tout simplement de ne pas refuser d'enseigner, d'en accepter l'augure : l'enfant n'apprend pas tout seul à passer d'un petit être égocentré à un élève qui inscrit son avenir dans un groupe social dont il accepte les règles dont bon nombre sont frustrantes. Visiblement, si certains enfants n'adoptent pas ces postures, c'est que ce qui leur est proposé ne fait pas encore sens chez eux. Il convient donc de **passer à un enseignement plus individualisé et plus explicite**. Le chapitre 14 « *Le dialogue maitre-élève au cœur de la différenciation* » donne des pistes.

La question familiale

Comme nous venons de l'évoquer, l'inspectrice de l'Éducation nationale Nicole Desgroppes[12] observe qu'à l'école maternelle plus qu'ailleurs, l'idée de différence entre enfants se construit sur des caractéristiques non scolaires, indépendamment des compétences des élèves, puisque celles-ci sont encore peu évaluées. Elle constate que l'origine sociale est ce qui est prioritairement évoqué comme lien de causalité pour déterminer le statut d'élève en difficulté ou, *a contrario* de bon élève. Les observables ne sont pas les compétences de l'élève, mais des signes extérieurs relevant d'attitudes associées à ce que l'on estime directement imputable aux origines socioculturelles de la famille. Ce qui fait conclure à N. Desgroppes qu'il « existe une représentation dominante négative affectant un statut d'élève en difficulté à la plupart des enfants de milieu populaire[13] », parlant de classement spontané non objectivé sous la forme de « préjugés et de stéréotypes ». Ainsi, assez rapidement, on va estimer que l'élève est différent selon l'éducation qu'il reçoit.

Cette conception va se construire autour de la notion de « handicap socioculturel », dans une sorte de fatalisme sociologique, qui suggère une corrélation entre handicap et forme de culture. Les sources de la pathologie ne sont plus à rechercher du côté du sujet isolé, mais des manques culturels du milieu familial, notamment ce qui est relatif au langage. L'enfant est alors pensé comme porteur des difficultés de sa famille.

C'est un fait que la maternelle est « l'école de l'entre-deux monde[14] ». Plus encore qu'en élémentaire, l'éducation y est un domaine partagé et nécessite une relation étroite et qualitative de l'école et de la famille. Cette relation existe forcément pour l'enfant qui vit dans les deux mondes. Mais existe-t-elle toujours pour les adultes qui l'entourent et qui lui proposent des modes de faire parfois peu harmoniques à défaut d'être harmonisés ?

Après avoir beaucoup montré du doigt les familles, l'École tend aujourd'hui à affiner son regard sur l'éducation première de l'enfant dans une dimension moins fautive. Sans nier la distorsion entre les deux pôles éducatifs, on parle aujourd'hui de **désajustement** entre la culture familiale de l'élève et la culture que l'école promeut. Sabine Kahn parle de « diffraction[15] », l'obstacle étant constitué par les normes culturelles attendues par l'école auxquelles doit s'acculturer l'élève pour apprendre comme l'école attend qu'on apprenne. Ainsi, nous ne sommes pas face à des êtres incomplets, porteurs de manques. École et famille sont chacune dans

---

12. Nicole Desgroppes, « L'école maternelle : une approche des processus interactifs de différenciation en grande section », *Revue française de pédagogie*, vol. 119, 1997.
13. *Ibid.*
14. Laurence Thouroude, « L'école maternelle : une école de l'entre-deux », *Carrefours de l'éducation*, vol. 30, n° 2, 2010, p. 43-55.
15. Sabine Kahn, *Pédagogie différenciée*, Bruxelles, De Boeck, 2010.

la complétude de leur culture. Il n'y a pas à chercher à acculturer une famille qui est déjà cultivée. Ce qui se joue, c'est la différence entre deux entités « entières » qui, rapprochées l'une et l'autre, ne s'ajustent pas totalement.

MS – Lecture dans l'espace premiers livres

Loin du modèle misérabiliste d'antan, les études actuelles montrent que ces familles surinvestissent le scolaire, qu'elles considèrent comme une chance pour l'avenir de leurs enfants. Par exemple, croire qu'il n'y a pas de livres pour enfants dans les familles populaires est une erreur. Non seulement on y trouve des livres, mais ces familles ambitionnent d'aider leurs enfants en matière de lecture. Seulement les supports d'apprentissage sur lesquels elles s'appuient ne sont pas ceux que l'école promeut. Stéphane Bonnéry[16] montre qu'à l'occasion de la lecture d'une histoire à leur enfant, les familles populaires « focalisent sur l'oralisation du texte ou sur sa restitution » explicite, alors que les milieux favorisés vont insister, « comme l'école le requiert, sur l'élaboration chez l'enfant d'une posture réflexive » et d'une analyse des inférences. Comme on le voit dans cet exemple, le désajustement école/famille a pour fondements les divergences sur la manière de percevoir les savoirs et les modalités scolaires. Si les familles populaires jouent un rôle de « sous-traitance scolaire », elles sont désemparées face à la manière dont l'école enseigne, d'où des « dissonances entre codes scolaires et codes familiaux[17] ».

16. Stéphane Bonnery, « Des livres pour enfants. De la table de chevet au coin lecture », in Patrick Rayou (éd.), *Aux frontières de l'école. Institutions, acteurs et objets*, Saint-Denis, Presses universitaires de Vincennes, 2015.
17. Séverine Kakpo, *Les Devoirs à la maison. Mobilisation et désorientation des familles populaires*, Paris, PUF, 2012.

Axes de différenciation

Une fois que l'on a dit que les valeurs familiales et les valeurs de l'école sont l'une et l'autre légitimes, doit-on en arriver à un relativisme culturel qui laisserait l'élève dans l'incertitude ? Reconnaitre à chacun sa juste qualité ne signifie pas qu'on doit renoncer à ce que l'on défend. C'est pourquoi l'école a un rôle à jouer dans l'explicitation de ses modalités propres auprès des familles. Il ne s'agit pas de les estimer supérieures, mais simplement de les faire saisir par les familles. **Cela passe par la nécessité de rencontres avec les familles populaires et leurs associations afin de leur faire saisir combien l'école respecte sincèrement leurs modes d'éducation.** Elle doit également expliciter ses modes propres afin que ces deux éducations ne se fassent pas front, mais soient perçues comme complémentaires. Le temps d'accueil du matin dans la classe est un moment privilégié pour donner des signes de bienveillance, mais il n'est pas suffisant pour pleinement expliciter les besoins et les attendus de l'école. Il est important de prendre le temps de **révéler le sens des tâches scolaires** et les manières si spécifiques qu'elle a de faire apprendre. Cela dépasse les rencontres informelles et sympathiques qui créent du lien, comme le **café des parents ou les goûters partagés**. Si la langue n'est pas un obstacle, on peut régulièrement traduire les activités en termes d'apprentissage : « Vous avez vu que nous avons réalisé un projet autour de la mer. Au travers de ce projet, votre enfant s'initie à l'écriture en produisant des vagues… » Si l'écrit n'est pas la bonne modalité, il faut réunir les parents, éventuellement en petits groupes informels. Finalement, il s'agit pour l'enseignant de « dire ce qu'il fait apprendre » et dire comment il s'y prend, de la même façon qu'il attend de ses élèves qu'ils « disent ce qu'ils apprennent » et disent comment ils s'y sont pris.

Le comportement avant tout

Lorsque les enseignants parlent de leurs propres élèves, ils évoquent massivement des problèmes de comportement ou des traits de personnalité à la source desquels on trouve l'attitude de l'élève qui pourrait la surmonter en se montrant sage et appliqué. Leurs élèves sont moins différents de leurs origines socioculturelles que de l'écart de leur comportement avec la norme attendue. Les faits le confirment : l'analyse des demandes d'aide aux RASED montre que la difficulté de l'élève est avant tout décrite en termes de comportements inadaptés plutôt que basée sur ses premiers acquis ou ses premières lacunes scolaires. La majorité des élèves signalés se révèle être des élèves agités, avant d'être des élèves peu compétents. Ainsi, on voit combien est ancrée dans le projet scolaire l'ambition normative, déclarant en difficulté ceux qui ne sont pas conformes à ce projet.

Il faudrait pourtant mesurer combien parfois l'écart est grand entre ce que l'enseignant considère comme la norme et ce que l'élève est capable de s'en représenter.

Axes de différenciation

C'est pourquoi à la maternelle, face à cette typologie de différences, **la différenciation doit d'abord porter sur ce qui fait passer du statut de l'enfant à l'élève**. Il ne s'agit donc pas de mettre en place des dispositifs et des organisations complexes qui risquent de perdre encore un peu plus l'élève perdu. Il s'agit plutôt de le rapprocher du cœur des échanges, dans une proximité avec son enseignant, autour des savoirs et des premiers gestes d'étude qu'on se donne les moyens d'observer en pleine lumière et de raconter de manière explicite.

L'élève perturbateur
L'élève expert

Il peut sembler curieux de mettre dans un même chapitre ces deux catégories d'élèves. Mais à y réfléchir, ils peuvent se rejoindre. En effet, pour différentes raisons un élève peut être perçu comme perturbateur et donc gêner le fonctionnement de la classe. Mais l'élève expert qui ne pourrait trouver terrain à s'exprimer, qui s'impatiente de vouloir donner la réponse, qui peut même s'en sentir trop souvent frustré peut à son tour devenir perturbateur.

Des points de vigilance à observer sont indispensables pour ces deux natures d'élèves.

L'élève perturbateur

La présence en classe d'un élève perturbateur va immanquablement bousculer l'équilibre de la classe et les certitudes pédagogiques que l'enseignant avait réussi à construire au fil de ses années d'enseignement.

Pénible ou hautement perturbateur ?

Ne nous trompons pas. L'élève pénible, transgressif, casse-pieds, qui fait des bêtises et qui le sait, mais qui se conformera (momentanément) à la coercition de son enseignant existe bien. Mais existe tout autant l'élève perturbateur qui lui aussi transgresse les règles et met à mal la patience du groupe classe et des adultes ; celui-ci pourtant ne se calmera pas par la contrainte. Bien au contraire, et c'est d'ailleurs ainsi qu'on le distingue de l'autre profil : toute réprimande risque de le « faire flamber » et de le faire « partir en crise ». On le comprend, il ne s'agira pas de procéder de la même manière selon le profil de l'élève concerné.

À l'école maternelle, il ne faut pas s'étonner que **l'enfant en cours de socialisation** ait du mal avec les règles collectives. **La frustration**, notamment, nécessitera des années pour que l'enfant sache réellement la gérer et **accepter de différer son désir** ou d'y renoncer dans sa forme première. Le fait qu'il n'y parvienne pas encore n'en fait pas pour autant un élève perturbateur. Il s'agit juste d'un enfant qui « grince » en se confrontant à des règles psychosociales nouvelles. C'est d'ailleurs l'une des fonctions majeures de la maternelle de les lui faire acquérir.

Il convient donc d'avoir construit une certaine représentation raisonnée de l'élève.

Deux types d'élèves se présentent à nous : les élèves qui ont des difficultés de comportement et ceux qui ont des troubles du comportement. Entre les deux, des élèves peuvent, à mesure, ou épisodiquement, glisser d'un état à l'autre.

En règle générale, les élèves ayant des troubles du comportement doivent être gérés en équipe pluridisciplinaire, au minimum en y associant le psychologue de l'Éducation nationale et le médecin scolaire, mais aussi, souvent, l'assistante sociale et le centre de soins, car le regard porté sur eux doit bénéficier de cette pluralité. Les troubles doivent être accompagnés, sans pour autant faire l'objet de l'application de règles disciplinaires trop strictes, au risque de voir flamber la situation. Pour ceux qui ont des difficultés de comportement, l'enseignant est celui qui garde la main et il met en place le cadre qui convient, souvent disciplinaire, afin que l'élève ne s'installe pas dans un fonctionnement transgressif. On le comprend, l'analyse de la situation doit être précise, si l'on ne veut pas faire des choix contreproductifs. Pour ce faire, la grille qui suit (doc. 7.2.) permet de bien identifier de quel profil il s'agit.

Comment distinguer les difficultés des troubles du comportement ?

Critères d'observation	Difficultés de comportements	Troubles du comportement
Durée	Crise passagère ou épisodique	Persiste depuis plusieurs mois
Constance	Dans un seul contexte (ex. : dans la cour)	Se manifeste dans diverses situations scolaires et sociales
Fréquence	Dans la moyenne des enfants de son âge	De 3 à 4 incidents critiques par semaine ; plusieurs par jour
Gravité	Peu dommageable pour lui-même ou les autres	Entraine des conséquences graves pour soi et les autres
Complexité	Comportement isolé	Plusieurs comportements inadaptés imbriqués

Doc. 7.2. – Comment identifier les profils d'élèves perturbateurs ?

Trois « stratégies de survie » de l'enseignant

L'élève perturbateur n'entre pas facilement dans les compétences psychosociales, venant ainsi troubler les certitudes de son entourage qui ne sait pas comment agir. Légitimement démuni, l'enseignant de cet élève va passer par des états psychiques déstabilisants, qui vont le faire réagir de manière plus ou moins adaptée, au risque d'aggraver la situation. Héloïse Durler[1] caractérise trois attitudes enseignantes qui

1. Héloïse Durler, *L'autonomie obligatoire. Sociologie du gouvernement de soi à l'école*, Rennes, PUR, 2015.

relèvent toutes de « stratégies de survie » selon l'expression de Peter Woods[2] : coercition, distanciation et investissement.

La coercition

L'attitude la plus simple et la plus directe est la coercition. Elle fonctionne avec les élèves pénibles ou qui sont en cours d'élaboration des règles, mais s'avère contreproductive avec les élèves hautement perturbateurs sur lesquels elle va plutôt agir comme un amplificateur de crise.

La coercition consiste à punir l'élève qui s'est montré dans l'incapacité de s'auto-discipliner. Les enseignants n'utilisent généralement ce moyen qu'en dernière alternative, tant il vient s'opposer aux principes éducatifs auxquels ils croient. S'en suit généralement une déception devant cette solution qui sonne comme un aveu d'échec de n'avoir pas su trouver de méthode éducative douce. Surtout lorsque, comme souvent avec ces élèves hautement perturbateurs, la méthode échoue, révélant l'incapacité et l'impuissance de l'enseignant à ses propres yeux, mais aussi à ses élèves, voire à ses collègues.

La distanciation

Face à ces échecs, on verra parfois l'enseignant se lancer dans une stratégie de distanciation. Elle prend généralement la forme d'une externalisation, c'est-à-dire un renvoi du problème à des sources extérieures à soi. La faute est rejetée sur l'enfant lui-même qui ne ferait pas les efforts, qui n'aurait pas les capacités. Généralement liés, les parents sont aussi désignés comme responsables de la mauvaise éducation ou du non-investissement dans la vie scolaire de leur enfant. En troisième lieu, l'Institution est montrée du doigt :

- le ministère qui impose la présence de tels élèves qui n'ont pas leur place à l'école ;
- l'inspecteur et les conseillers pédagogiques qui n'apportent pas les formations nécessaires ;
- le RASED qui n'assure pas assez de présence ;
- l'équipe de l'école qui ferme les yeux et les portes.

Enfin, la distanciation peut se faire revendicative en demandant un changement d'école ou la mise en place de suivis extérieurs. Cet état de révolte est légitime lorsqu'il est passager, mais ne peut pas servir à la résolution du problème. Loin de nous l'idée de minimiser les causes éducatives comme source des comportements difficiles de certains de nos élèves. Mais en faire le constat n'apporte pas de piste de résolution pour le quotidien de nos classes. Il en est de même pour l'institution dont l'accompagnement de la loi de 2005 sur l'inclusion scolaire s'est avéré pour le moins incomplet, mais dont il semble opportun pour autant d'utiliser toutes les ressources. Il s'agit là du troisième processus de survie : l'investissement.

---

2. Peter Woods, « Les stratégies de survie des enseignants » (1975), in Forquin J.-C. (dir.), *Les Sociologues de l'éducation américains et britanniques*, Paris, INRP et Bruxelles, De Boeck, 1997.

L'investissement

En difficulté face à un comportement, l'investissement consiste à ne pas répondre isolément à la crise, mais à s'adosser à l'institution, malgré ses faiblesses. On verra ainsi l'enseignant répondre au plus près aux attentes institutionnelles, en s'appuyant avec conviction sur les ressources de son école au sens large : travail d'équipe, mise en œuvre de dispositifs, partenariats… comme pour partager le fardeau et mieux faire saisir (voire se persuader lui-même) qu'il ne porte pas la responsabilité de la situation. Il s'agit de préserver sa légitimité d'enseignant au moment où, seul, il ne trouve pas de réponse aux actes de cet élève perturbateur, qui vient bousculer jusqu'aux fondements mêmes de l'institution.

Réellement, on ne voit pas d'autre solution durable que cette troisième stratégie qui investit le collectif comme manière d'affronter l'accompagnement d'un élève perturbateur au sein d'une école. Car on ne le dira jamais assez : **cet élève n'appartient pas à sa classe, il appartient à l'école**. Il revient donc à l'équipe de penser son accompagnement, même s'il est actuellement dans telle classe en particulier.

Un protocole d'accompagnement de l'élève perturbateur

En préalable, le suivi de l'élève perturbateur s'appuie sur deux principes.

Principe 1 : une affaire d'équipe

Le suivi de l'élève perturbateur est obligatoirement l'affaire de l'équipe complète de l'école, puisqu'il est élève de l'école, inscrit dans le temps long de sa scolarité[3]. Chacun aura, à un moment ou un autre, des relations avec lui. Enfin, cet élève va toujours s'immiscer dans les interstices de ce qui est mal conçu, les espaces, les circulations, les temps, les relations dont les adultes de l'école ont la charge collectivement.

Principe 2 : l'anticipation

L'élève perturbateur perturbera. Il convient donc d'anticiper les manières d'agir lorsque ses actes dépassent la limite d'une gestion ordinaire de comportements indisciplinés.

Ainsi, on limite l'imprévisibilité qui risquerait de renforcer l'instabilité psychique de l'élève et mettre à mal l'autorité des adultes. L'anticipation permet aux adultes d'éviter les réactions inadaptées, les mauvais gestes, les sentiments d'impuissance, les accidents.

Afin de répondre à ces deux principes, il est nécessaire que l'équipe s'accorde sur un fonctionnement qui va de la petite transgression à la grosse crise. Voici pour exemple le protocole pensé en équipe dans une circonscription d'Île-de-France (doc. 7.3).

3. Voir aussi les deux autres ouvrages *Faire réussir les élèves avec la pédagogie différenciée au cycle 2 et au cycle* 3, Éric Battut et Daniel Bensimhon, Paris, Retz, 2018.

	ÉTAPES	ACTIONS
LE JEU DE LA CRISE Classe ou cour	**1. PRÉVENIR** L'enseignant prévient les adultes désignés et tempère l'élève	Jusqu'à l'escalade, le comportement de l'élève perturbateur est géré par son enseignant. **Lorsque l'acmé approche**, le protocole de crise doit être appliqué. L'enseignant ou son voisin de classe **contacte les deux adultes désignés** via leur portable ou le téléphone interne.
	2. PRISE EN CHARGE Les deux adultes désignés arrivent en classe pour prendre l'élève en charge	Les adultes désignés arrivent sur le lieu de la crise et se chargent de l'élève pour l'isoler du groupe-classe. **Ce n'est pas l'enseignant de la classe qui se charge de l'élève en crise.** **L'élève est informé de la mise en place du protocole.** Puis il est extrait du reste du groupe-classe le plus rapidement possible. **L'enseignant reste disponible** pour s'occuper du reste de sa classe.
LOCAL D'APAISEMENT	**3. ISOLEMENT** L'élève est isolé dans le local approprié	**L'élève est isolé dans le local** prévu **en présence des deux adultes** désignés. L'un se charge de la relation ; l'autre est observateur et témoin.
	4. APAISEMENT Attente que l'élève s'apaise en présence des deux adultes	L'élève se calme dans le local prévu en présence des deux adultes désignés. Si l'élève essaie de se blesser ou de blesser les autres et seulement dans ces deux cas, il est possible de procéder à son immobilisation (ceinturage, contention) si l'on s'en sent psychologiquement apte. Sinon, demander de l'aide.
AUTRE(S) CLASSE(S)	**5. EXCLUSION DE SA CLASSE** L'élève est placé pour la journée dans d'autres classes	**Même calmé, l'élève ne réintègre pas sa classe de la journée.** Il ne demeure cependant pas en isolement. Il est reçu dans une classe ou successivement dans les classes qui ont été prévues à cet effet.
CLASSE DE L'ÉLÈVE	**6. RETOUR DANS SA CLASSE** Le lendemain, l'élève réintègre sa classe	**Le lendemain, l'élève réintègre sa classe de plein exercice.** Ce temps n'est pas celui des réparations et des sanctions qui doivent être absolument mises en œuvre, mais dans un autre cadre et un autre moment.

DANS L'APRÈS-COUP		
COMMUNICATION vers la famille, l'institution et autres partenaires	**ANALYSE DE LA GESTION DE CRISE** en équipe	**RÉPARATION ET SANCTION** négociées avec l'élève

Doc. 7.3. – Exemple de protocole

Élève perturbateur : différenciation ou adaptation ?

Alors, doit-on différencier avec un élève perturbateur en maintenant les exigences de contenus ? Ou peut-on s'autoriser à adapter les tâches afin de tout miser sur la résorption des crises et des débordements ?

Il n'y a pas de réponse franche à cette question, car cela va dépendre du degré et de la nature des troubles de l'élève. Mais **une boussole peut être proposée** : tant que l'élève relève de simples « difficultés de comportement », notre ambition doit être de lui faire acquérir les compétences et savoirs équivalents aux autres élèves. Nous visons à ce que son comportement se stabilise, voire se régule, au fil des semaines, grâce justement à son implication scolaire. Ne dit-on pas parfois qu'il convient de réguler la discipline (comportement) par la discipline (le contenu scolaire) ? En revanche, plus l'élève relèvera du versant « troubles du comportement », plus il va apparaitre nécessaire de lâcher une part des contenus pour **investir la part « socialisation » de l'enfant**, qui, tant que l'équilibre ne sera pas trouvé, ne pourra pas totalement être rendu disponible aux savoirs.

L'élève expert

Comme nous l'avons évoqué au début de ce chapitre, la différenciation pédagogique doit aussi se tourner du côté des élèves experts. Ces élèves ont la particularité par exemple de trouver très rapidement les réponses aux questions posées, font des inférences dans un texte, trouvent immédiatement la solution à un problème mathématique. Beaucoup d'élèves comprennent très vite ce qui leur est ou ce qui va leur être demandé. L'enjeu de la différenciation est de taille, car il s'agit avant tout que ces élèves ne s'ennuient pas, que leur expertise soit prise en considération, comme un atout pour le groupe. Compte tenu de l'âge des élèves d'école maternelle, ces derniers ne parviennent pas à comprendre spontanément qu'ils doivent accepter d'attendre, de laisser un peu de place aux autres. Cet apprentissage se fait sur la durée, mais il faut les valoriser et **faire en sorte que ne naisse pas une frustration trop fréquente**. Car de l'ennui peut naitre le découragement et la démobilisation.

Parfois, certains élèves présentent les caractéristiques d'élèves intellectuellement précoces (EIP) ; ce qui plus tard pourra générer une forme de handicap reconnu par la maison du handicap, la MDPH. Cette précocité est multifactorielle mais l'école, dans sa mission de prévention, a son rôle à jouer. Voici quelques pistes indicatives pour identifier ces élèves.

6 profils d'élèves à haut potentiel

- **Le profil performant :** son niveau scolaire est élevé, il se conforme aux usages de la classe, bref il est l'élève parfait !
- **Le profil autonome :** il se caractérise par une forte estime de lui-même, une grande indépendance, il est en réussite scolaire, mais échappe aux intentions trop strictes de l'enseignant, sans provocation.
- **Le profil provocateur :** il est moqueur, sarcastique, n'hésite pas à remettre les règles en cause, tient tête à l'adulte, dépasse le cadre.
- **Le profil inhibé :** il est dépréciatif, peu confiant dans ses compétences, cherche à se noyer dans la masse et à se conformer aux autres malgré ses différences ou se marginalise.
- **Le profil décrocheur :** il se sent rejeté, incompris. Il estime qu'on ne prend pas en compte ses spécificités et ses compétences. Il échoue dans le travail scolaire. Il attribue ses échecs à des causes extérieures.
- **Le profil créatif et extraverti :** anticonformiste, il se lance dans des tâches personnelles, créatives mais souvent éloignées du scolaire.

Axes de différenciation

- **Valoriser le plus possible l'expertise.** Mettre ces élèves souvent en prestation et ne pas hésiter à les en remercier. Certes, tout en leur apprenant à se réguler et à ne pas répondre de façon intempestive, leur donner un espace pour montrer leurs compétences.
- **Inciter à ce qu'ils aident leurs pairs.** C'est une des pistes à privilégier pour différencier avec des élèves experts. Le chapitre 8 est consacré à cette aide entre pairs. Cela crée du lien dans la classe, favorise la fraternité, donne une utilité au savoir.
- **Leur donner de quoi faire.** L'expertise est nourrie aussi par la quantité et la difficulté des tâches proposées. Les élèves doivent pouvoir faire la différence entre ce qui relève du « travail » demandé par l'enseignant et ce qui est plutôt un jeu libre. Ces élèves experts, s'ils ne sont pas assez nourris, basculent très vite dans un moment libre qui, même s'il a ses vertus, vient s'opposer à la tâche scolaire. Il faut donc prévoir des activités complémentaires, résistantes, motivantes. Et puis, si ces élèves sont allés beaucoup plus loin dans une tâche donnée, il est indispensable qu'ils puissent en parler à un moment donné de façon à ce qu'à leurs yeux, le travail effectué ait un sens. Le recours à un **plan de travail différencié** (voir chapitre 24 « *Le plan de travail* ») trouve ici sa pertinence.

• **Organiser des ateliers d'experts autour d'activités enrichies.** À certains moments, il est aussi intéressant de regrouper ces élèves sur un atelier donné et que l'enseignant travaille spécifiquement avec eux. Il est alors possible de nourrir spécifiquement certaines compétences (compréhension de l'écrit, résolution de problèmes, etc.) dans un cadre qui dépasse largement les attendus. L'école est aussi là pour ça !

L'efficacité des relations affinitaires entre pairs

Les relations privilégiées que certains élèves peuvent avoir avec des camarades – la meilleure copine, le meilleur copain – peuvent agir fortement comme élément moteur dans la compréhension des particularismes du fonctionnement de la classe. Cette forme de tutorat sur des bases affectives se prolonge bien souvent qualitativement sur le plan des apprentissages. Ce type de binôme possède une homogénéité, celle du cœur, et une hétérogénéité possible, celle des compétences. Ce plaisir à être ensemble peut être la source d'un travail qualitatif pour les deux parties. Unis par des liens affectifs peu scolaires, ils savent mettre cette amitié au profit des enjeux scolaires.

Une aide spontanée

Spontanées, ces aides particulières, choisies, sans que l'enseignant intervienne en quoi que ce soit, à part accepter que ce tutorat s'instaure, sont bien souvent très efficaces lors de ces premières années d'école où le langage est encore en construction. Faites d'**interactions spontanées, verbales ou gestuelles**, dans une approche que l'on pourrait dire « vicariante » – selon l'expression d'Albert Bandura –, l'élève plus fragile est guidé vers les postures adaptées, apprenant dans ce voir-faire et ce ouï-dire modélisant.

Une aide modélisante

Doit-on autoriser une approche si peu cognitive faite de simple imitation-reproduction ? Oui, ne serait-ce que dans un premier temps, surtout dans cette période du développement de l'enfant, alors qu'il entre tout juste dans un monde qu'il ne maitrise pas encore, habitué qu'il est à ce que des adultes prennent en charge une bonne part des tâches et le fait qu'à l'école des enfants participent de cet accompagnement responsable d'eux-mêmes. Être suppléé par un camarade de son âge, de son statut, est déjà une décentration d'une tout autre nature que de suivre l'adulte.

Un autre argument est à retenir : malgré la pertinence maintes fois évoquée de l'intérêt de conflits sociocognitifs entre élèves au moment des apprentissages, la recherche ne peut que constater le très faible nombre de situations de ce type dans les classes. Si les interactions existent, peu sont celles qui visent à opposer des procédures malgré la vertu que l'on connait de cette pratique.

C'est pourquoi la pratique spontanée d'aide entre pairs centrée sur le travail est à sa manière un premier pas vers cette intention d'activation d'échanges autour d'un savoir et de prise en compte par les deux élèves de procédures efficaces, d'une part, et de la difficulté à percevoir ces procédures, d'autre part.

Cette imitation pourrait cependant être critiquée en ce qu'elle n'impliquerait pas assez cognitivement l'élève. Jerome Bruner, qui préconisait ce qu'il a appelé la « démonstration[1] », précise pourtant qu'il n'a jamais observé d'imitation aveugle. L'élève se montre toujours participant actif dans la prise d'indices pertinents, proposant même de nouvelles pistes qui dépassent ce que son camarade lui donne comme modèle. **Ceci n'est possible que dans les cas où l'élève se trouve dans sa zone proximale de développement**, non pas au-delà, car, dans ce cas, l'imitation ne serait pas active, mais seulement subie.

La « théorie sociale de l'apprentissage[2] » d'Albert Bandura autour des processus d'acquisition rejoint Bruner sur cette pratique de la démonstration. Bandura montre que la majorité des représentations que nous construisons de la réalité et sur lesquelles nous basons nos actions se font en observant d'autres personnes qui savaient avant nous. Nous reproduisons malgré nous les comportements que nous voyons chez les autres, ce qui est un moyen sûr d'agir de manière sécurisée sur notre environnement, tant que nous ne le maitrisons pas. Cette forme d'apprentissage, dit « à effet vicariant », procède par l'imitation des gestes et des procédures qu'un sachant (ici un pair) montre à un apprenant (ici un camarade de classe). L'apprentissage vicariant fonctionne par la prise d'indices lors de l'observation d'une action menée par une autre personne qui sait comment manœuvrer. C'est peu ou prou la manière avec laquelle apprend l'apprenti menuisier qui observe son maitre.

L'élève la met en œuvre lorsqu'il copie spontanément sur la feuille de son voisin. Pour autant, il y a une nuance importante entre ce « vol » de résultat sur la feuille d'un camarade et ce que nous défendons ici comme une démarche vicariante assumée. Car l'élève qui copie sur son voisin ne se donne pas le moyen de pleinement comprendre la cohérence de la démarche de son camarade, il n'en prend que la forme finale. **Dans l'aide d'un pair, il y a un échange soutenu par le désir mutuel de partager une expérience réussie.** En effet, dans cette modalité, celui qui aide doit souhaiter aider et celui qui est aidé doit accepter d'être aidé.

Une aide horizontale

Cette démarche en binôme a un intérêt pour les deux élèves concernés. L'élève qui aide renforce la solidité de ses acquis en les rendant explicites à ses propres yeux. C'est pourquoi il ne faut pas hésiter à en faire usage, celui qui aide n'étant

1. Jerome Bruner, *Le Développement de l'enfant. Savoir-faire, savoir dire*, Paris, PUF, 1983.
2. Albert Bandura, *L'Apprentissage social*, Bruxelles, Mardaga, 1985.

pas instrumentalisé, bien au contraire. Il a la chance de pouvoir dire comment il réussit sans contrainte, ce qui est rarement le cas sous le regard de l'enseignant où il doit « faire l'élève conforme à l'attendu », d'où une certaine jubilation. Celui qui l'écoute est toujours on ne peut plus bienveillant tant il saisit que cette aide lui sera salvatrice.

Feedback et relation de confiance

L'aide qui est apportée est souvent peu scolaire. L'élève aidant vise l'efficacité : il modélise, il explique par où il est passé, il donne des trucs, des stratégies béquillées que l'enseignant n'oserait pas donner, mais qui vont fonctionner, car elles seront comprises par l'élève fragile. Il fait l'expérience d'une démarche métacognitive « sauvage », il procède par *feedback*, bref, il fait un usage pertinent des indicateurs de la réussite scolaire, ainsi que le montre l'étude de John Hattie[3] : « *Feedback* de l'enseignant » et « relation de confiance entre l'enseignant et l'enseigné ». Ces deux critères de réussite sont en effet arrivés en tête de son étude parmi 138 autres facteurs d'influence de la réussite scolaire.

Autonomie et entraide

L'autonomie passe aussi par l'entraide (voir chapitre 11 « *La construction de l'autonomie* »). Le tutorat est véritablement efficace quand on a un ratio de deux grands pour un petit. Le binôme de pairs est une autre façon de s'entraider. Dans ce cas, il est bon de changer régulièrement les duos. Dans la configuration particulière de la classe multiniveau (voir chapitre 16 « *La classe multiniveau pour différencier* »), l'un des intérêts est que l'élève de MS qui est aidé peut devenir aidant d'un autre élève de même niveau de MS, voire de PS. Ce changement de posture et de responsabilité favorise, là encore, la compréhension des enjeux des tâches scolaires, tant on sait que celui qui explique ou qui montre est en condition de progresser plus encore que celui qui écoute ou regarde. Ainsi, le fait de voir un élève fragile assumer à son tour le rôle de tuteur peut être d'un intérêt plus grand encore, que la satisfaction déjà grande d'être celui qui montre. Ce travail coopératif directement issu de la pédagogie institutionnelle peut donc rencontrer la pratique des « ateliers individuels de manipulation », qui sont inspirés directement de la pédagogie Montessori dans un syncrétisme tout à fait réjouissant et, osons le dire, efficace.

3. John Hattie, *L'Apprentissage visible pour les enseignants*, Québec, Presses de l'Université de Québec, 2017 (2009).

Axes de différenciation

L'aide des pairs est un dispositif très modulable, aisée à mettre en place, ne nécessitant pas de préparation. On peut l'activer chaque fois que le besoin se fait sentir. C'est une modalité irremplaçable et indispensable de la différenciation pédagogique.

Toutefois, cette aide doit répondre à certaines règles :

- **Que celui qui aide soit d'accord pour le faire :** s'il est contraint, il le fera mal et trouvera injuste de devoir réaliser ce travail en plus alors qu'il avait fini le sien.
- **Que celui qui est aidé accepte de l'être par tel ou tel élève :** il ne se laissera aider que par un élève en qui il a confiance. Se laisser aider, c'est accepter d'être mis à nu devant un autre, de montrer sa faiblesse, sa difficulté, ce qui ne peut se faire que dans la confiance.
- **Il ne faut pas confondre « aider » et « faire à la place » :** celui qui aide n'est pas celui qui tient le crayon. Lorsque l'aide a été dispensée, il faut pouvoir interroger les deux élèves concernés sur ce qui s'est passé, sur ce qui a été débloqué.
- **Aider qualitativement ne s'improvise pas :** il est donc important de faire réfléchir à la façon d'aider : ne pas tout dévoiler, ne pas faire à la place, ne pas donner le résultat et... montrer de la patience. Il faut à chaque fois rappeler ces nécessités de façon à améliorer la façon d'aider.

Afin d'affiner cette aide, il est important de revenir avec les élèves sur ce qui s'est passé durant ce temps particulier : « Comment ça s'est passé ? Comment tu t'y es pris pour expliquer ? Et toi, qu'est-ce qui t'as permis de comprendre ?, etc.

Lors d'une aide à venir, ces éléments d'analyse gagneront à être réactivés en vue d'une plus grande efficacité.

Le cas de la toute petite section (TPS)

Il ne nous est pas possible de traiter d'un ouvrage de différenciation pédagogique à l'école maternelle sans évoquer ce cas particulier qu'est la toute petite section (TPS). En effet, la présence de ces enfants dans une école ordinaire suppose une approche spécifique et différenciée. Cette différenciation portera davantage sur l'intégration de ces élèves dans l'école (leur cohabitation avec des élèves plus âgés) plutôt que sur une approche différenciée au sein même de la classe de TPS.

Quelques éléments de compréhension de ce qu'est la TPS

La TPS n'entre pas dans le cadre légal de l'obligation scolaire nouvellement définie et de ce fait, son caractère atypique s'accroit davantage. En 2015, 93 600 enfants de 2 ans étaient scolarisés, soit 11,5 % de cette classe d'âge. Parmi ces enfants scolarisés, 7 % seulement se trouvaient dans des classes à un seul niveau, huit fois plus nombreuses en éducation prioritaire[1].

Les objectifs généraux de la TPS

Considérée comme un moyen de lutter contre la reproduction des inégalités et pour une meilleure inclusion sociale, la TPS est une **initiation à la vie de groupe et à la culture scolaire**. Les très jeunes enfants qui y sont accueillis installent précocement des compétences sociales et relationnelles. Ils sont stimulés dans divers domaines, au premier plan desquels le développement du langage, en particulier de la communication. Le développement moteur et la capacité de l'enfant à agir sont des appuis essentiels pour les apprentissages. La TPS se veut également structure d'accueil et d'accompagnement des familles, souvent allophones, qui seraient peu au fait des habitudes et des attendus scolaires.

1. Chiffres issus du rapport de l'Inspection générale qui elle-même cite la DEPP (Direction de l'évaluation, de la prospective et de la performance, note d'information n° 2016-19, « La scolarisation à deux ans »).

La TPS, un projet

Les écoles volontaires pour mettre en place une TPS développent des partenariats divers : avec la CAF (pour le recrutement des élèves), les professionnels de la petite enfance (crèches, classes passerelles, PMI) et la mairie (en particulier pour faire l'acquisition d'un mobilier et d'un matériel appropriés ; pour prévoir un réaménagement de l'école, par exemple une salle d'eau attenant à la classe). Une TPS est en premier lieu le **projet d'une équipe** avec des référents (l'enseignant en charge de la classe, celui ou celle en charge de la direction qui généralement fera office de remplaçant quand l'enseignant est absent).

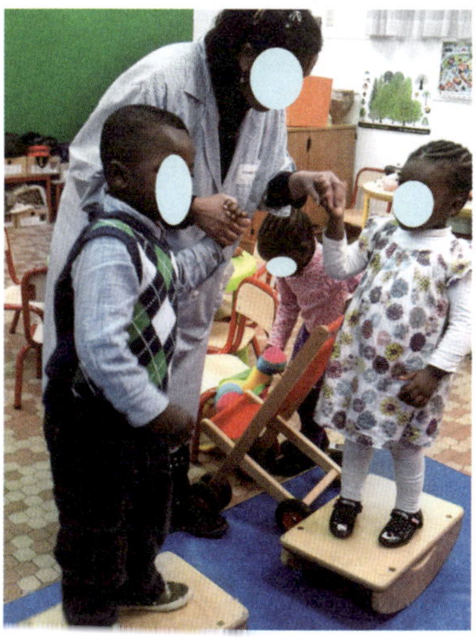

L'enseignant et l'ATSEM en charge de la TPS sont volontaires. C'est l'équipe qui définit les modalités d'accueil qui peuvent être très variées : rentrée très échelonnée, scolarisation seulement le matin ou une partie de la journée, horaires légèrement décalés, accueil des familles prolongé au-delà de la présence acceptée par le règlement intérieur (de manière à construire des moments de coéducation), possibilité de mettre en place des ateliers l'après-midi destinés aux parents dans le cadre d'un soutien à la parentalité, pour renforcer les liens entre école et familles et pour valoriser le rôle des parents dans le parcours scolaire de leur enfant.

Un mobilier et un matériel appropriés

Là encore la TPS se doit d'être une classe à part : peu de tables et de chaises de manière à laisser les enfants explorer l'espace – ouvert et surtout très vaste – de la classe, au moyen par exemple de poussettes, de caddies. Le **coin regroupement** est constitué de canapés, de fauteuils et de poufs confortables et propices à s'installer pour une conversation, pour raconter une histoire ou pour une lecture. Un **refuge** sous forme de tente, de tipi ou de maisonnette est placé dans un coin de la salle de classe pour **permettre à un enfant ou deux de s'isoler**, voire de se reposer. Un tableau à portée des enfants, une piste graphique verticale et une autre horizontale permettent aux enfants de tracer, peindre à plusieurs et d'entrer progressivement dans le symbolisme. Il est à prévoir des **coins de jeux d'imitation** où les enfants peuvent jouer à plusieurs : pendant les premiers mois, il s'agit d'une juxtaposition de jeux mais progressivement le côtoiement crée de réelles interactions d'où émergent des bribes de dialogues.

Chaque enfant a son coin personnel qui peut se résumer à une boite dans laquelle il range le doudou, quelques objets rapportés de la maison, les photos de sa famille. Il peut avoir aussi un miroir dans lequel il se voit et dont le cadre est décoré des photos des membres de sa famille. Les miroirs sont accrochés sur un mur de la classe à hauteur d'enfant ; disposés en séries, ils deviennent vite un objet de conversation entre les enfants. Le portemanteau peut être aménagé également comme un espace personnel, souvent investi pour les changements de chaussons et de chaussures.

Un besoin impérieux d'agir

Les tout-petits doivent profiter de temps de récréation plus nombreux et par tous les temps. Une devise que l'on trouve assez souvent dans les jardins d'enfants allemands et italiens affirme : « Il n'y a pas de mauvais temps, il n'y a que de mauvais vêtements. » Par exemple, la matinée est ponctuée de deux récréations moins longues que celles des autres élèves. On sort les draisiennes, les planches à roulettes, les objets à tirer. Les TPS ont besoin d'être seuls dans la cour, ils pourront se mélanger aux PS en fin d'année. Les temps dits de « motricité », quotidiens, voire biquotidiens, sont pleinement bénéfiques à condition que les enfants aient des tenues adéquates (chaussons et survêtement) et qu'ils aient à disposition du matériel nombreux. Les tout-petits sont intrépides : ils aiment sauter, se balancer, grimper, glisser, trainer des objets lourds. Ils aiment les ballons et les objets roulants. **L'enseignant doit pouvoir donner du petit matériel d'EPS à chacun de ses élèves, car le tout-petit n'aime pas trop partager.**

En classe, l'enseignant doit proposer deux ilots d'activités suffisamment attractifs pour que les enfants viennent d'eux-mêmes expérimenter. Il est important de mettre en place des apprentissages sous forme d'expériences sensori-motrices fortes et de proposer aux enfants un maximum d'activités libres.

Quelques exemples d'activités en TPS

- Toutes les activités de transvasement, en particulier avec l'eau que les enfants aiment toucher.
- Toutes les activités qui renvoient à des actions fondamentales comme visser/dévisser, ouvrir/fermer, tirer/pousser, etc. (voir le chapitre 16 « *La classe multiniveau* »).
- Manipuler de la pâte à sel (plus molle que la pâte à modeler) et se servir d'outils simples pour la travailler.

Jeux d'eau ▲

- Tous les jeux symboliques où l'enseignant est présent. Ce dernier a préparé un scénario très simple et joue avec les enfants. Le scénario reste le même pendant au moins une période. Le matériel doit être varié et très proche de celui de la vie de tous les jours. Par exemple, dans le coin cuisine, l'enseignant s'installe avec trois élèves : il faut préparer la collation du matin, retrouver les bols et les cuillères rangés dans les placards, remplir d'eau les deux brocs, prévoir les serviettes en papier.
- Des ateliers de cuisine, avec si possible la présence de quelques parents, donnant la possibilité aux enfants de manipuler les ingrédients et les ustensiles et de goûter les plats qu'ils ont préparés avec les adultes.

La différenciation en TPS

Plus l'enfant scolarisé est jeune, plus il a besoin de moments individualisés nombreux. En TPS, l'enseignant prodigue un **étayage langagier dialogique appuyé**, dans des situations très marquées, par l'action, le mouvement et la répétition. La communication non verbale est souvent utilisée et les reprises verbales de l'adulte doivent être très nombreuses (voir chapitre 17, § « Le nécessaire dialogue individualisé »).

Les besoins physiologiques de l'enfant de moins de trois ans

L'école n'attend pas que l'enfant de TPS soit « propre ». L'équipe y est préparée et l'expérience montre que, lorsque cette question n'est pas encore réglée, si elle est envisagée avec tact et douceur, la maturité vient plus vite qu'on ne le pense. Les couches et la table à langer (dans la salle d'eau attenante à la classe) font donc partie des réalités d'une TPS. Le tout-petit a encore besoin de beaucoup dormir : il n'est pas rare de le voir s'endormir durant une matinée, surtout l'hiver. Sa sieste de l'après-midi est primordiale et il n'est pas question de le réveiller à l'arrivée des temps d'activités périscolaires (TAP), car c'est pendant le sommeil (au moment du sommeil paradoxal) que l'hormone de croissance est sécrétée majoritairement.

Une autre particularité rarement rappelée est que le tout-petit a besoin de beaucoup boire : il faut donc prévoir des gobelets et de l'eau à la disposition des enfants, et, par exemple, les faire boire avant et après une séance d'EPS.

Le repas à la cantine doit se passer dans un calme absolu : il faut donc avancer d'une demi-heure le déjeuner des TPS afin qu'ils ne se retrouvent pas avec les élèves des autres niveaux. Cette organisation pourra évoluer quand les tout-petits auront pris de l'assurance.

Lorsque le rythme et les besoins du très jeune enfant sont respectés et lorsque les activités qui lui sont proposées sont variées et adaptées, **la TPS est une réussite dont l'école française peut s'enorgueillir.** Les enfants de cette section arrivent en PS l'année d'après très bien préparés, heureux de maitriser les codes scolaires.

La sécurité affective

Le taux d'encadrement doit être très élevé, car il en va de la sécurité affective des enfants. Les TPS idéales sont donc des structures à petit effectif (au maximum 14 élèves). Le moment de séparation avec le parent est vécu souvent avec difficulté et cette question ne se règle pas en quelques semaines. Il est important de prévoir dans la classe un sas confortable pour la famille : la configuration de la classe et le mobilier doivent permettre à l'enfant et son parent de se retrouver un moment ensemble avant de se quitter. Dans certaines classes de TPS, cet espace est décoré de nombreuses photos des familles, affichées à hauteur d'enfant.

Évaluation : le suivi des apprentissages

Selon une progressivité des apprentissages sur le cycle, les enseignants de maternelle adoptent une évaluation fondée sur l'observation. Cette évaluation se réalise avec bienveillance et prend en compte l'âge des enfants, leur degré de développement, leur rythme d'apprentissage, de telle sorte que c'est le cheminement de l'enfant dans l'apprentissage qui est valorisé. Cela pour deux raisons : d'une part, cette évaluation se veut positive et cherche à comprendre les opérations mentales mises en jeu par l'enfant ; d'autre part, l'observation de l'enseignant doit aboutir à une interprétation qui lui permet de réguler son enseignement et, si un enfant est trop loin de l'objectif visé, de réfléchir à de nouvelles pistes de travail. L'enseignant valorise le travail de chaque enfant, donnant du sens aux efforts demandés et faisant réfléchir les élèves sur leurs procédures. En aucun cas, l'évaluation ne vise à comparer les élèves entre eux selon des normes prédéfinies, ce qui ne signifie pas qu'il ne soit pas important pour les enseignants d'avoir des connaissances solides en matière de développement de l'enfant et de comprendre les corrélations entre apprentissage et développement.

Le tableau de bord, une évaluation « à chaud »

Si l'évaluation a pour premier objectif de proposer des pistes d'aide pour certains élèves, l'enseignant doit pouvoir prélever, au quotidien dans la classe, les informations les plus ciblées possibles, de façon à adapter son enseignement à partir de ce qu'il a pu collecter. Il ne s'agit pas d'une lourde batterie d'évaluation qui n'a que trop peu de sens à l'école maternelle, mais de grilles d'observations particulièrement nécessaires pour lâcher de savoir ce que fait chaque élève et où il en est.

Il s'agit donc de pouvoir renseigner un *tableau de bord* très simple juste après une séance ou durant la récréation avec ce type d'items (doc. 10.1.).

Doc. 10.1. – Exemple de tableau de bord

Le tableau de bord : une évaluation « à chaud » après une séance

- Ceux qui se sont exprimés.
- Ceux que l'on a interrogés.
- Ceux qui ont fait preuve de plus d'autonomie ou d'implication.
- Ceux qui ont peu sollicité le maitre.
- Ceux qui ont aidé un camarade et ceux qui ont été aidés.

À la fin de la journée, et même parfois de la semaine, on peut se rendre compte que certains élèves ne se sont quasiment jamais exprimés ou ont été très peu sollicités. C'est un outil très parlant qui invite alors l'enseignant à corriger son approche lors de séances ultérieures.

Le carnet de suivi des apprentissages

Les modalités d'évaluation ont été prescrites sous la forme d'un carnet de suivi des apprentissages sur les trois ou quatre années de maternelle et d'une synthèse des acquis en fin de cycle 1. Dans le cadre d'une école maternelle qui se présente d'emblée comme une école bienveillante, c'est un outil institutionnel puissant de différenciation. Il procède en effet du principe de l'éducabilité des enfants et, dans l'esprit d'une évaluation formative et positive ; il met en valeur les démarches et les processus d'apprentissage des élèves.

L'évaluation comme dynamique vertueuse

L'enseignant et l'élève se trouvent dans une sorte de dynamique vertueuse en opérant un **constat de progrès** : « Je sais que tu vas y arriver, je te fais confiance, je t'indique comment y arriver et pourquoi effectuer cette tâche, je constate tes progrès, tu m'expliques ta démarche, voire tes réussites. » Ce dialogue pédagogique engendre des progrès chez la plupart des élèves, et le climat de la classe s'en trouve nettement changé.

Le constat de progrès

Bien qu'il progresse, l'élève fragile observe dans le quotidien de la classe qu'il ne rattrape pas le peloton qui lui aussi progresse. Cet élève se vit toujours comme en difficulté, l'enseignant le prenant encore en groupe de besoins, en aide personnalisée et à la table d'appui (voir chapitre 3 « *Principes de mise en œuvre de la pédagogie différenciée* »). Cette situation peut devenir préjudiciable et finir par le convaincre qu'il demeurera définitivement en échec. C'est pourquoi il faut saisir l'opportunité de ces temps d'échanges privilégiés pour que l'élève fragile prenne conscience de ses progrès.

Une des bonnes stratégies est de lui faire produire à nouveau un travail qu'il a déjà réalisé il y a quelques jours ou semaines. Le dialogue professeur-élève se passe alors devant les deux productions de l'élève qui sont mises en comparaison.

Un support de métacognition

Le carnet de suivi des apprentissages (CSA) n'est pas seulement un outil d'information pour les familles et les enseignants du cycle, il permet aussi à l'élève de faire le point en continu sur ce qu'il apprend, comment il l'apprend et pourquoi il est engagé dans cet apprentissage. C'est une « nouveauté[1] » pour les enseignants de l'école maternelle : le CSA est en effet un support de métacognition (voir aussi chapitre 12 « *L'enseignement explicite et la métacognition dès l'école maternelle* ») car, dans un dialogue constructif, l'enseignant donne à voir à chaque élève ses progrès, tout autant qu'il lui parle de ses cheminements. Ici les **obstacles** rendus visibles sont envisagés comme des **points d'appui pour une future réussite.**

Le carnet de suivi des apprentissages en PS : un outil de métacognition ▲

L'évaluation comme outil de différenciation

Dans l'idéal, il ne devrait pas y avoir deux CSA semblables dans une même classe et pour une même année scolaire puisque les élèves évoluent à des rythmes différents. L'exemple suivant (doc. 10.2.) présente deux traces différentes d'une même activité qui correspondent à un même champ d'apprentissage : découvrir la correspondance graphophonétique en GS.

- Le premier élève a besoin d'un médium ludique, qui porte en lui une dimension affective, aussi chaque lettre de l'alphabet est représentée par un personnage un peu drôle.
- Le second enfant, quant à lui, a besoin encore d'un support visuel – mais beaucoup moins chargé d'affect – et de pouvoir faire des gestes qui lui font prendre conscience des points d'articulation des phonèmes et d'oraliser ce qu'il lit.

1. « Nouveauté » depuis le *BOEN* n° 3 du 21 janvier 2016 faisant suite aux programmes 2015 en vigueur pour l'école maternelle.

Période 4	Correspondance graphèmes-phonèmes	Période 5	Correspondance graphèmes-phonèmes
Je connais les lettres suivantes avec les Alphas		Je connais les lettres suivantes avec les Alphas	
Je connais les sons des lettres suivantes		Je connais les sons des lettres suivantes	
Je sais écrire en cursive les lettres suivantes		Je sais écrire en cursive les lettres suivantes	

Doc. 10.2. – 2 ex. CSA GS (utilisation des Alphas/méthode Borel-Maisonny)

L'apprentissage visé est le même (approcher le principe alphabétique de la correspondance graphèmes/phonèmes ainsi que la conscience phonémique *via* une vocalisation des sons et un découpage de plus en plus fin des mots), et les deux moyens utilisés correspondent certainement à un rapport au savoir différent, aux perspectives très favorables. Dans le premier cas, l'enfant qui peut entrer dans un apprentissage à condition que ce dernier comporte une dimension affective, comprend, grâce à l'étayage et aux propositions diverses de l'enseignant, grâce aux connaissances déjà acquises de certains camarades, que « prochainement[2] » il entrera dans la zone plus conceptuelle de l'apprentissage. Cet enfant se projette dans un avenir proche où une autre réussite est possible, à condition d'employer une nouvelle méthode. En attendant, l'évaluation différenciée lui a permis de se conforter dans l'idée qu'il est dans une **dynamique d'apprentissage**.

Le CSA est aussi pour l'enseignant **un outil de régulation de son enseignement** et **un support régulier de son action de différenciation**. Contrairement à ce que l'on peut parfois imaginer, le CSA ne se résume pas au seul recueil des réussites de l'élève. Ce serait alors catastrophique pour les élèves qui n'obtiennent pas les résultats attendus : très peu de choses figureraient dans leur carnet !

Si l'on reprend les deux exemples précédents, leur juxtaposition met en évidence des différences de développement langagier et conceptuel, mais l'un n'est pas plus que

2. Dans le sens vygotskien du terme.

l'autre l'aboutissement d'un apprentissage ; ce qui compte c'est que chaque élève puisse avoir une trace dans son carnet d'un moment d'apprentissage significatif, valorisé par la mise en forme, commenté par la maitresse et mis en discussion. C'est cela qui encourage l'élève à poursuivre ses efforts. Pour autant, il semble essentiel de ne pas perdre de vue que le progrès, ici essentiel, ne suffit pas. Il faut toujours tendre à ce que l'élève sache passer les étapes conceptuelles au risque sinon de voir les écarts s'accroitre, alors que la fonction de l'école est de chercher à les réduire.

Observer et interpréter

Contrairement à la synthèse des acquis de la fin du cycle 1, **le CSA n'est pas un livret scolaire avec une liste de compétences à acquérir**. Il enregistre des traces et des travaux de l'élève, preuves d'une activité cognitive et il témoigne aussi d'un travail d'observation et d'interprétation de l'enseignant à partir de ces traces et travaux, soit signes avant-coureurs que l'apprentissage devient opérant, soit preuves d'une compétence acquise.

Conçu par l'équipe de l'école sur tout le cycle, le CSA met en évidence le cadre qui fixe la cohérence des apprentissages. Il est intéressant pour l'enfant de voir dans son carnet l'apprentissage proposé à tous les élèves de sa classe (voir doc. 10.3.) et d'en distinguer la déclinaison le concernant (doc. 10.4.) et plus tard dans l'année ou dans le cycle, de constater des progrès.

Le CSA donne à voir également une progression pensée par tous les enseignants de l'école et, en même temps, l'offre d'une diversité de moyens pour rendre les apprentissages possibles et solides. Mireille Brigaudiot[3] propose une piste astucieuse et très pertinente pour mesurer les progrès des élèves : donner sur tout le cycle des consignes récurrentes. Par exemple pour illustrer le domaine de la découverte de l'écrit : « Écris le mot "maman". » Cela oblige les enseignants d'une même équipe à ne pas abandonner trop tôt certaines propositions ou, au contraire, à mettre en place des apprentissages que l'on pourrait croire trop précoces. C'est ce que Mireille Brigaudiot appelle **« travailler en aval et en amont » de la « zone proximale d'apprentissage » (ZPA)**, déclinaison didactique et pédagogique de la zone proximale de développement de Vygotski.

Cette notion de ZPA est importante par ses conséquences sur l'organisation de la classe. Nous y reviendrons plus tard (voir chapitre 23 « *Du côté du jeu* »). Pour Mireille Brigaudiot, l'intervention du maitre dans la ZPA d'un enfant (quand ce dernier est à l'initiative de l'apprentissage) ne peut se réaliser qu'en situation duelle : le maitre se saisit de la proposition de l'enfant, l'interprète comme une avancée et la met en évidence devant le groupe.

Pourquoi la mettre en évidence devant le groupe ou plutôt dans le groupe ?

3. Mireille Brigaudiot, *Langage et école maternelle*, Paris, Hatier, 2015.

Dessins de deux enfants en PS, au mois de mai

Doc. 10.5. – Utilisation du prénom d'une camarade
Doc. – 10.6. Bonhomme têtard

C'est donc **reconnaitre des progrès « hors cadre évaluatif »** : pouvoir observer et constater une action mentale de l'enfant dans un moment libre, informel est un geste professionnel important qui, en soi, relève d'un acte de différenciation. C'est pourquoi, il est important de réserver dans la journée de courts moments d'activités libres (jeux symboliques, dessins libres, carnets d'activités libres – découpage, collage, peinture), qui sont très souvent des expériences sensorimotrices où la pensée de l'enfant s'exprime librement pour mieux renforcer ce que celui-ci considère sur le moment avoir beaucoup d'importance, et qui le construit très certainement parce qu'il est dans une « période sensible », comme nous le verrons p. 113 (pédagogie Montessori).

En résumé, **évaluer à l'école maternelle, c'est apprécier la valeur d'une action accomplie par un enfant, d'une parole enfantine** ; c'est les considérer comme propres à l'enfant, c'est-à-dire uniques et donnant **l'indication d'un cheminement cognitif singulier**. L'évaluation donne ici des occasions de temps de partages privilégiés où le groupe se soude autour des productions originales et les progrès de chaque enfant, contribuant ainsi à ce que notre école en tant que groupe social soit le ferment du progrès de chacun pris dans sa singularité.

Individualisation *versus* différenciation

Ce n'est pas enfermer l'enfant dans ce que Henri Wallon appelle « le spectacle de lui-même », car à l'école, l'apprentissage se fait dans un dialogue avec le maitre, mais tout autant dans un collectif d'enfants. La dimension sociale de l'apprentissage scolaire est primordiale. Voici l'exemple d'une évaluation individuelle dans le cadre d'un atelier d'écriture en MS.

La maitresse a donné aux élèves la consigne de recopier sur un interlignage une série de mots vus plusieurs fois dans le cadre de l'étude d'un album. Les enfants savent ce qu'ils recopient, ils doivent écrire en respectant des règles de composition (respecter les espaces, suivre l'interlignage, démarrer au point de départ fixé), ils savent aussi qu'ils auront un dialogue avec la maitresse devant les camarades de l'atelier pour parler de leur travail. Ils sont confrontés une fois par semaine à ce type d'activité métacognitive : ils doivent s'exprimer en redonnant la consigne, dire ce qui a été réussi ou non, donner éventuellement leur avis à propos du travail d'un autre camarade. Cette conversation se déroule tout de suite après la réalisation de la tâche, à la table de l'atelier.

L'observation par l'enseignant, qui donne lieu ensuite à une interprétation, est de fait un acte de différenciation pure, parce qu'il faut pouvoir relever, dans la parole de l'enfant, un fait de langue significatif d'un développement langagier ou, dans la trace produite, la marque d'une action mentale prometteuse. La prise de notes est d'autant plus nécessaire (carnet de bord papier ou sur téléphone, photographies, enregistrement d'énoncés oraux[4]) qu'**il est fréquent d'être le témoin d'une action qui confirme une acquisition importante, dans un moment d'apprentissage informel**. Par exemple, dans un temps d'activités libres où des enfants de PS utilisent comme ils l'entendent un cahier de « bricolage », la maitresse repère deux niveaux de développement de la pensée symbolique et montre alors aux enfants ce qu'ils viennent de réussir. Pour l'un, il s'agit enfin (nous sommes au mois d'avril) de produire le dessin d'un bonhomme, ce qu'il n'avait jamais fait auparavant ; pour l'autre, le dessin représente une camarade de la classe, dont le prénom a été recopié par la dessinatrice sans demande ni aide de l'adulte. Il se trouve au milieu du visage : l'inscription du prénom n'est pas ici une légende, mais une des composantes du personnage.

Cette différence, qui pourrait faire naitre des constats très contrastés et tranchés (comme : « Celui-ci se met à peine à dessiner, il est déjà en décalage par rapport aux autres »), donne lieu à une **différenciation qui s'exprime grâce au dispositif de l'enseignant** qui permet régulièrement des activités libres et met à disposition des enfants du matériel, bien visible et identifié.

4. Le téléphone portable peut suffire. Il existe à présent des applications telles que « Je Valide » qui permettent de confectionner des CSA numériques porteurs d'enregistrements sonores.

Dessins de deux enfants en PS, au mois de mai ▲

Doc. 10.5. – Utilisation du prénom d'une camarade
Doc. – 10.6. Bonhomme têtard

C'est donc **reconnaitre des progrès « hors cadre évaluatif »** : pouvoir observer et constater une action mentale de l'enfant dans un moment libre, informel est un geste professionnel important qui, en soi, relève d'un acte de différenciation. C'est pourquoi, il est important de réserver dans la journée de courts moments d'activités libres (jeux symboliques, dessins libres, carnets d'activités libres – découpage, collage, peinture), qui sont très souvent des expériences sensorimotrices où la pensée de l'enfant s'exprime librement pour mieux renforcer ce que celui-ci considère sur le moment avoir beaucoup d'importance, et qui le construit très certainement parce qu'il est dans une « période sensible », comme nous le verrons p. 113 (pédagogie Montessori).

En résumé, **évaluer à l'école maternelle, c'est apprécier la valeur d'une action accomplie par un enfant, d'une parole enfantine** ; c'est les considérer comme propres à l'enfant, c'est-à-dire uniques et donnant **l'indication d'un cheminement cognitif singulier**. L'évaluation donne ici des occasions de temps de partages privilégiés où le groupe se soude autour des productions originales et les progrès de chaque enfant, contribuant ainsi à ce que notre école en tant que groupe social soit le ferment du progrès de chacun pris dans sa singularité.

Les stratégies différenciées efficaces (comment bien faire)

Il nous faut maintenant affronter une situation difficile, née du fait que nombre de chercheurs[1], et pas des moindres, font remarquer que les pratiques différenciées peuvent être pires que le mal qu'elles cherchent à surmonter. Souvent, selon certains d'entre eux, les adaptations différenciées auraient plutôt pour conséquences d'accroitre les inégalités alors qu'elles ambitionnaient de les réduire. De là à croire qu'il vaudrait mieux se montrer « indifférents aux différences[2] », plutôt qu'affronter l'hétérogénéité des classes, est un pas que nous ne franchirons évidemment pas. Pourtant, il s'agit de ne pas balayer d'un revers de la main les nombreuses critiques qui se font jour. Il s'agit au contraire de les affronter pour les déconstruire ou les surmonter.

Cette troisième partie commence par identifier les pièges de la différenciation et les manières de les contourner, donnant au lecteur les grands principes qui font passer d'une différenciation à risque à une différenciation qui relève le défi de la réduction des inégalités et de la mise en place de l'égalité des chances.

---

1. Voir en particulier les travaux du réseau RESEIDA réunis dans l'ouvrage dirigé par Jean-Yves Rochex et Jacques Crinon, *La construction des inégalités scolaires. Au cœur des pratiques et des dispositifs d'enseignement*, Rennes, PUR, 2011.
2. Pierre Bourdieu, « L'école conservatrice. Les inégalités devant l'école et devant la culture », *Revue française de sociologie*, VII, 1966.

La construction de l'autonomie

Arrivé au terme de sa vie, le sociologue Norbert Elias, cité par Christophe Joigneaux, s'interrogeait sur la manière d'aider les enfants « à s'accoutumer à des sociétés aussi complexes et aussi peu enfantines que les nôtres[1] ». Joigneaux montre que la réponse proposée par l'institution scolaire est de chercher à ce que, très tôt, l'élève acquiert des postures réflexives personnelles permettant d'affronter cette complexité, ce monde non enfantin[2]. Cette compétence a pour nom « autonomie », qui au fil des décennies a dépassé la capacité de savoir réaliser seul des actions concrètes, pour atteindre ce que les programmes de 2008 appelaient « dire ce qu'il apprend », c'est-à-dire un ensemble d'actes réflexifs métacognitifs. Certains élèves y parviennent spontanément, de manière autonome, si bien qu'assez rapidement, il y a risque de penser que, de manière générale, cette compétence métacognitive s'autogénère. Pourtant, il apparait clairement que d'autres élèves ont besoin d'être accompagnés dans cette démarche peu naturelle à laquelle ils ne sont pas habitués. La question se pose donc de savoir si le temps est suffisamment pris en classe non pas pour **« dire ce que l'on apprend »**, mais pour **« apprendre à dire ce que l'on apprend »**.

Enseigner l'autonomie

Le lieu n'est pas de débattre s'il est pertinent d'attendre des élèves un tel travail réflexif ou s'il leur est trop précocement demandé. Le constat est que ces compétences sont mobilisées dans l'ordinaire des classes, mais qu'un certain nombre d'élèves y échappent lorsque d'autres y excellent. C'est cette **différenciation subie** qui nécessite un réajustement si l'on souhaite que les élèves les plus fragiles accèdent à ces compétences cognitives nécessaires à la réussite scolaire. Il apparait donc indispensable de ne pas accorder une trop grande confiance aux capacités d'autonomie des élèves en s'imaginant que la solliciter suffirait à ce qu'elle se mobilise. À ce titre, l'usage répété des fiches en atelier autonome place les élèves dans la nécessité d'une démarche réflexive personnelle non étayée, illustrative de cette confiance excessive en l'autonomie dont nous venons de parler.

---

1. Norbert Elias, *Au-delà de Freud. Sociologie, psychologie, psychanalyse*, Paris, La Découverte, 2010.
2. Christophe Joigneaux, « L'autonomie à l'école maternelle : un nouvel idéal pédagogique ? », in P. Perrier (dir.) « L'autonomie des élèves émancipation ou formalisations ? », *Recherche en éducation*, n° 2, novembre 2014.

Axes de différenciation

• Lors des **ateliers périphériques, autonomes**, l'enseignant doit se montrer attentif à la manière dont chacun de ses élèves entre dans la tâche. Il s'agit là d'une sorte de gageure puisque l'enseignant est généralement bloqué auprès de son atelier dirigé. C'est pourquoi il faut ménager lors des temps d'atelier des moments où l'enseignant va se dégager de la gestion de son atelier dirigé. Il suffit pour cela de donner aux élèves de son atelier une courte tâche qui ne nécessite pas sa présence. Par exemple : réordonner des images, égaliser des collections, illustrer le mot ou la phrase produits... Il peut alors se dégager pour prendre le pouls des élèves placés sur les autres ateliers. Il apporte alors des micro-étayages déterminants[3] qui débloquent l'élève qui serait sorti de la tâche, le recentrent afin que, dès que l'enseignant sera reparti, cet élève réinvestisse la tâche et exerce son autonomie dans un cadre réidentifié.

• Dans le même esprit, l'enseignant qui s'est dégagé de son atelier dirigé peut demander à un autre élève de procéder à l'accompagnement d'un de ses camarades, par une « aide des pairs » comme décrite dans le chapitre 8.

Pour autant, l'enseignant de bonne volonté qui voudrait aider ses élèves à **s'affranchir du « faire » pour aller vers le « comprendre »** se trouve souvent confronté au fait que l'élève ne l'y aide pas. Cette posture réflexive n'est pas spontanée, et nombre d'élèves voient dans l'agir un plaisir autrement plus savoureux que celui de réfléchir sur l'agir. Si l'enfant autonome réflexif apparait comme l'élève idéal aux yeux de tout enseignant, faire passer un élève acteur pris dans le plaisir du « faire » à un élève « auteur », au sens d'acteur réflexif de sa propre tâche, semble bien souvent insurmontable. D'autant que l'élève lui-même fait parfois tout pour y échapper, comme l'a si bien montré Serge Boimare, parlant d'« enfants empêchés de penser[4] ».

Les enseignants le savent : ce profil d'élèves échappe aux temps réflexifs des mises en commun et des institutionnalisations, alors que c'est justement à ces moments-là que se construisent les savoirs et les postures attendues de l'élève. Heureusement, diverses stratégies pédagogiques permettent de venir à leur secours. Elles ont en commun de ne pas attendre que l'élève construise seul et spontanément sa posture réflexive. Cette réflexion explicite accompagne l'action de l'élève et, à ce titre, entre dans la rubrique « apprendre à comprendre » de nos instructions officielles lorsqu'elles préconisent de permettre aux élèves de « s'intéresser progressivement à de nouvelles manières d'apprendre ». Voici deux de ces stratégies.

---

3 Voir chapitre 3 « *Principes de mise en œuvre de la pédagogie différenciée* » qui présente le dispositif de la table d'appui.

4. Serge Boimare, *Ces enfants empêchés de penser*, Paris, Dunod, 2008.

Le modelage pour voir des processus cognitifs en action

Le « modelage », démarche initiée outre-Atlantique, consiste à **oraliser nos procédures** : dire comment nous, adultes, comprenons la tâche à réaliser, dire comment nous nous y prenons. Il s'agit donc de **rendre explicite** la manière dont un expert procède afin que **par mimétisme** l'élève qui n'y pensait pas puisse identifier des types de questionnements et de procédures.

Par le modelage, l'enseignant montre comment il s'y prend pour résoudre la situation, plutôt que de mettre les élèves fragiles en situation de recherche, souvent aventureuse. L'enseignant met alors un « haut-parleur sur sa pensée » afin de mettre au jour les processus mentaux qu'il active durant la résolution. Il s'agit d'une **réelle méthode métacognitive** puisque tout est centré sur la manière dont on raisonne. L'enseignant ne questionne pas les élèves. Il donne à entendre sa manière de raisonner, les associations d'idées qu'il établit, les inférences qu'il produit, les hypothèses qu'il élabore, les validations qu'il peut opérer.

À leur manière, les programmes de l'école maternelle prescrivent de telles démarches : même en simple situation de réception où les enfants vont travailler mentalement, dans un premier temps sans parler, l'étayage langagier et réflexif de l'enseignant va rendre visible aux yeux de ses élèves la manière dont il fait lui-même usage de ses capacités réflexives. En révélant à haute voix son cheminement intellectuel, il peut rendre transparent les manières qu'il a de catégoriser, rapprocher, procéder à des analogies, tisser des savoirs qui sans cela resteraient opaques pour nombre d'élèves.

Exemple de modelage différencié autour d'une sensibilisation à l'écrit

Il s'agit d'une relation duelle maitre-élève ou d'un tout petit regroupement de 3 élèves au maximum afin que chacun soit disponible et se montre attentif.

Les enfants ont réalisé un dessin de leur choix. L'enseignant propose d'écrire avec des mots ce qui a été dessiné. Il interroge l'un des élèves qui va donc dicter une phrase, un titre ou de simples mots. L'enseignant reçoit ce matériau puis se propose de l'écrire sur le dessin de l'enfant. C'est à ce moment-là que le modelage prend sa place. Il s'agit pour l'enseignant de verbaliser les pensées qui accompagnent ses actes : « Alors, je dois écrire "une jolie princesse". Ça fait combien de mots tout ça ? Une – jolie – princesse. Voilà, il y a 3 mots. Il faudra que je fasse attention à bien faire des espaces entre ces mots, sinon on ne comprendrait pas. Alors le premier mot ? C'est "une". J'entends quoi au début ? U-NE. J'entends le son U en premier. Alors je l'écris. Voilà un beau U en capitale… » et ainsi de suite.

Le modèle trinitaire de Jerome Bruner

Afin d'apprendre à construire son autonomie de pensée scolaire, Jerome Bruner propose son modèle trinitaire. Il nous apprend qu'un savoir se construit en trois étapes dont chacune active des postures réflexives spécifiques :

- le mode **énactif** (le geste) ;
- le mode **iconique** (l'image) ;
- et le mode **symbolique** (les langages).

Le modèle trinitaire

Le mode « énactif » est l'entrée psychomotrice nécessitant une appropriation par l'action et le geste, en contextualisation. Le temps est accordé à la manipulation des données. Cette approche sensori-motrice permet d'« inscrire le savoir dans nos muscles ».

Le mode « iconique » consiste à se représenter l'action sans avoir à la réaliser, en procédant par image mentale ce qui conduit à prendre conscience des procédures et des actions clés de l'apprentissage énactif.

La représentation imagée est également valorisée, l'enfant optant pour des traces ou la constitution de premiers référentiels personnels qui sont un pont entre son action et le savoir institué qui viendra en fin de cycle. On constate qu'ici la verbalisation n'est pas forcément privilégiée, libérant notamment les « petits parleurs » de cette contrainte difficile pour eux.

Enfin, **le mode « symbolique »** traduit la forme iconique en une représentation abstraite par des codes normés ou des termes notionnels qui prennent fonction de savoir.

Généralement, dans notre enseignement traditionnel, nous établissons un raccourci entre ces trois modes au sein d'une même situation pédagogique, ce qui peut apparaitre bien court pour certains de nos élèves qui ont besoin de temps pour vivre chacune de ces étapes, alors que d'autres accéderont directement au mode symbolique.

La méthode de Singapour et la méthode *J'apprends les maths*

Le modèle trinitaire est aujourd'hui remis au goût du jour par ces deux méthodes. Elles se caractérisent par une ambition de faire passer l'enfant du monde concret qui l'entoure, et dans lequel il agit sans se poser de réelles questions, à un champ de savoir qu'il va, dans un premier temps, percevoir comme organisé, puis dont il va découvrir qu'il est structuré par des lois abstraites, mais stables. Pour ce faire, la démarche parle d'« étape concrète », par exemple manipuler des jetons, d'« étape imagée » consistant à schématiser les collections réalisées, et enfin d'« étape abstraite » qui aboutit à l'écriture de la quantité par un nombre.

Axes de différenciation

Il s'agit de prendre le temps de revenir sur des démarches énactives, psychomotrices.

On peut le faire avec certains élèves en groupe de besoins lorsque la notion est essentielle.

On peut opter également pour des temps plus libres, par exemple lors de l'accueil, et dans ce cas, sous la forme de jeu.

L'entrée sensori-motrice est en tout cas essentielle pour que nos élèves les plus fragiles abordent les savoirs dans leur complétude, sans précipiter le passage à l'abstraction. L'école maternelle offre le temps de ces appropriations par le corps. Même lorsque certains élèves poussent à avancer plus vite, à conclure, il faut accorder le temps à d'autres qui doivent vivre le savoir avant de le conceptualiser.

Empirisme contre rationalisme ?

Ces modalités visent à revaloriser la manipulation comme étape préparatoire à la conceptualisation. Elles ne s'embarrassent pas à l'excès de la place parfois prépondérante accordée à la verbalisation dans nos prescriptions didactiques et qui apparait souvent, pour certains élèves, comme des murs infranchissables. Elles osent la modélisation, ce que Bruner appelle pour sa part « la démonstration », dans une veine de pensée empirique souvent dénigrée à l'excès par les recherches didactiques européennes. Il semble pourtant essentiel de remobiliser ces voies d'accès à l'autonomie de pensée pour une part non négligeable de nos élèves, à la manière dont procèdent les enseignants spécialisés avec les plus fragiles d'entre eux.

Où et quand construire cette autonomie de pensée ?

Ce type de travail va nécessiter la mise en place d'un **groupe de besoins** (voir chapitre 3 « *Principes de mise en œuvre de la pédagogie différenciée*). Il s'agit de réunir autour de soi les quelques élèves ayant un intérêt à ce type de modalité, alors qu'elle serait superflue pour la majorité de la classe. Les autres élèves devront être placés en groupes périphériques autonomes sur une tâche similaire pour deux raisons majeures :

- Lors de l'atelier, l'enseignant est pleinement disponible pour chacun des élèves de son petit groupe. La mise en commun en grand groupe est rendue possible et profitable à tous.
- Lors du regroupement, on peut même espérer une prise de parole des élèves petits parleurs, ou faibles compreneurs, car, pour une fois, ils auront été préparés en amont à ce bilan terminal, dans le cadre de l'atelier dirigé, par une modalité que l'on appelle « différenciation préalable » (voir chapitre 15 « *Les différents moments d'intervention* »).

L'enseignement explicite et la métacognition dès l'école maternelle

La première différenciation qui doit nous préoccuper est celle qui se met à l'œuvre malgré nous, dans la façon dont les élèves tirent profit des situations proposées, c'est-à-dire le degré différencié avec lequel ils saisissent les enjeux éducatifs « cachés » dans les activités qu'on leur propose.

Cette **différenciation de perception subie** doit être perçue par l'enseignant afin d'accompagner ses élèves à réaliser ce saut cognitif qui vise à passer du « faire » à l'« apprendre ». Il convient d'y être particulièrement vigilant, car une offre éducative qui ne tiendrait pas compte de ces écarts de perception par les enfants accroitrait de fait les écarts entre élèves. À l'école maternelle, les premières difficultés proviennent de la non-perception claire par l'enfant (et sa famille) des manières spécifiques qu'à l'école de faire apprendre. Heureusement, l'enseignant a la main pour dissiper ces brouillages : **l'enseignement explicite**.

Les modes d'apprentissages non scolaires

Agnès Florin[1] explique que les modes d'apprentissage auxquels l'enfant qui entre à la maternelle a été habitué sont très différents de ce qui va lui être proposé à l'école. Il est possible d'en caractériser trois :

- le mode d'apprentissage parental ;
- le mode « compagnonnage » ;
- le mode d'« autoconstruction ».

Le mode d'apprentissage parental

Ce mode d'apprentissage est basé sur une recherche de « réussite immédiate ». Les adultes qui aident leur enfant s'impliquent fortement dans la réalisation de la tâche dans une visée d'efficacité immédiate. Il s'agit d'une **coconstruction visant à faire surmonter l'obstacle** que l'enfant rencontre. On parle d'« approche

1. Géraldine Giraudeau, Agnès Florin, « Interactions de tutelle dans différents modes d'accueil préscolaires », *Les dossiers des sciences de l'éducation*, n° 7, 2002. « Le préscolaire en question : Questions sur les pratiques », p. 45-57.

expérientielle édifiante » et tout est fait pour faire réussir, en plaçant l'enfant dans un environnement ouaté, rassurant, affectivement sécure, l'obstacle étant arasé. Ainsi, dans ce mode, la complexité est soit mise de côté, soit prise en charge par l'« adulte sachant ».

Le mode « compagnonnage »

Avec ce mode, le tout jeune enfant va apprendre en voyant faire un adulte ou un pair. On parle alors de **« démonstration »** selon l'expression de Jerome Bruner. L'enfant qui observe est alors placé dans un surétayage qui vise à empêcher l'erreur, s'assurant de la réussite de la tâche. C'est une attitude que l'on peut parfois observer au sein de l'école elle-même lorsque des ateliers sont encadrés par des ATSEM. Ici, le langage est strictement explicatif et aide surtout à mieux observer et reproduire les gestes.

Le mode d'« autoconstruction »

Ce mode consiste en une grande liberté accordée à l'enfant qui apprend en se confrontant à un environnement qui ne lui est pas personnel et qui, au contraire, a été pensé pour favoriser son épanouissement. Il apprend seul et doit de lui-même tirer de ces expériences des savoirs et des savoir-faire. **Il élabore seul le passage de l'« expérience au comprendre ».** L'idée est alors que la simple mise au contact du savoir sur la base d'une expérience personnelle concrète peut suffire pour élaborer ce savoir. Ce mode non dirigiste a aussi sa place à l'école et l'enfant apprend beaucoup par ces expériences propres. Mais à l'école, il ne faut pas toujours croire que l'expérience vécue aboutira à un « savoir institué ». Cette modalité est nécessaire pour rythmer une journée de classe. Elle est aussi indispensable lors de certaines phases de la séance. Mais elle ne peut pas être surexploitée en classe au risque, *a minima,* d'un accroissement des inégalités entre élèves. Car si l'école de la République accueille tous les enfants, ils n'y rentrent pas tous avec les mêmes chances.

Ces différences indéniables entre élèves ne deviennent cependant des inégalités que par la manière dont l'école les prend en compte. Car, si l'école ne peut pas agir sur ce qui relève de prédispositions (bien que ce concept soit discutable) et de la culture familiale (éminemment respectable), il est de la responsabilité de l'école de proposer aux élèves des enseignements qui prennent en compte ces différences afin qu'elles ne deviennent pas des inégalités.

Le mode d'apprentissage scolaire

Le quatrième mode est le mode dit « scolaire ». Nous l'avons déjà quelque peu abordé dans le chapitre 4.

Si l'école vise à ce que l'enfant construise ses savoirs par une confrontation à des objets et à des situations, l'ambition n'est pas seulement d'enrichir les expériences, mais de viser aussi qu'elles les mettent sur **la voie de la construction de savoirs normés**.

Ainsi, lorsque l'école fait vivre une expérience, son ambition est que celle-ci soit ressaisie par l'enfant, afin qu'il parvienne à comprendre qu'elle n'a de sens et d'intérêt que parce qu'elle va permettre de s'inscrire dans un réseau de savoirs qui dépasse cette simple expérience. Afin que l'enfant réussisse ce passage, qu'on appelle *secondarisation*[2], il faut que l'enseignant travaille explicitement avec lui à la ressaisie cognitive de l'expérience. C'est principalement par le langage qu'il va procéder, par des interactions enseignant-enfants, mais aussi enfants-enfants. Ce travail métacognitif est caractéristique du mode de pratique scolaire et se distingue donc des autres modes d'apprentissage que l'enfant, qui rentre à l'école maternelle, a connu. À l'école, il s'agit de distinguer tâche et objectif, le « faire » et la compréhension du pourquoi on le fait, ce « pourquoi » qui justifie qu'on le fasse. L'école a besoin pour son projet éducatif, que l'élève parvienne à différencier ce qu'il fait et ce qu'il apprend.

Si « dire ce que l'on fait » renvoie à un langage expérientiel auquel l'enfant est habitué dans sa vie hors de l'école, **« dire ce que l'on apprend » fait entrer dans un registre de langage élaboré**. Celui-ci transcende l'expérientiel pour permettre une ressaisie de cette expérience pour aller vers sa décontextualisation et atteindre une première forme de savoir générique. D'où un changement de posture langagière qui seule permet de passer du monde de l'expérience à celui des savoirs.

Construire le langage d'explicitation

L'enfant de maternelle vit « un véritable bouleversement cognitif[3] », qui va le conduire à entrer, certes modestement, dans un processus d'abstraction, condition essentielle pour ambitionner de construire les apprentissages scolaires ultérieurs. Et c'est par le langage qu'il va y parvenir. Lev Vygotski explique que, dès l'école maternelle, « des rapports absolument nouveaux s'établissent entre la pensée et les actes de l'enfant[4] », ce qui va très tôt, bien que modestement, l'aider à construire des outils pour « penser le faire » et pas seulement à acquérir des « techniques pour faire ».

Cela nécessite notamment, mais prioritairement, d'utiliser le langage d'une autre manière que celle à laquelle l'enfant a été habitué dans son environnement familial.

---

2. Selon l'expression d'Élisabeth Bautier et Roland Goigoux, *in* « Difficultés d'apprentissage, processus de secondarisation et pratiques enseignantes : une hypothèse relationnelle », *Revue française de pédagogie*, n° 148, 2004, p. 89-100.
3. Référence, document d'accompagnement des programmes « l'écriture à l'école maternelle », Eduscol, DGESCO, MEN, 2016.
4. Lev Vygotski, « Apprentissage et développement à l'âge préscolaire » (1934), traduction Françoise Sève, *Société française*, 52(2), 35-45, 1994.

Dès l'école maternelle, le langage ne sert pas seulement à « accompagner l'action », à partager avec les autres le plaisir d'agir. Il sert déjà à une mise à distance de l'action et des objets produits, à une première décentration.

La manière d'y parvenir est d'entrainer l'élève à un dépassement des finalités immédiates et concrètes des actions, souvent spontanées, par une verbalisation des « gestes » physiques et intellectuels qui lui ont permis de réussir. Reconnaissons que cette manière de « parler l'action » est bien peu naturelle pour un enfant et toute spécifique à la manière dont l'école fonctionne. C'est pourquoi attendre que tous les enfants procèdent spontanément de la sorte est une cause perdue. Ce passage, cette mue, doivent être construits au fil de l'eau, distillés sans relâche, en étant vigilant à ne pas les oublier en chemin. Il est en effet plus facile d'évaluer le « faire » et le « fait » que le « comprendre » ou le « dire ». Pourtant, il s'agit de rendre explicites aux yeux des élèves ces « savoirs discrets » en en dévoilant l'opérationnalité par étapes successives. C'est la perception de la mobilisation de ces savoirs qui va engager l'avenir scolaire de nos élèves et dont l'école a, elle seule, la responsabilité de les leur faire acquérir.

Cette prise de conscience d'un nouveau rapport au langage, nécessaire à l'entrée dans les savoirs scolaires, n'est pas uniforme. Elle se déploie sur huit degrés que l'on peut hiérarchiser en termes de mobilisation et de prise de conscience des exigences.

1er degré : réception d'une parole sur l'action

L'élève est d'abord plongé dans l'immédiateté de son action. Sa pensée et sa verbalisation accompagnent strictement ce « présent de l'agir ». Peu de verbalisation accompagne ces gestes. À ce degré, c'est à l'enseignant de prendre à son compte les premières mises à distance par une verbalisation autour du faire : on explique ce que l'on fait en termes précis, introduisant l'idée d'une explicitation de l'action, démarche purement scolaire, l'enfant pouvant demeurer en réception de ces formulations langagières.

2e degré : verbalisation de l'intentionnalité des gestes d'action

L'enseignant commence à faire identifier le sens des actions, en leur donnant une finalité au-delà de leurs fonctions premières de gestes, qui sont perçus maintenant comme intentionnels. Ce degré se gagne en petit groupe, mais en cherchant parfois la relation exclusive avec tel ou tel élève autour de sa production personnelle.

3e degré : dire ce que l'on fait et ce qu'on réussit

L'enfant décrit seul à la fois ce qu'il a fait et comment il l'a fait. Il sait que c'est une attente de l'enseignant aussi importante que la réussite de l'exercice qu'il avait à réaliser. Ce degré est à organiser en relation duelle ou en petit groupe d'affinité.

Il s'agit réellement de la **première étape de métacognition**.

4e degré : verbaliser des procédures

L'enfant parvient à tisser des liens avec d'autres activités, d'autres gestes, non plus sémantiques (« ça me rappelle une histoire »), mais sur le plan procédural (« ça me rappelle ce qu'il fallait faire lors d'une autre activité »), voire à opérer des premiers transferts intentionnels (« je fais comme... »). L'enfant perçoit qu'à l'école, les savoirs se maillent entre eux, que l'on trouve toujours des éléments connus sur lesquels s'appuyer pour affronter ce qui est nouveau. Par des activités à réaliser en petit groupe, l'enfant apprend de la manière dont ses pairs s'y prennent pour s'exprimer et bénéficie éventuellement d'interactions par questionnement. Il s'agit réellement de la **première étape de secondarisation**.

5e degré : dire les temps et les intentions

L'enfant est guidé par l'enseignant pour que soient introduits dans ses interventions les concepts de temps et de causalité : l'enfant parvient à ordonner verbalement les étapes de son action ; il sait justifier ses actions par l'emploi de connecteurs : *parce que*, *car*, *sinon*, *comme ça*... Il entre ainsi dans le « **langage argumentatif** » qui sera inscrit dès lors dans toutes les étapes de sa scolarisation.

6e degré : expliciter la finalité des tâches et des activités

L'enseignant dévoile systématiquement ses intentions en termes d'apprentissage. Il se montre explicite afin que l'enfant perçoive cette constante : derrière chaque activité proposée par l'enseignant, il y a une intention seconde visant un apprentissage, savoir ou savoir-faire. L'élève qui écoute s'habitue à comprendre que l'école a cela de particulier, que ce qu'on y fait est important au-delà de ce qu'on a fait.

7e degré : penser et dire ses intentions, les réviser

L'enfant sait anticiper le résultat de son ou de ses actions. L'intentionnalité est verbalisée, le résultat est envisagé dans sa forme. Il sait verbaliser ses erreurs, entrant dans la capacité à entendre et exploiter les *feedbacks* sur son travail.

Cette verbalisation exigeante gagne à être réalisée en petit groupe. Si sa précision peut en pâtir, le fait de devoir argumenter, convaincre, apprendre aux autres justifie les efforts pour parvenir à une prise de parole qualitative, compréhensible par les autres.

8e degré : penser et dire ce qui est appris

L'enfant sait dire ce qu'il apprend au-delà de ce qu'il fait et sait penser pour faire avec l'intention explicite d'apprendre.

Doc. 12.1. Savoirs ordinaires

Doc. 12.2. Savoirs adaptés aux besoins supposés des plus fragiles : la hauteur des marches est réduite

Doc. 12.3. Savoirs maintenus, étayages proposés

Axe de différenciation

Ces huit degrés visent à ce que l'enfant construise un autre rapport au langage que celui auquel il est généralement préparé hors de l'école. Ils présentent des complexités hiérarchisées, mais ne doivent pas, pour autant, être abordés de manière progressive, car ces huit degrés concernent TOUS les élèves. S'il semble vain, voire contreproductif, de renforcer les premiers degrés chez des enfants dont on a constaté qu'ils y accédaient déjà, il faut en revanche travailler les degrés les plus exigeants avec tous les enfants, même les plus fragiles. Une erreur des plus communes en différenciation est le syndrome de l'escalier qui cherche à simplifier les tâches afin que l'enfant soit en réussite, mais qui, comme l'illustrent les documents 12.1. et 12.2., ne pourra, à terme, lui permettre de réaliser le saut cognitif nécessaire à un avenir scolaire ordinaire. En effet, les retards risquent de s'accumuler et les savoirs complexes seront systématiquement évacués.

C'est pourquoi la solution pour les élèves les plus fragiles n'est pas dans la réduction de la taille des marches, mais plutôt dans l'ajout d'une rampe (voir doc. 12.3.). Aussi, plutôt que d'adapter les savoirs, mieux vaut en garder la teneur et étayer autant que de besoin.

La patiente construction de l'explicite

Ces huit degrés doivent être inscrits dans les pratiques ordinaires de la classe, sans nécessiter de leçons spécifiques. Le risque est peut-être là : oublier ces intentions alors que sur le cahier-journal, l'objectif inscrit est notionnel ou disciplinaire. Ces postures réflexives sur le **« langage d'action »**, ce **« parler sur le faire »**, ce **« penser l'action »** sont les outils premiers de l'élève, bien avant le crayon et la règle, dont on trouvera toujours des substituts, alors que la pensée et le langage sont d'irremplaçables moyens d'accéder à l'univers scolaire et à ses « savoirs bizarres ». Et pourtant, ils demeurent bien souvent, dans ce que Philippe Perrenoud[5] appelle le « curriculum caché » – à savoir ce que l'on attend, mais qu'on n'enseigne pas –, et que Bourdieu et Passeron, plus accusateurs, nomment l'« abstention pédagogique ».[6] **Laisser à penser que « faire » peut suffire, c'est abandonner une part non négligeable de nos élèves à une future déshérence scolaire qui aboutira à l'échec.**

Ces huit degrés doivent être intégrés aux gestes professionnels de l'enseignant. En effet, sans son étayage, ses sollicitations, ses modélisations, l'enfant ne pourra pas accéder à cet usage élaboré du langage, s'il n'a pas la chance d'avoir quelqu'un qui, dans son environnement, joue ce rôle. La responsabilité de l'école est grande. Il en va ici des valeurs démocratiques dont elle se réclame.

---

5. Philippe Perrenoud (1993) « Curriculum : le formel, le réel, le caché » – *in* : J. Houssaye (ed.) *La pédagogie : une encyclopédie pour aujourd'hui* (61-102). Paris : European Science Foundation.
6. Pierre Bourdieu et Jean-Claude Passeron, *La reproduction. Éléments pour une théorie du système d'enseignement*, Paris, Éditions de Minuit, 1970.

Différencier les étayages

Comme nous l'avons vu dans le chapitre précédent, la simple mise en contact avec une situation d'apprentissage ne suffira pas à tous nos élèves pour en tirer un savoir scolaire. Il va s'agir de les aider à trouver le fil du sens de l'activité et, avec celui-ci, tisser le savoir, au risque sinon de les abandonner à la déshérence et donc à un échec scolaire précoce. Pour y parvenir, la vigilance de l'enseignant apparait essentielle et les gestes d'aide qu'il va prodiguer, déterminants.

L'étayage et l'interaction de tutelle comme les a définis Jerome Bruner sont essentiels. Mais de quoi s'agit-il ?

Les apports de Jerome Bruner

À partir d'une série de tests menés individuellement avec des enfants âgés de 3 à 5 ans, J. Bruner a dressé une liste de fonctions du tutorat (avec l'adulte) dont la plupart sont transposables dans des situations d'enseignement scolaire. Ces fonctions peuvent être considérées comme autant de gestes professionnels qui permettent, dans une situation dialogique, de faire progresser un enfant dans un apprentissage.

Bruner montre qu'une même fonction d'étayage se décline selon l'âge de l'enfant en gestes professionnels différents. Par exemple, ce qu'il appelle *recruitment* et que nous traduisons par « **engagement**[1] » de l'enfant, <u>avec des élèves de 3 ans</u>, a pour but de les inciter à la tâche au début de l'activité et de maintenir leur attention jusqu'à la fin : le langage est alors un instrument de régulation d'une activité que l'on nomme « conjointe », parce que l'adulte et l'enfant sont unis dans cette activité qui les oblige à regarder les mêmes choses. Cette attention « partagée » renvoie à tous ces moments de différenciation où l'enseignant et l'élève vivent une expérience commune mais aussi (et c'est l'autre sens de partager) où l'enseignant peut prendre en charge une part du travail intellectuel pour alléger l'activité cognitive de l'enfant. <u>Avec les élèves de 5 ans</u>, la fonction d'engagement prend davantage la forme d'un travail de vérification et de validation ; ici, l'enseignant rappelle les critères de réussite mais aussi suscite l'intérêt de l'élève en lui faisant comprendre les enjeux de l'activité. Ce rappel de l'objectif et, donc, cette incitation à le poursuivre se réalisent par des gestes et des paroles qui empêchent l'enfant d'être distrait et l'encouragent à la prise de risques pour arriver au but.

1. Ce mot anglais *recruitment* est souvent traduit par « enrôlement » peut-être mal à propos pour des enfants de 3 ans.

Dans un dialogue organisé où le développement langagier est clairement visé, l'enseignant est parfois amené à **simplifier la tâche langagière**[2] en posant des questions précises qui vont amener l'enfant à se focaliser sur tel aspect du langage. Par exemple : « Qui sont les personnages de cette histoire ? » ou bien : « Petit Ours Brun, qu'est-ce qu'il fait quand il ne veut pas aller au lit ? » La simplification de la tâche langagière peut se réaliser aussi lors d'une activité ritualisée, par exemple avec le « Comment vas-tu ce matin ? » (chaque enfant le matin après l'accueil, en regroupement, dit comment il se sent, s'il a passé une bonne nuit). Les énoncés produits sont souvent courts et répétitifs, mais au fil de l'année, ils se complexifient, s'allongent et s'individualisent.

Avant de mettre les élèves au travail, l'enseignant s'applique à **donner les informations importantes**[3] pour réaliser la tâche. Cela passe évidemment par le langage et c'est une situation qui se reproduit souvent en classe, par exemple au moment de l'exposition de la consigne. Tous les critères de réussite, de faisabilité, sont énoncés par l'enseignant ; ils peuvent être repris par les élèves, avant d'aller en atelier et après, au moment des bilans. Cet étayage est très important, car il permet, d'une part, d'autonomiser les enfants qui savent ce qu'ils doivent faire et comment ils doivent le faire et, d'autre part, de leur faire prendre conscience des écarts éventuels entre ce qui est demandé et ce qu'ils ont réalisé.

Pour compléter cet étayage, il est intéressant que l'enseignant produise, avant la mise au travail, au moment de l'exposition de la consigne, **un modèle** du travail fini et également **un exemple** du travail à accomplir. L'enseignant montre comment faire et les élèves mesurent ce qu'il faut faire. Ainsi les élèves comprennent que l'enseignant, en débutant l'activité avec eux, est dans un réel partage. Cela est rassurant et dynamisant.

Terminons cette courte présentation sur ce que Bruner appelle le « **désétayage** » à savoir l'idée que l'enfant puisse un jour faire tout seul sans l'aide de l'adulte ou d'un pair.

Observons maintenant plus en détail les natures d'étayages que nous pouvons apporter à l'élève qui ne parvient pas encore à apprendre à partir de ses ressources propres. Jerome Bruner en a posé le cadre, caractérisant six fonctions d'étayage distinctes. Toutes sont des modalités de différenciation :

- 1er étayage : la fonction d'enrôlement ;
- 2e étayage : la réduction des degrés de liberté ;
- 3e étayage : le maintien de l'orientation ;

2. Voir p. 95 la « réduction des degrés de liberté ».
3. Voir p. 97 la « signalisation des caractéristiques déterminantes ».

- 4e étayage : la signalisation des caractéristiques déterminantes ;
- 5e étayage : le contrôle de la frustration ;
- 6e étayage : la démonstration.

Premier étayage : la fonction d'enrôlement

Elle consiste en une recherche d'adhésion de l'élève à la tâche qui lui est soumise. En effet, comme c'est l'élève qui apprend, son adhésion est indispensable pour le mobiliser dans les actes nécessaires à l'apprentissage. Il ne faut cependant pas comprendre l'enrôlement comme une simple envie d'apprendre, qui serait générée par une activité ou un support attrayant. Au contraire, pourrait-on dire, car ces éléments chatoyants risquent plutôt de mobiliser l'élève sur les signes extérieurs à la tâche, ce que nous avons nommé ailleurs « la beauté des chapeaux à plumes », le vernis du savoir, la chantilly qui cache ce qui est essentiel, voire qui en détourne. Ainsi, l'enrôlement consiste à **faire adhérer l'élève à l'enjeu de la tâche**, à sa fonction, à l'intérêt qu'elle peut avoir pour lui. C'est donc, avant tout, à un travail d'explicitation auquel nous invite Bruner en nous incitant à procéder à cet enrôlement qui a pour but de mettre en valeur la fonction de l'activité mise en œuvre.

Axes de différenciation

Pour illustrer cette ambition, voici quelques pistes :

• **Lors de la mise en atelier**, se montrer très explicite sur ce à quoi va réellement servir ce que l'on va produire. Imaginons qu'on demande de peindre des vagues. En réalité, l'enseignant vise à ce que ses élèves progressent en graphisme. Prendre le temps, et le rappeler, voire le faire dire aux élèves, que c'est très important de réussir ces vagues parce qu'elles sont belles mais surtout qu'elles vont lui permettre d'apprendre à écrire comme un grand.

• **Lors de la mise en commun**, se réjouir avec l'élève que ce qu'il vient de produire va être très utile pour réussir à l'école. Imaginons un retour sur les productions de vagues finalisées. L'enseignant montre que ce mouvement entre dans le tracé des lettres cursives. Et qu'ainsi, leur application va avoir de grandes conséquences positives.

• **Lorsque les enfants réalisent une tâche**, procéder explicitement à des rappels et des analogies avec des activités déjà réalisées. « Vous vous souvenez comme on a bien réalisé les vagues la semaine dernière ? » Eh bien maintenant quand vous tracez la lettre v, on y arrive bien, car c'est un peu comme refaire des vagues. »

Retenons donc qu'enrôler les élèves, ce n'est pas chercher à les motiver par des artifices plus ou moins ludiques, ou à les maintenir dans leurs goûts propres ; **c'est rendre « désirable » ce que l'élève pourra faire du savoir qu'il va acquérir**.

Deuxième étayage : la réduction des degrés de liberté

Elle consiste à proposer à l'élève un parcours vers le savoir qui lui évite les pièges et chaussetrappes, ainsi que les chemins de traverse, où il pourrait se perdre. On considère parfois la réduction des degrés de liberté comme une simplification de la tâche. Il n'en est rien. Simplifier aurait pour conséquences de proposer à l'élève un sous-savoir qui ne lui permettrait pas d'affronter la notion dans son entièreté. C'est donc bien à un élagage qu'il faut procéder et, en filant la métaphore forestière, nous pourrions dire qu'il s'agit de procéder à la taille de grands arbres, dont on retirera, à leur base, les ronces et autres parasites qui se servent de la forêt, mais ne la servent pas.

Axes de différenciation

Pour illustrer cette ambition, voici quelques pistes :

- proposer des supports épurés, sans fioritures ni distracteurs ludiques (petits personnages ludiques, maquette jolie mais encombrante...) ;
- proposer le savoir dans une forme qui aide à percevoir les logiques internes du savoir (par exemple des cartes mentales) ;
- pour la lecture d'un album, l'enseignant peut assumer l'explicitation de passages entiers pour ne maintenir qu'une partie essentielle qui sera traitée avec un groupe d'élèves fragiles, alors que le reste de la classe peut avoir à travailler sur l'ensemble de l'album ;
- proposer un support allégé qui est composé de moins d'items. Par exemple une fiche de son (GS) : certains élèves peuvent à avoir à retrouver 6 fois le phonème étudié dans une série de 10 dessins, lorsque les autres devront en trouver bien plus dans une série de 20 dessins.

Retenons donc que réduire les degrés de liberté, c'est **maintenir l'ambition d'un accès au savoir notionnel, mais en évitant que le fourmillement de pistes possibles ne perde l'élève** et lui en cache les logiques internes.

Troisième étayage : le maintien de l'orientation

Il s'agit de tout faire pour que l'élève se remémore clairement l'objectif poursuivi et ne soit pas entrainé, au fil des étapes ou des tâches, à changer d'objectif. Ces bornes successives, par lesquelles l'élève passe, peuvent parfois lui apparaitre comme les finalités de la séquence, les acquisitions étant, pour certains élèves, ponctuelles et parcellaires, « sans que le lien entre elles leur soit accessible[4] ». L'élève peut estimer qu'en réussissant un exercice ou en résolvant l'une des étapes, il aura fini la tâche. La segmentation des séances en une succession de micro-tâches simples peut faire croire que les réussites isolées sont l'attendu. Cependant, si elles sont effectivement des outils qui servent à la résolution finale de la leçon, elles ne peuvent, isolément, que maintenir l'élève à distance du savoir exigeant que l'enseignant ambitionne de faire acquérir aux autres élèves. C'est pourquoi durant tout le cheminement, il va falloir rappeler à l'élève le but initialement fixé.

Axes de différenciation

Pour illustrer cette ambition, voici quelques pistes :

- Poser un affichage en début de séquence où sont inscrites les différentes étapes de la séquence et auquel il est possible de se référer à tout moment. Au fil de la progression, on coche les cases de ce qui a été réalisé, en profitant de ce temps pour revenir sur ce qui a dû être mobilisé avant et ce qui doit maintenant l'être.
- Compiler les traces des travaux déjà réalisés, ne rien jeter. Régulièrement les ressortir pour montrer ce qu'il fallait faire et le mettre en lien avec ce que l'on fait. Seulement à la fin du projet, jeter avec les élèves ces traces de travail intermédiaires et constater qu'ils n'étaient que des travaux préparatoires.

Retenons que le maintien de l'orientation consiste **à éviter toute parcellisation de l'objectif de la leçon ; l'élève doit être régulièrement ramené au but terminal de la leçon qu'il a clairement identifié dès le départ.**

4. Élisabeth Bautier, « Pratiques scolaires dominantes et inégalités sociales au sein de l'école », *Comment l'école amplifie les inégalités sociales et migratoires ?*, CNESCO, 2015.

Quatrième étayage : la signalisation des caractéristiques déterminantes

C'est une stratégie qui vise à révéler à l'élève les éléments pertinents nécessaires à la résolution de la tâche. Cette capacité à déterminer les données essentielles pour atteindre le but donné est ce qui différencie le bon élève de l'élève fragile. Bernard Rey montre que l'élève en difficulté aborde le savoir avec son bon sens et sa pensée courante, alors que ceux-ci ne sauraient généralement suffire à l'acquisition des savoirs scolaires[5]. Ainsi, il est nécessaire d'aider l'élève à porter un regard différent sur ce savoir.

Axes de différenciation

Pour illustrer cette ambition, voici quelques pistes :

- Cette mise en valeur des éléments déterminants gagne souvent à être réalisée par tutorat entre l'élève en difficulté et un pair avancé, qui saura mieux que quiconque pointer du doigt ce qu'il a jugé pertinent pour réussir la tâche.
- Les stratégies explicites employées par les élèves peuvent faire l'objet d'affiches illustrées du type : « Comment je m'y prends pour... ». Il s'agit moins d'entériner des procédures qui ne sont jamais si clairement définies, que de rendre explicite le fait que l'entrée dans une notion nécessite de dépasser son premier geste spontané.

Retenons que **la signalisation des caractéristiques déterminantes consiste pour l'élève à être guidé dans le choix de ses procédures.**

Cinquième étayage : le contrôle de la frustration

Dès lors que le chemin proposé par l'enseignant à son élève fragile est exigeant et qu'il se refuse à la facilité de ne faire acquérir que des compétences de base, l'élève se trouve confronté à une complexité qui ne se livre pas toute seule. Le contrôle de la frustration a pour objectif d'obtenir une attention particulière de l'élève-enfant afin qu'il ne se décourage pas. Cela passe également par la nécessité de ne pas le maintenir dans un groupe de niveau et que l'éclectisme de l'enseignement du maitre, selon l'expression de Roland Goigoux, lui fasse vivre des

5. Bernard Rey, « Comment concilier la différenciation pédagogique avec les objectifs de la scolarité obligatoire ? », *Rapport de la conférence de consensus « la pédagogie différenciée »*, CNESCO, 7 et 8 mars 2017.

expériences sociales diverses, le resituant notamment dans le groupe classe qui doit demeurer l'espace physique et social privilégié des apprentissages. Comme le montrent les nombreuses recherches sur ce thème, l'élève en difficulté est celui qui bénéficie le plus de l'hétérogénéité de sa classe. Il ne faut donc pas le priver des temps d'apprentissage en grand groupe et éviter une trop grande adaptation et individualisation des tâches.

Axes de différenciation

Pour illustrer cette ambition, voici quelques pistes :

- **Le constat de progrès :** l'élève fragile progresse mais ne s'en rend pas toujours compte, car malgré ces progrès il demeure toujours en deçà des autres et il s'en rend compte. C'est pourquoi il est intéressant de lui prouver qu'il progresse. En lui faisant réaliser un exercice sur feuille qu'il a déjà réalisé il y a quelque temps, puis en mettant face à face ces deux travaux, il va lui-même faire l'expérience de son évolution positive.
- **Souder le groupe autour de la réussite d'un élève :** cette évolution positive d'un élève fragile est aussi une note positive et réassurante pour toute la classe. C'est pourquoi il est intéressant de souder le groupe classe en médiatisant aux yeux de tous le fait que cet élève a effectivement progressé. Les élèves adorent se réjouir de voir leur camarade sur ce bon chemin et vont spontanément lui transmettre leurs félicitations.

Retenons que **le contrôle de la frustration est conçu comme une réassurance qui atténue la portée des échecs, explique la fonction des erreurs, fait prendre conscience à l'élève de ses microprogrès** mais qu'il nécessite aussi que chaque élève sente qu'il a une pleine place dans le groupe classe, cellule sociale privilégiée où se construisent les savoirs.

Sixième étayage : la démonstration

Enfin, la démonstration consiste en des présentations de modèles, faites par l'enseignant ou par un pair. On comprend qu'il peut s'agir de montrer une démarche efficace, de procéder à une présentation modélisante qu'on attendra que l'élève reproduise à l'identique. Il s'agit également de montrer un geste juste, un raisonnement juste. Peu à la mode, l'enseignement « montré » qui vise à être reproduit n'est nullement à négliger, tant il s'avère parfois efficace comme entrée privilégiée dans un savoir. Cette modélisation peut consister à ce que l'enseignant assume une part du travail nécessaire. Elle permet également de **lever l'obstacle verbal** pour des élèves très kinesthésiques ou visuels qui aiment à s'approprier les notions par leurs sens.

Axes de différenciation

Pour illustrer cette ambition, voici quelques pistes :

– **La dictée à l'adulte** en est une belle illustration, où l'enseignant prend en charge la tâche d'écriture, sans lâcher sur celle essentielle de conception d'un écrit normé.

– **Proposer des activités non verbales** où le geste ou l'observation sont essentiels comme l'origami, la manipulation des objets géométriques Montessori sera intéressant pour ces élèves, mais aussi pour les autres, permettant parfois de redistribuer les cartes entre élèves experts et élèves fragiles.

– S'appuyer sur la **démarche de modelage** qui se rapporte à ce type d'étayage (voir chapitre 11 « *La construction de l'autonomie* »).

Retenons que **la démonstration peut être une modalité d'aide avec des élèves très en difficulté** qui ne trouvent pas spontanément les ressources en eux-mêmes pour affronter les savoirs, dès lors qu'on y recourt avec parcimonie et qu'on sait la rendre limitée dans le temps.

Conclusion

Il est à noter qu'aucun de ces étayages n'amoindrit le savoir ni ne le tronque. Ils accompagnent l'élève fragile en respectant son cheminement tout au fil de la séance. Il ne s'agit donc pas de remédiation, mais d'un accompagnement sur le chemin du savoir. Ces étayages prennent donc leur place dans l'ordinaire des séances. D'autre part, ces étayages n'empêchent pas de maintenir des supports identiques pour tous les élèves au fil de la séance, même si parfois on peut réduire le nombre d'items.

Ainsi, ils respectent les ambitions de la pédagogie différenciée qui vise à ne jamais porter atteinte à l'intégrité des savoirs, mais seulement à agir sur la manière de faire cheminer les élèves jusqu'à ce savoir. De ce fait, la classe peut commencer la séance ensemble et la terminer ensemble, la préservant ainsi comme lieu d'apprentissage collectif.

Le dialogue maitre-élève au cœur de la différenciation

L'école maternelle est un lieu où l'on s'enorgueillit de se refuser « à exercer une pression excessive et trop précoce sur les apprentissages scolaires » et « où l'on sait encore respecter le rythme de l'enfant[1] ».

Pourtant, ce respect de la personne de l'élève, de ce qu'il est, de sa manière d'appréhender le monde, peut amener les enseignants à trop peu solliciter les élèves les plus en difficulté, afin de ne pas les mettre en échec ou les stigmatiser devant le reste de la classe. Dans ce cas, il y a un risque que l'enseignant accepte de lâcher sur les exigences et de maintenir les élèves sur des tâches adaptées ou simplifiées. Le bénéfice est certes de voir ces élèves réussir, ce qui réjouit à la fois élèves et enseignants, mais en procédant ainsi, on voit bien qu'à terme, par répétition de cette stratégie, ces élèves n'accèderont ni aux mêmes savoirs, ni aux mêmes savoir-faire que le reste de la classe, au risque de voir les écarts se creuser.

C'est pourquoi, Sylvie Cèbe et Roland Goigoux, avec d'autres, déplorent le fait qu'« à force de trop savoir patienter, les enseignants adoptent bien souvent une attitude passive et acceptante[2] » et finissent pas tolérer que les élèves les plus fragiles avancent eux aussi à leur rythme, c'est-à-dire moins vite que d'autres. Alors que ce sont eux justement qui auraient le plus besoin des étayages exigeants de leur enseignant.

Dès lors, doit-on s'interdire de différencier ou d'adapter les savoirs proposés en classe afin que tous aient l'occasion de progresser, en se refusant d'isoler les élèves selon des besoins ou des profils ? Différencier, adapter, n'est-ce pas justement accroitre les inégalités, ce que nous entendons parfois ? Doit-on se refuser de simplifier la tâche ? Faut-il refuser d'aider ?

Reconnaissons que ce serait peut-être plus simple. Mais un principe de réalité montre que ce n'est pas souhaitable tant certains de nos élèves demeureraient à distance des attendus au point de ne pouvoir tenir le fil de la progression de la classe. N'est-ce pas la première mission d'un enseignant que de trouver des chemins adaptés aux élèves pour les faire réussir ? C'est bien de **l'égalité des chances** dont il est question comme nous en avons déjà longuement parlé.

---

1. Sylvie Cèbe et Roland Goigoux, « L'influence des pratiques d'enseignement sur les apprentissages des élèves en difficultés », *Cahiers Alfred Binet*, n° 661, 1999, p. 49-68.
2. *Ibid.*

Interroger la simplification des tâches

Ainsi, mieux vaut une tâche simplifiée qu'un élève qui passe systématiquement à côté de ce qui se joue. Dans l'esprit de la célèbre zone proximale de développement de Vygotski, on se doit de proposer à l'élève fragile une activité suffisamment complexe pour qu'il progresse, mais sans qu'il soit submergé.

À la maternelle, plus qu'en élémentaire, les différences ont moins comme source des savoirs mal maitrisés que le fait que les enjeux de ces savoirs ne sont pas saisis. Dit autrement, le contenu de la tâche, l'activité elle-même, ont bien sûr de l'importance mais ce qui l'est tout autant, c'est la manière dont on va la « relire ». Ainsi, proposer une activité facile où l'élève sera en réussite n'est pas forcément un problème dès lors que l'enseignant se donne comme objectif de revoir avec l'élève ce que cette réalisation a nécessité comme mobilisation d'outils, de gestes et de posture. Simplifier la tâche nous assure que l'élève est en réussite et c'est **autour de cette réussite que l'enseignant va mettre au jour les gestes scolaires que l'élève en difficulté a besoin de construire**. La notion de bienveillance a ici tout son sens.

Axes de différenciation

Faire réussir l'élève fragile consiste donc, avant tout, à l'accompagner dans la mise en mots de sa réussite. Par un dialogue, l'enseignant fait évoquer à l'élève les gestes qu'il a mobilisés, les outils qu'il a utilisés. Il l'invite à procéder à des analogies avec d'autres activités déjà réalisées. Le langage qu'il sollicite ne relève ni des émotions, ni des ressentis. On se concentre déjà, certes à un petit niveau, sur ce que Bernard Rey appelle « le regard instruit », c'est-à-dire les mots qui décrivent les actions et la finalité de chacune de ces actions. L'élève est invité à répondre à des questions en forme de « comment », dont il est plus aisé de s'emparer que les « pourquoi ». Ainsi, ce qui importe est de mettre des mots sur « comment » a été réalisé l'« objet », plus que sur l'objet réalisé. Sur le « comment » mais aussi sur le « comment j'ai fait ».

Interroger l'apprentissage expérientiel

On évoque souvent le fait que les élèves en difficultés auraient avant tout « un déficit d'expériences » à cause d'un environnement familial peu porteur. Il s'agirait donc de combler ce manque en leur faisant vivre, de manière différée, les expériences que d'autres ont déjà pu vivre en famille. En classe, ces élèves sont alors mis au contact des objets souvent culturels que l'école valorise et on leur proposera de multiplier leurs expériences dans un environnement enrichi conçu pour eux.

Cette ambition passe par une conception dominante des premiers apprentissages qui estime que « ce que l'élève sait et apprend est un reflet direct de ce qu'il perçoit du monde physique[3] ». Selon cette conception, la mise en relation avec ces objets et les expériences que l'élève vivra à leur contact suffiraient à combler les différences précocement construites chez les élèves. Pourtant, « il ne suffit pas d'égaliser la rencontre avec les tâches » pour égaliser la manière de les percevoir et d'en saisir le sens et la finalité. L'élève peut être en réussite, s'investir dans une tâche sans que cette action aide à la conceptualisation. C'est ce que l'on observe avec cet élève qui colorie sans déborder, qui suit la ligne brisée, qui colle les étiquettes là où il faut, mais qui peut ne rien en tirer d'autre que le plaisir d'agir et la satisfaction du travail accompli. Nous avons tous dans nos classes ces élèves qui se conforment et qui voient dans cette obéissance le « métier d'élève ».

L'action de l'élève, si elle est indispensable comme lanceur, ne suffit pas et ne sera réellement une expérience efficiente que si un temps est pris pour procéder à des *feedbacks* explicatifs où l'activité est relue avec le regard non plus de l'enfant, mais de l'élève qui dès lors se construit. Sans cette ressaisie de l'activité, on renvoie à l'enfant l'idée, si éloignée des exigences scolaires, que faire suffit pour apprendre, entravant durablement le passage de l'un à l'autre.

Axe de différenciation

Le *feedback* n'a pas besoin d'être intrusif pour être efficace. C'est plutôt dans la répétition de ces paroles sur le travail que l'enfant va réellement s'habituer à l'idée que son travail a à être commenté et qu'il n'est réellement fini que lorsqu'il a été ré-observé. C'est pourquoi l'enseignant doit saisir toute opportunité, à tout moment de placer des mots sur les actions et les tâches de ses élèves les plus fragiles.

Voilà qui interroge les pratiques aujourd'hui nombreuses que l'on voit dans les classes au cours desquelles les élèves, en libre accès, peuvent multiplier leurs expériences sensorimotrices. Elles sont vertueuses par bien des aspects, mais là encore le passage du ressenti au compris, du perceptif au cognitif, doit faire l'objet d'un accompagnement. Ainsi, tout ce qui a été dit plus haut pourrait se résumer par l'idée qu'apprendre à l'école nécessite qu'on ne se contente pas du plaisir de faire, voire de réussir, ou pour mieux le dire encore, que « la réussite n'achève pas l'activité[4] ».

---

3. *Ibid.*
4. Sylvie Cèbe, Jean-Louis Paour, « Engager tous les élèves, sans exception, dans la première étape des apprentissages fondamentaux : un défi pour l'école maternelle », in G. Chauveau (éd.), *Réussir ses apprentissages à l'école et au collège*, *La Nouvelle Revue de l'AIS*, n° 25, 2004, p. 23-33.

Interroger le dispositif « atelier »

Alors qu'un jour nous interrogions une jeune enseignante sur la raison qui l'amenait à organiser des ateliers dans sa classe de maternelle, elle avait répondu : « En maternelle, on fait des ateliers, non ? » comme si réinterroger ce dispositif était incongru.

Ceux qui argumentent sur l'utilité des ateliers mettent en avant qu'ils favorisent les interactions sociales, le conflit sociocognitif et la coopération. Pourtant, à bien y observer, si les élèves sont effectivement répartis en petits groupes de pairs, les tâches qu'on y réalise sont généralement exécutées individuellement. « Il ne suffit pas de rassembler les élèves autour d'une table et de leur assigner une activité pour voir fleurir des conflits sociocognitifs ou des interactions plus efficaces ou plus riches que ne le serait un cours magistral[5]. » Il en est souvent de même de l'atelier dirigé par l'enseignant qui globalise son intervention sans suffisamment viser qualitativement tous les élèves. Le bénéfice est moindre !

Axes de différenciation

On peut dès lors conseiller à l'enseignant de moins miser sur d'hypothétiques conflits sociaux cognitifs pour préférer instaurer le dialogue maitre-élève avec les élèves qui semblent plus à distance des attendus scolaires, dans une relation privilégiée, pour évoquer les « gestes de l'étude », selon l'expression d'Yves Chevallard[6].

Au terme de ce parcours, **différencier en maternelle consiste pour l'enseignant à multiplier les occasions de se trouver proche de l'élève le plus fragile**. Proche affectivement, il va sans dire, mais, surtout, essentiellement proche de là où il en est pour, au fur et à mesure, lui faire emprunter des chemins qu'il ne prendrait pas seul et spontanément. Il s'agit de l'entrainer à faire usage du langage qui réinterroge l'expérience, qu'on appelle du nom compliqué de « métacognitif », qui doit s'inscrire tout naturellement dans le quotidien ordinaire de la classe en toute occasion lorsqu'on sent l'élève capable de saisir (voir à ce propos le chapitre 12 « *L'enseignement explicite et la métacognition dès l'école maternelle* »). C'est donc dans une relation privilégiée, parfois exclusive, que s'affronte la difficulté de l'élève, en l'aidant à concevoir que les savoirs de l'école passent par des gestes réflexifs spécifiques auxquels on doit se confronter.

---

5. *Ibid*.
6. Yves Chevallard, Approche anthropologique du rapport au savoir et didactique des mathématiques, 2002, en ligne : http://yves.chevallard.free.fr/spip/spip/IMG/pdf/Approche_anthropologique_rapport_au_savoir.pdf

Les différents moments d'intervention

Comme nous le pensons, les aides à donner à un élève sont toutes cumulatives et la panoplie de ces dernières est assez importante (temps d'APC, travail en petit groupe, temps de remédiation, etc.). Mais la différenciation tient compte aussi du moment auquel elle est mise en place ; c'est là un levier très fort pour l'aide dispensée aux élèves.

Considérons n'importe quel temps collectif tout à fait ordinaire et qui fait l'objet d'un enseignement soit en grand groupe, soit en groupe plus restreint. À l'école maternelle, il s'agit principalement du coin regroupement qui voit tous les élèves de la classe réunis, mais aussi de l'organisation des ateliers qui représentent une des caractéristiques fortes de cette école.

À partir de ce temps collectif (lecture d'un album, activités mathématiques, activités de langage autour d'une image, d'un objet, etc.), la différenciation va pouvoir s'opérer selon ce triptyque :

- une intervention en amont de ce temps collectif ;
- une intervention durant le temps collectif ;
- une intervention après ce temps collectif.

La différenciation préalable : intervenir avant le temps collectif

Parmi les modalités de mise en œuvre de la différenciation pédagogique, l'intervention en amont du temps collectif est particulièrement puissante.

Préparer l'élève au temps collectif

De quoi s'agit-il ? C'est l'idée de « préparer » l'élève, de l'armer suffisamment pour lui permettre de vivre au mieux le temps collectif qui va suivre. Oui, on déflore quelque peu l'activité ; oui, on peut même aller jusqu'à expliquer en détail ce qui va se passer après. Dans toutes les classes, des élèves sont gênés au moment précis où débute ce temps collectif. C'est là qu'il faut être attentif, c'est là qu'il faut se concentrer, c'est là qu'il faut savoir gérer cette transition... Tout cela est souvent compliqué et représente une nébuleuse souvent difficile à surmonter pour certains.

La préparation en amont va donc dans le sens **d'alléger la quantité d'informations et d'aider certains élèves à être davantage opérationnels durant la séance.** Nous en profitons pour rappeler haut et fort que l'aide la plus importante, la plus performante doit se faire durant le temps collectif, en même temps que tout le monde. Ainsi, l'élève ne se sent pas différent, il peut participer aux activités plus facilement, il se sent considéré et son estime de soi est de ce fait renforcée.

Cette intervention avant le temps collectif peut se décliner pour toutes les activités, être différenciée selon les élèves, toucher des activités liées aux ateliers, à l'EPS, au graphisme, etc.

Cet étayage doit aussi progressivement s'alléger en impliquant l'élève : « Maintenant, je ne vais plus t'aider avant les autres. Tu vas essayer de bien écouter et de réfléchir pour pouvoir participer en même temps que tout le monde lorsque nous serons tous ensemble. » On passe là encore **un contrat** qui implique directement l'élève.

Prenons un exemple d'un album de littérature de jeunesse lu aux élèves, en MS ou en GS. Ce temps de lecture est prévu en grand groupe à un moment de la journée. Avec certains élèves, ce livre est abordé en amont, en petit groupe, un peu « à l'abri » des autres élèves de la classe.

Voici rapidement le contenu de ce délicieux album.

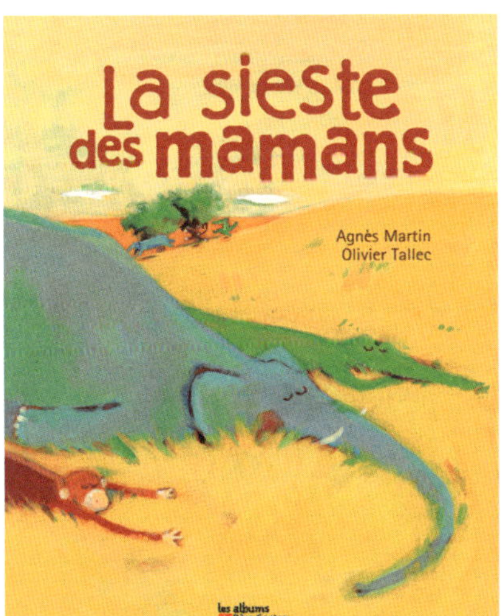

« *Quelque part en Afrique, Maman Éléphant, Maman Croco et Maman Singe n'en peuvent plus. À force de courir d'un enfant à l'autre sans jamais s'arrêter, elles ont un urgent, un indispensable, un irrépressible besoin de faire la sieste. Un jour, elles se retrouvent au bord d'une oasis...* »

Doc. 15.1. – Extrait de l'album La Sieste des mamans, *d'Agnès Bertron-Marin et Olivier Tallec, Paris, Les albums du Père castor, 2000.*

Le travail en amont consiste, ni plus ni moins, à faire ce que l'on ferait avec l'ensemble de la classe :

- lecture magistrale du titre et réaction des élèves sur celui-ci ; questionnement à partir du fait que ce sont les mamans qui font la sieste… ;
- description de la couverture et repérage des animaux en train de dormir… ;
- repérage des mots forts (Maman Croco, Maman Éléphant, Maman Singe…) que l'on peut relever dans le texte ;
- explication du fait que les mamans dorment…

Sur quels temps mener ces interventions en amont ?

Différents moments peuvent être propices pour cette intervention :

- Le temps d'APC se prête tout particulièrement à ce dispositif dans la mesure où les élèves sont de fait en tout petit groupe.
- Durant le temps ordinaire de classe, il est aussi possible d'agir. Il s'agit de mettre les élèves en activité autonome et de travailler plus précisément avec certains. Pour ce faire, il est important de réserver une table, appelée **table d'appui** (voir chapitre 3 « *Principes de mises en œuvre de la pédagogie différenciée* »), autour de laquelle l'aide peut être dispensée. Les élèves savent que c'est là qu'ils peuvent être préparés et identifient un lieu qui leur est réservé.
- Durant des ateliers également autonomes, un atelier peut être constitué d'élèves qui font l'objet d'une aide en amont.
- Enfin, lors de temps plus informels, dans le coin bibliothèque de la classe par exemple, lieu favorable aussi à la présentation d'un album de jeunesse.

Intervenir durant le temps collectif

Ça y est ! L'activité a débuté et toute la classe est réunie autour du livre *La Sieste des mamans*.

Grâce à l'intervention qui a été menée en amont, on peut légitimement penser que les élèves les plus fragiles, ceux qui seraient peu à l'aise dans le grand groupe, ceux qui n'oseraient pas s'exprimer ou donner un point de vue auront plus de facilité à rentrer dans l'activité.

Allons même plus loin ! L'enseignant peut aussi s'autoriser à interroger ces élèves, car il sait très bien qu'il les a déjà préparés (« Où se déroule cette histoire ? De quels animaux s'agit-il ? Que leur arrive-t-il ? », etc.). Lors de cette préparation en amont, le maitre a pu aussi **passer un contrat avec l'élève** du genre : « Demain, lorsqu'on lira cette histoire tous ensemble dans la classe, je demanderai quels sont les animaux que l'on rencontre. Ce sera toi que j'interrogerai, je te ferai un signe et tu répondras tranquillement. »

Pour certains élèves très fragiles, la réponse peut aussi être préparée en amont et les élèves s'entrainent à la donner. De ce fait, ces élèves sont armés et peuvent répondre comme tout le monde aux questions posées. Ces dernières peuvent être graduées et donc aussi différenciées selon les élèves. Ce dispositif peut sembler très artificiel, mais, si c'est la réussite qui est visée avant tout, l'effet escompté peut s'avérer très profitable.

La littérature de jeunesse suppose aussi que l'enfant peut s'identifier aux personnages, qu'il est en mesure de donner une interprétation d'un passage et que cette interprétation fait l'objet d'un débat dans la classe, qu'il peut accéder à l'implicite (ce qui n'est pas directement dit dans le texte et qu'il faut déduire), suppose enfin qu'il accepte de changer de point de vue par la justification précise qu'un autre enfant peut proposer. Tout cela n'est possible que si l'élève plus fragile est assez rentré dans l'histoire. On peut donc en déduire **qu'agir avant le temps collectif permet d'agir pendant**.

Dès que l'activité évolue vers un temps plus individuel, que ce soit par exemple l'exploitation de l'histoire par une activité écrite ou un dessin, l'aide de l'enseignant peut, à ce moment, être efficace par un étayage plus fin et par un retour sur toute la mobilisation qui a été faite pour ces élèves autour de cet album de jeunesse.

D'une façon originale, il nous est arrivé de voir s'établir, durant le temps collectif, une espèce de dialogue entre l'enseignant et l'élève concerné en revenant devant tout le monde sur ce qui a été dit en amont. Cette réactivation a bien pour mission de maintenir l'élève dans une posture dynamique et de réussite. Ceci, assorti d'une saine exigence de l'enseignant, a largement porté ses fruits.

Intervenir après le temps collectif

Une fois que la lecture de l'histoire est terminée et que la classe vaque à d'autres tâches, c'est le moment propice de revenir avec certains élèves, sur la table d'appui, sur cette lecture, d'approcher à nouveau l'album, de favoriser une nouvelle mise en voix, de décrire à nouveau des illustrations, etc.

Ce retour sur l'album est particulièrement profitable à ces élèves qui ont besoin de plus de temps, qui cherchent à formuler de nouveau, qui veulent pouvoir de nouveau réussir. Alors, pourquoi s'en priver ?

Mais disons-le clairement. L'école ne souffre-t-elle pas d'un énorme besoin de varier de façon intempestive les activités proposées ? Oui, il faut certainement lutter contre l'ennui, mais pour les élèves fragiles il est bon et souhaitable d'avoir des outils « stables » que l'on utilise longtemps et avec lesquels l'élève se trouve en confiance et en sécurité. Voilà une bonne piste pédagogique à développer.

La classe multiniveau pour différencier

La classe à plusieurs niveaux offre la possibilité de mettre en œuvre une différenciation d'emblée nécessaire. Néanmoins, elle suppose une organisation très stricte et le travail de conception est certainement plus important. Malgré tout, beaucoup de bénéfices sont à tirer de ce type de classe si l'on parvient à surmonter un certain nombre d'obstacles.

Paramètres à prendre en compte

Construire l'autonomie

Les débuts d'année sont intenses et très fatigants, avant que l'autonomie ne s'installe véritablement dans la classe. Mais, dès que les enfants ont compris les principes fondamentaux de la classe, chacun vaque à ses occupations très sereinement (voir chapitre 11 « *La construction de l'autonomie* »).

S'attendre à un peu de bruit

Le niveau sonore est peut-être plus important que dans une classe avec un seul niveau. Il faut s'y accoutumer car cela est normal : les adultes doivent beaucoup expliquer ; les élèves doivent beaucoup se parler pour construire leurs apprentissages en groupe et pour que le système de tutorat fonctionne (voir chapitre 8 « L'*efficacité des relations affinitaires entre pairs* »), .

Structurer le temps

L'emploi du temps est à respecter strictement : il en va de la sécurité affective des élèves qui doivent pouvoir se repérer dans la journée de classe grâce à des routines, des plans de travail (voir chapitre 24 « *Le plan de travail* ») et des aménagements de l'espace correspondant à certaines activités.

Souplesse dans la structure éducative de l'école

Quand il ne s'agit pas d'une classe unique, la mise en place d'un double niveau, voire d'un triple niveau, suppose une organisation pensée par tous les adultes de l'école, enseignants et ATSEM, pour prévoir des décloisonnements et des distributions de tâches (voir chapitre 25 « *S'appuyer sur d'autres adultes* »). C'est dans cette configuration que ce type de classe joue pleinement son rôle, en favorisant des temps où l'hétérogénéité sert les apprentissages de tout le groupe, et où, à d'autres moments, il est possible d'opérer divers regroupements favorisant un possible travail avec des élèves ayant des besoins homogènes. Par ces allers-retours, l'enseignant préserve l'unité de son groupe classe dans lequel tous les élèves ont vocation à apprendre ensemble et, à d'autres moments, il ménage des temps où il peut accompagner en groupe de besoins ceux qui le nécessitent. Il s'agit là de l'idéal d'une différenciation bien pensée : « avoir le souci de la personne sans renoncer à celui de la collectivité[1] », selon la jolie expression de Philippe Meirieu.

On comprend donc qu'il est plus intéressant que cette mise en œuvre multiniveau concerne toutes les classes d'une même école. C'est de l'organisation de ce genre de structure d'école dont nous nous inspirons ici.

L'aménagement de la classe

Comme nous le mentionnons plus loin dans le chapitre 21, cet aménagement de la classe joue un rôle important dans une classe où des enfants d'âges différents se côtoient. Chaque groupe d'âge possède son espace de travail ; il est important de prévoir un espace plus vaste pour les plus jeunes et surtout de bien préserver les coins des jeux symboliques. Les étagères sont à portée de main des enfants ; les chaises et les tables sont de hauteur variable en fonction de la taille des élèves. Si l'école fonctionne en double ou triple niveau, les enseignants ont intérêt à penser et à permettre des mouvements d'élèves interclasses. Par exemple, on peut imaginer pour deux classes mitoyennes un temps commun d'activités autonomes où les élèves peuvent indifféremment passer d'une classe à l'autre. Ce libre choix du matériel et de la salle contribue à donner à l'enfant le sentiment de maitriser son activité.

L'emploi du temps

Il doit, dans sa planification de la journée et de la semaine, permettre d'équilibrer les apprentissages pour chacun des groupes. Les toutes petites sections et les petites sections des classes à niveau multiple doivent être évidemment privilégiées le matin dans les ateliers dirigés, ce qui veut dire que les moyennes sections et les grandes sections doivent travailler en autonomie. Mis à part le cas de la classe unique, quand toutes les classes d'une école fonctionnent en triple niveau, le projet d'école doit prévoir de faire des décloisonnements équilibrés. Dans ce cas, les

1. Philippe Meirieu, *L'École, mode d'emploi*, Paris, ESF éditeur, (1985), 2016.

récréations peuvent être échelonnées et ne concerner qu'une ou deux classes d'âges. Les activités autour des albums de jeunesse nécessitent également de prendre en considération le degré de développement des enfants et donc de dissocier les groupes. Les séances d'EPS sont aussi décloisonnées pour faire un travail spécifique avec chaque groupe d'âge, car les besoins de développement moteur ne sont pas identiques sur les trois années du cycle ; les mêmes séparations peuvent se réaliser dans l'espace premier livre. Pour les petites sections, il est important de bien distinguer le moment de la récréation du moment des activités physiques et donc de bien les espacer dans la matinée. Les plus jeunes ont besoin en effet de mouvement mais aussi d'un temps de récupération.

Exemple d'un emploi du temps en début d'année scolaire, qui doit évoluer dans le temps

Accueil : 1 GS s'occupe de la date (jour + date) + 1 GS s'occupe du matériel de jeu à mettre sur les tables de l'espace des GS + 1 GS s'occupe du matériel de jeu à mettre sur les tables de l'espace des PS. 1 MS s'occupe du matériel de jeu des MS à mettre sur les tables de l'espace des MS. Accès pour les 3 groupes aux jeux symboliques avec un quota.

Regroupement commun : « Comment ça va ? » – chants (les plus compliqués sont chantés par les plus grands et les autres apprennent à écouter) – déroulé de la journée (3 frises chrono au tableau).

PS	MS	GS
Ateliers dirigés par M + bilan 20 min. (peinture, mathématiques, langage...)	Ateliers autonomes libres supervisés par ATSEM 20 min.	Ateliers échelonnés autonomes avec suivi des activités par M 30 min.
Décloisonnement : en EPS avec ATSEM ou un autre groupe de PS 20 min.	Jeux symboliques dans les coins avec scénario avec M ou ATSEM + jeux de construction 30 min.	Activités mathématiques en autonomie 15 min. puis jeux libres 10 min.
Ateliers autonomes libres	Récréation	
Récréation (GS qui aident à l'habillage)	Lecture d'album + travail de compréhension	
Pause méridienne		

PS	MS	GS
Sieste	Petit repos de 15 min., si besoin, sieste pour les plus jeunes	Prêt de bibliothèque organisé en classe, supervisé par M ou entrainement à dire des poésies/finir un graphisme, etc. 15 min.
Réveil libre et retour échelonné : en classe jeux calmes (puzzles, dessin sur grande tablée, sur piste graphique, pâte à sel...) avec ATSEM	Ateliers dirigés par M (nombre, phono, catégorie...) 15 min.	Ateliers autonomes libres 15 min.
Jeux symboliques en binômes PS-MS supervisés par ATSEM		Ateliers dirigés avec M (écriture, phono, oral, mathématiques...) 20 min.
Exploration de la bibliothèque avec M ou ATSEM 25 min.	EPS 25 min. avec un autre groupe de MS ou avec M	Récréation
Récréation PS (MS aident à l'habillage)		EPS 30 min. avec M ou un autre groupe de GS
Regroupement discussion sur tutorat, binôme, lecture destinée aux PS 10 min.		

Doc. 16.1. Emploi du temps de début d'année

Autonomie et construction de savoirs

Nous avons développé tout un chapitre sur l'autonomie avec les principes à respecter pour construire cette compétence (voir chapitre 11 « *La construction de l'autonomie* »). Nous nous permettons toutefois d'insister sur ce domaine dans la mesure où il est indispensable au fonctionnement d'une classe multiniveau.

En maternelle, le travail en autonomie n'est possible que :
- si les activités proposées plaisent durablement aux enfants ;
- si les consignes ont été suffisamment bien exposées avec des exemples, voire des modèles, à l'appui (donner toutes les modalités de fonctionnement et les critères nombreux et précis de faisabilité).

Axes de différenciation

La question de la fonction de l'activité, sa finalité, permet de dresser des différences entre élèves et donc d'avoir recours à une différenciation :

– Certains élèves saisissent spontanément que l'enseignant a toujours une idée secondaire relative à la construction d'un savoir lorsqu'il fait agir ses élèves. Ils vont donc aborder la tâche en mobilisant ou en transférant des gestes d'élève, et pas seulement d'enfant.

– D'autres, au contraire, entrent activement dans la tâche sans y voir une autre fonction que le plaisir d'agir et de réussir. Cette élaboration d'un passage entre le « faire » et l'« apprendre » doit faire l'objet d'une attention particulière de l'enseignant, car ceci est source d'inégalités.

Il faut donc accompagner l'élève en lui dévoilant explicitement la finalité de l'activité (atelier préalable voir chapitre 15, étayage ciblé voir chapitre 13, démarche de modelage, voir chapitre 11).

La phrase célèbre de Maria Montessori : « Apprends-moi à faire seul » qu'on pourrait décliner dans la formule : « Apprends-moi à comprendre seul pourquoi je fais cela », illustre bien cette ambition à la fois d'autonomie et de production du sens des tâches scolaires.

Autonomie et entraide

Dans le cas d'une classe multiniveau, l'entraide entre pairs est une des richesses à développer pour donner de la cohérence et de la cohésion au groupe classe.

Nous l'avons déjà abordé dans le chapitre 8 consacré aux relations affinitaires entre pairs, mais il nous semble ici important d'en redonner quelques points :

- L'autonomie passe aussi par l'entraide.
- Le tutorat est véritablement efficace quand on a un ratio de deux grands pour un petit.
- Dans la configuration de la classe multiniveau, l'un des intérêts est que l'élève de MS qui est aidé peut devenir aidant d'un autre élève de même niveau de MS, voire de PS.
- Le fait de voir un élève fragile assumer à son tour le rôle de tuteur peut être d'un intérêt plus grand encore que la satisfaction déjà grande d'être celui qui montre.

Tutorat P-GS – Tableau des responsabilités

La pédagogie Montessori au service de la différenciation

Actuellement de plus en plus de classes fonctionnent avec des activités proposées par le courant Montessori. La pédagogue a défini de grandes catégories d'activités. Chaque catégorie offre plusieurs séries de tâches qui permettent à l'enfant d'agir et de penser ou, plus exactement, elles conduisent l'enfant à agir, ce qui lui donne à penser, et cette pensée va à son tour engendrer une action nouvelle. Montessori appelle cela le « cycle d'activités[2] ». Cet enchainement d'actions et de pensées correspond à une « période sensible » de l'enfant, moment où il fait des acquisitions importantes rendues possibles par des efforts intenses et répétés. Quand l'acquisition est durable, l'enfant n'éprouve plus le besoin de se livrer à telle ou telle action qui l'absorbait complètement jusqu'alors.

Quatre des cinq catégories d'activités proposées en pédagogie Montessori[3] se retrouvent sous la forme d'un matériel spécifique dans de nombreuses classes qui cherchent des solutions pour travailler **au plus près des besoins de chaque enfant** :

- les activités de vie pratique ;
- les activités sensorielles ;

2. Maria Montessori, *L'Enfant*, Paris, Desclée de Brouwer, 2018.
3. Pour plus de détails, voir Murielle Lefebvre, *La Pédagogie Montessori illustrée*, 3e éd., 2012, Amazon.co.uk, Ltd., Marston Gate.

- les activités de langage ;
- les activités mathématiques.

La dernière catégorie renvoyant à l'apprentissage des sciences, de l'histoire et de la géographie est moins visible en maternelle.

Dans le cadre de notre propos sur la différenciation, selon les compétences de chaque élève et, donc, selon les besoins qui peuvent en découler, il est possible d'agir plus ou moins sur un type d'activité. Ce peut être un **programme spécifique,** sous la forme d'un plan de travail (voir chapitre 24 « *Le plan de travail* »), qui peut être donné à l'élève. Dans un premier temps et après avoir observé l'élève dans son libre choix d'un type d'atelier, il est possible de lui permettre de rester longtemps dans cet atelier de façon à construire de solides compétences. Ensuite de l'inviter, par un dialogue avec l'enseignant, à se diriger vers d'autres ateliers proposés l'amenant à une nouvelle découverte.

Voici rapidement décrits les ateliers proposés dans ce type de pédagogie.

Les activités de vie pratique

Elles ont un lien direct avec la vie de tous les jours et permettent de développer des gestes qui nous sont nécessaires. Porter par exemple un pichet rempli d'eau, remplir ensuite des verres sans déborder, sont des plaisirs pour l'enfant qui a conscience en agissant de la sorte d'entrer dans le monde des adultes. Dans la catégorie « vie pratique », quatre séries d'exercices sont proposées : soin de sa personne, grâce et courtoisie, soin de l'environnement et exercices de développement moteurs. Tous ces exercices permettent de **développer des habiletés motrices et visuoperceptives** ainsi que la concentration. Quand une erreur est commise, l'enfant s'en rend compte immédiatement et tout seul.

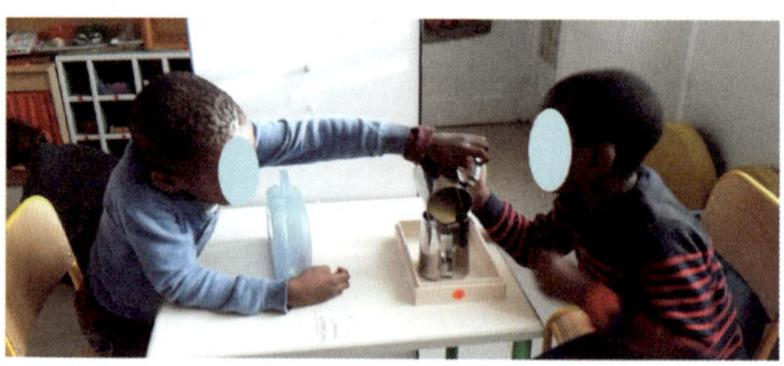

Activité de vie pratique – GS ▲

Les activités sensorielles

Elles répondent au besoin de l'enfant d'ordonner le monde qui l'entoure. Chaque exercice travaille un sens en particulier. Aux cinq sens, Montessori ajoute le **sens stéréognostique** qui est notre capacité à reconnaitre des volumes au toucher. Là encore, la concentration est au cœur de ces exercices. Les enfants acquièrent du vocabulaire, établissent des catégories à partir de notions sensorielles concrètes. Un bel exemple de ces exercices : la boite de couleurs qui oblige l'enfant à ordonner une trentaine de nuances présentées sous forme de petites plaquettes.

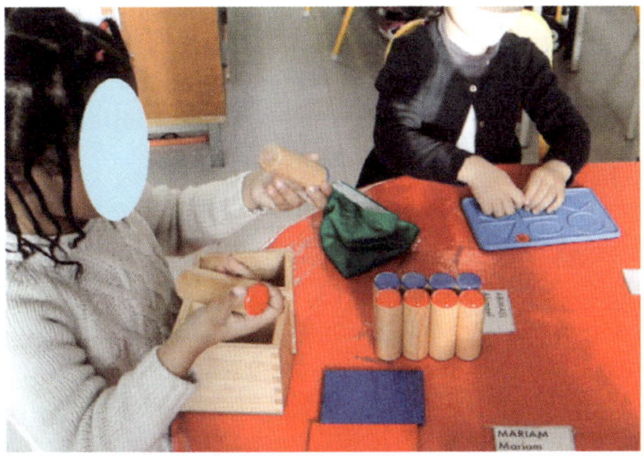

Activités sensori-motrices – GS ▲

Activité de piquage pour travailler la « pince » de l'écriture – PS ▲

Les activités de langage

Elles renvoient à une progression à l'oral et à l'écrit. Il s'agit d'exercices d'écriture et de lecture. Très justement, Montessori lie les deux activités et fait précéder l'écriture.

Pour l'oral, les enfants ont à leur disposition des images séquentielles, des séries d'images à thème ou des exercices d'analyse phonologique à partir d'objets ou de leur représentation.

Pour l'apprentissage de l'écriture, beaucoup d'exercices (qui s'ajoutent aux deux premières catégories) correspondent à un matériel très spécifique : travail de la « pince » comme le piquage, tracé de contour de formes à partir de gabarits qui permettent de travailler les notions d'intérieur et d'extérieur. L'écriture proprement dite est rendue possible par diverses expériences sensori-motrices comme l'ardoise et la craie, le papier divisé en cases pour écrire les majuscules. Les lettres rugueuses cursives puis les digrammes rugueux en cursives donnent très vite envie aux enfants d'assembler les signes pour en faire des mots. Un alphabet mobile en cursives existe aussi qui permet de bien lier les lettres entre elles ; son utilisation accroit chez l'enfant l'envie de composer des mots et de s'essayer à l'activité d'écriture. Les billets d'ordre permettent à l'enfant de travailler seul l'encodage, soit en composant avec l'alphabet mobile, soit en écrivant. Ce sont des images qui correspondent à des mots facilement encodables.

Les activités mathématiques

Elles utilisent des matériels sensoriels nombreux pour travailler les mesures et les grandeurs, par exemple la tour des cubes roses, l'escalier marron des prismes ou les barres rouges et bleues qui servent aussi à l'apprentissage du nombre. Ils permettent de travailler les décompositions du nombre tout comme les fuseaux. Les perles et les barrettes de perles colorées visent aussi la construction du nombre et permettent des calculs, dans une approche du système décimal.

Activité de grandeurs et mesures avec les barres rouges et bleues – GS ▲

La mise en route et le fonctionnement des ateliers autonomes

Les activités Montessori, réclamant toutes une grande précision de maniement, doivent être expliquées d'une façon rigoureuse par l'enseignant à chaque enfant. Elles doivent être rangées par les élèves selon l'ordre des catégories et remises en ordre de fonctionnement après avoir été utilisées. Le plus souvent, elles sont présentées sur des plateaux ou dans des barquettes, les photos des plateaux prêts à être utilisés sont collées sur les étagères ou dans les tiroirs de rangement. Dans une classe multiniveau, les explications et la démonstration peuvent être ensuite prises en charge par les élèves les plus âgés, surtout s'ils ont profité de cette organisation les années précédentes.

Le libre choix qui préside à la mise en activité suppose que **chaque enfant décide d'un matériel qui ne peut être partagé avec d'autres puisque son choix dépend de sa période sensible**. Il nous semble cependant important, dans ce type d'organisation, de mettre l'accent sur les interactions langagières maitre-élèves et entre élèves, en instaurant des moments de bilan qui peuvent être communs à tous les groupes d'âges. Il y sera alors question de l'organisation de la mise en place des ateliers, de la bonne marche des tutorats, des méthodes employées.

Choix d'activité et suivi du programme

Dans de nombreuses classes qui tentent la pédagogie Montessori, la crainte est grande que le libre choix empêche de couvrir tous les aspects du programme, car on peut imaginer qu'un enfant dans une de ses périodes sensibles ne s'adonne qu'à une seule des activités proposées. Les enseignants alors préfèrent organiser deux moments distincts dans la journée : le premier au début de la journée où les élèves font librement un choix, le second plus tard où le maitre décide que chaque élève devra choisir deux activités, l'une en langage, l'autre en mathématiques. Par ailleurs, de très nombreux enseignants ont choisi de réserver cette pédagogie à certains moments de la journée, la mise en autonomie d'une grande partie des élèves de la classe leur permettant de prendre en charge deux ou trois enfants qui auraient besoin d'une aide particulière.

Une déclinaison différenciée : les ateliers autonomes échelonnés[4]

Beaucoup d'enseignants de classes à niveau multiple préfèrent proposer des ateliers autonomes échelonnés. D'un point de vue des contenus, les exercices sont les mêmes que ceux de la pédagogie Montessori, avec une différence portant sur le suivi et parfois sur l'inscription préalable aux ateliers. Chaque activité est déclinée en degrés très progressifs. Les degrés ou échelons sont symbolisés et bien repérés par les élèves. Cela reprend en partie l'idée des **ceintures de la pédagogie**

4. Des illustrations nombreuses sont données sur le site Matern'ailes : http://maternailes.net.

institutionnelle. Les enfants s'autoévaluent facilement, voient leur cheminement et les progrès qu'ils réalisent.

Un affichage à hauteur d'enfant est utilisé par les élèves eux-mêmes. Il s'agit de plusieurs tableaux à double entrée : verticalement, la liste des prénoms des élèves ; horizontalement, l'activité déclinée en échelons. Les élèves cochent au fur et à mesure des cases quand ils pensent avoir maitrisé chaque échelon. Le suivi de ces activités donne lieu à une discussion entre l'enseignant et l'élève, l'enseignant vérifie et contrôle certaines étapes de chaque parcours. Quant aux inscriptions, elles se font en amont d'une activité, essentiellement pour éviter les heurts (lorsqu'une activité est très attractive et qu'elle peut intéresser plusieurs enfants), mais aussi pour faire prendre conscience aux élèves qu'ils doivent choisir, par exemple, une activité dans le domaine des mathématiques et une autre dans celui du langage. Les inscriptions marchent véritablement bien en GS. Un plan de travail peut être aussi donné par l'enseignant.

Après la différenciation, finir tous ensemble

Les regroupements sont absolument nécessaires pour créer de la cohésion dans la classe et ils doivent être ritualisés pour que les élèves puissent bien les repérer. Si l'on comprend que les ateliers s'adaptent aux envies et aux besoins de chacun, il importe de garder l'idée que la classe demeure avant tout un groupe social qui a plaisir à se retrouver autour de ce que chacun à fait à sa façon, dans son coin, à son rythme. Ces temps de regroupement seront surtout des temps de discussion : bilan d'activités en commun, dialogue sur le tutorat ou la mise en place de binômes, services à améliorer, projets à venir. Des discussions ritualisées comme « le comment ça va ? » de la pédagogie institutionnelle sont très productrices de langage et, très vite, elles peuvent être menées par les enfants eux-mêmes. Chacun peut s'exprimer librement, à sa façon et selon son âge. C'est un moment apprécié par tout le monde !

Axe de différenciation

L'esprit de la différenciation maintient le groupe classe comme cellule primordiale. Ainsi, la formule que nous pourrions donner est qu'en différenciation « on commence ensemble et on finit ensemble » et c'est donc entre ces deux temps sociaux essentiels que peuvent se développer les modalités différenciées.

Respecter les capacités des chacun, mais demeurer ensemble

Le chant est aussi une bonne façon de donner vie au groupe classe en multiniveau. Certaines chansons sont trop difficiles à chanter par les petits ; dans ce cas, ils apprennent à écouter. Il faut alors les mettre en position de spectateurs : on retourne leur banc face aux grands. Dans le milieu de l'année, les petits peuvent aussi chanter pour les plus grands. Il est important de temps en temps de prévoir une activité commune, par exemple confectionner un grand panneau décoratif sur lequel chacun peut coller un objet. Ce sont les contributions de chacun à la vie du groupe classe qui sont valorisées, plus que les performances.

Si l'on a besoin de se rassurer, il faut se dire que tous les enfants sont gagnants : les plus jeunes s'adaptent plus à la vie scolaire au contact des plus grands qui leur offrent des modèles à imiter. Les plus grands deviennent plus vite autonomes par les responsabilités qu'on leur donne et le libre choix proposé pour certaines activités.

PS-GS – Travail en arts visuels à partir de notions communes ▲

Les dispositifs différenciés (quoi faire)

Après avoir posé, dans les parties précédentes, les éléments incontournables de la mise en place d'une pédagogie différenciée dans la classe, cette partie est consacrée à sa mise en œuvre d'une façon très pratique (langage, ateliers, coin regroupement, EPS, etc.). Nous sommes bien conscients que cette partie est particulièrement attendue tant elle est au cœur de l'action quotidienne. Toutefois, elle ne peut être perçue à sa juste mesure qu'à la condition que le lecteur soit bien au clair sur les enjeux et les paramètres d'une telle démarche. Sans ces considérations, la pédagogie différenciée s'apparenterait à une liste de recettes sans réflexion et sans prise de distance.

17

Du côté de l'acquisition du langage oral

Comme nous l'avons évoqué dès l'introduction de ce livre, l'acquisition du langage oral est un axe majeur de l'école maternelle. Il s'agit d'une préoccupation de tous les instants. Il s'agit aussi de débusquer dans toutes les activités proposées les situations favorisant cette acquisition.

Mais force est de constater que les performances langagières sont très différentes d'un enfant à l'autre. Les causes de ces variations sont multiples et, parfois, elles s'additionnent au bénéfice ou au détriment de l'élève. Vouloir expliquer les causes des déficits langagiers et linguistiques des élèves de maternelle, c'est prendre le risque de faire des caricatures d'enfants qui sont en deçà des performances attendues par le système scolaire.

Petits, moyens et grands parleurs

Ce qui caractérise toutes les classes d'école maternelle en matière de langage, c'est l'existence d'un triptyque qu'Agnès Florin a décrit, à savoir des élèves que l'on pourrait appeler des « **petits parleurs, des moyens ou des grands parleurs** ». Il est donc important de parvenir à identifier ces trois catégories d'élèves de façon à proposer des pistes d'aides différenciées selon les besoins de chacun.

Petits parleurs

Ce sont des élèves « qui restent à l'écart de la conversation scolaire ». Parmi ces enfants, on trouve à la fois des enfants en réel déficit langagier ou linguistique et des enfants qui n'ont pas de difficulté à s'exprimer dans des situations de communication ordinaires (dans la cour, à la cantine...), mais qui restent en retrait lorsqu'ils se retrouvent en grand groupe.

On y trouve également des enfants qui ne disposent pas encore des mots de l'école. Certains de ces enfants vont s'installer dans la seule écoute. D'autres vont communiquer autrement, parfois de manière inadaptée, lorsque les gestes prennent la place des mots.

Moyens et grands parleurs

Les **grands parleurs** se caractérisent par la volonté souvent intempestive de parler, de capturer la parole, voire de la conserver à tout prix. Cela ne les met pas forcément en situation de réussite, car il va leur falloir apprendre des règles conversationnelles : parler chacun à son tour, ne pas couper la parole aux camarades. Tout ceci leur apprend aussi à différer leur prise de parole et à mieux la reformuler. Il est donc intéressant de créer des groupes de besoin pour ce type d'élèves qui n'ont pas de gêne à prendre la parole, mais plutôt à la structurer. Agir dans ce domaine et pour eux, c'est réellement source de progrès.

Quant aux **moyens parleurs**, ils correspondent à ceux qu'il faut surveiller tout particulièrement ; ils s'installent volontiers dans un silence rassurant car les autres « parlent pour eux ». Il s'agit d'un comportement humain tout à fait ordinaire pas forcément lié à l'âge.

Notons ce passage d'Agnès Florin[1] qui peut tout à fait guider les dispositifs de différenciation :

« *Les grands parleurs vont apprendre quelques règles conversationnelles, parler chacun à son tour, ne pas couper la parole aux copains, ce qui leur apprend aussi à différer leur prise de parole et à mieux la reformuler.*

Dès lors que les grands parleurs ne sont plus là, ça libère les possibilités expressives des moyens et des petits parleurs, ça leur donne une confiance en eux qui va jouer pour d'autres situations. »

1. Conférence d'Agnès Florin : Les groupes conversationnels organisée par la commission départementale de Seine Saint-Denis « maitrise de la langue et des langages », 2001.

Axes de différenciation

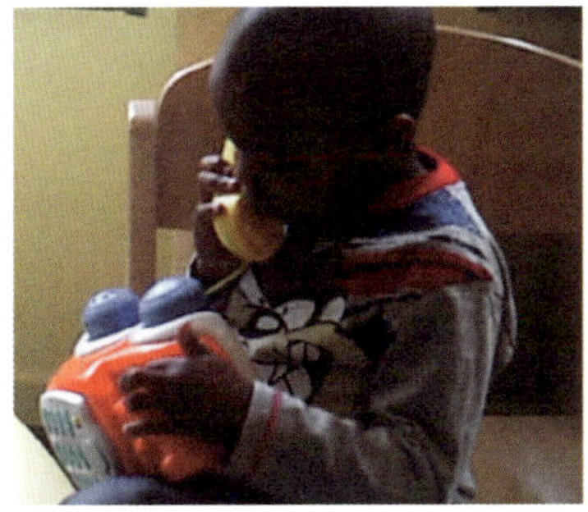

TPS – Monologue au téléphone

Organiser des groupes de besoins selon le type d'élèves :

• Pour les **petits parleurs**, le petit groupe peut les libérer. Viser un apport de vocabulaire simple et progressif. Jouer sur l'utilisation des mêmes outils sur la durée. L'atelier de langage est ici un excellent dispositif.

– Donner un faux micro, un faux téléphone en PS et MS est parfois opérant pour ces petits parleurs.

• Pour les **moyens parleurs** :

– L'axe de la différenciation préalable (voir chapitre 15)(en amont) est intéressant à suivre. Les élèves peuvent ainsi être outillés pour oser parler en grand groupe.

– Penser à les solliciter, à les placer dans des groupes où ils peuvent s'exprimer plus aisément, à leur confier des tâches gratifiantes nécessitant une explication orale.

– Enregistrer les productions orales et les faire écouter aux élèves.

– Utiliser des marionnettes.

• Pour les **grands parleurs** :

– En petit groupe, habituer les élèves à différer leur prise de parole et à mieux la reformuler. Les inviter à en prendre conscience.

– Tabler sur le fait que ces élèves n'ont pas de gêne à prendre la parole, mais plutôt à la structurer. Travailler avec eux sur une élocution fluide, organisée. Un simple enregistrement vocal peut ici être précieux.

– Valoriser l'expertise de certains élèves et renvoyer au grand groupe leurs productions orales.

Des différences langagières entre élèves

Afin d'aider les enseignants à y voir plus clair dans leur travail, nous allons présenter ci-dessous quelques-unes des causes des différences langagières existant entre les élèves de maternelle en proposant à chaque fois des pistes d'aides différenciées.

L'âge des élèves

En maternelle et pour une même année scolaire, les écarts peuvent être très grands entre un enfant de janvier et un autre de décembre ; c'est pourquoi un enseignant doit avoir toujours en tête le mois de naissance de chacun de ses élèves.

Rappelons cette évidence : un enfant de PS né en décembre a vécu un tiers de moins qu'un camarade de janvier. Cela veut dire un tiers d'expériences en moins, un tiers d'interactions langagières en moins.

Axes de différenciation

- Partir le plus possible du **point de vue de l'élève,** surtout pour les plus jeunes ou les plus en retrait.
- **Adopter un débit ralenti, voire une articulation accentuée**, lorsqu'il s'agit d'élèves plus jeunes.
- **Adopter une attitude** bienveillante en accueillant la parole de l'enfant et procéder par *feedback* en reprenant ses propos.
- **Regrouper parfois** les élèves plus jeunes sur une activité donnée. Alléger parfois la tâche demandée.
- **Organiser la classe** comme s'il s'agissait d'une classe multiniveau de façon à respecter, au début de l'année, ces différences de maturité.
- **Valoriser l'expertise** possible d'élèves plus âgés (voir chapitre 7 « *L'élève perturbateur – l'élève expert* »). L'aide entre pairs (plus âgés/plus jeunes) est ici souhaitable. Cela crée du lien dans la classe.

Les styles langagiers familiaux

De nombreux travaux socio et psycholinguistiques ont montré que la diversité langagière enfantine ne se résume pas aux seules catégories socioprofessionnelles de leurs parents. D'une part, il existe de grandes variations à l'intérieur de chaque groupe socioculturel et, d'autre part, d'autres raisons comme l'état psychique de l'enfant, sa place dans la fratrie, le projet de vie des parents, etc., peuvent avoir un rôle sur le développement du langage.

Ce sont les façons parentales d'entrer en interaction langagière avec l'enfant dès son plus jeune âge qui vont déterminer le style langagier de l'enfant. Agnès Florin[2], reprenant les conclusions d'une enquête de Katherine Nelson, en voit au moins deux : le **style référentiel** et le **style expressif**, ces deux styles détermineraient par la suite le développement cognitif de l'enfant.

2. Agnès Florin, *Le développement du langage*, Paris, Dunod, 2020.

Les styles de communication parent-enfant

Le style référentiel

Les enfants savent nommer les objets, les personnes, emploient des verbes et des adjectifs, ils parlent des choses. Ces enfants apprennent surtout des mots.

Le style expressif

Les enfants parlent d'eux-mêmes et des autres, ils s'intéressent aux relations interindividuelles ; ils construisent des énoncés avec des pronoms, des mots fonctionnels et des formules sociales. Ceux-là produisent des énoncés plus longs.

Sans pouvoir rendre compte ici de la complexité des analyses d'Agnès Florin, remarquons qu'elles permettent aux enseignants de maternelle d'être attentifs à cette distinction pour aider les élèves à passer du style référentiel au style expressif.

Axes de différenciation

- **Fournir des expansions aux enfants**. Plus que tout, ce sont les expansions que l'on fournit aux enfants qui assurent leur développement langagier. Si un élève commente une image en disant : « Le chat boit », son enseignant prolonge son énoncé de cette façon : « Le chat noir et blanc boit du lait dans une coupelle. » L'élève sait qu'il a été entendu et il est encouragé à poursuivre l'interaction ; cela est d'autant plus opérant lorsqu'il s'agit d'un dialogue à propos d'une action partagée par l'enseignant et les élèves.
- **Faire évoluer les énoncés**. Viser la longueur, les mots fonctionnels, les formules sociales. Par exemple : la conversation ritualisée lors du 1er regroupement du matin, les enfants disent comment ils vont. Par le biais de la répétition du dispositif et la répétition permise pendant la conversation, tous les enfants développent des propos de plus en plus longs.
- **Reprendre les énoncés** de certains élèves de façon à ce qu'ils deviennent compréhensibles. Corriger ces énoncés lorsqu'ils sont erronés en pratiquant majoritairement le *feedback*. Par exemple, un enfant dit « J'ai prendu le pinceau », l'enseignant lui répond : « tu as bien fait, moi j'ai pris le papier ». En PS, là où l'enfant utilise deux mots pour exprimer une demande (« Maï ballon »), l'enseignant prolonge la conversation en développant l'énoncé ainsi : « Marie, tu veux jouer avec le ballon dans la cour ? D'accord, je vais chercher les ballons ; comme ça, tous les enfants de la classe vont jouer avec les ballons. »
- Donner des éléments pour que **les élèves mesurent l'enrichissement de leurs énoncés** (passage d'un style à l'autre). Par exemple, le jeu ritualisé du sac à trésor. Sur une période assez longue, l'enseignant fait découvrir peu à peu des objets aux élèves. Chaque jour, pour que les objets soient sortis du sac, les enfants doivent les nommer et les décrire, donner leur fonction, etc.

Les élèves allophones

Nous abordons volontairement cette question qui concerne dans l'ensemble assez peu d'élèves sauf dans certaines zones où les classes sont majoritairement constituées de ce type d'élèves. À l'école maternelle, il ne s'agit pas, comme en élémentaire, de placer ces élèves dans une classe d'UPE2A (Unité pédagogique pour les élèves allophones arrivants). Aussi, ces élèves font partie du groupe classe et l'enseignant doit pouvoir s'organiser pour les approcher tout particulièrement.

L'arrivée à l'école maternelle pour un enfant allophone est un moment crucial dans sa vie. C'est à l'école de faire en sorte que ce passage soit vécu positivement.

L'avis des linguistes

La majorité des linguistes s'accordent à penser que le bilinguisme – voire le plurilinguisme – n'est pas un handicap, mais au contraire une véritable chance pour l'élève. Cependant, là encore, on constate de grandes variations en fonction du statut de la langue maternelle de l'enfant (est-ce une langue reconnue comme telle par la société française ? Est-ce la langue parlée par une nation économiquement forte ?). Le projet familial a également une incidence sur les performances du jeune allophone scolarisé en France : l'émigration de la famille a-t-elle été subie ou a-t-elle été conçue positivement ?

Ces élèves allophones sont d'emblée confrontés à différentes difficultés. Il leur faut déjà réussir à s'adapter au « **français oral comme langue de scolarisation** ». Cette langue dite aussi « seconde » est une nouveauté qui peut être déstabilisante et générer du mutisme chez certains.

Ensuite, ces élèves découvrent un « **nouveau monde** ». En dehors de la langue – le français, porteuse d'une autre culture – il entre dans un univers scolaire avec ses codes et ses spécificités (la cantine scolaire, une langue orale proche de l'écrit, surtout celui de l'enseignant, l'apprentissage de l'écriture en cursive dès la MS, etc.). Il peut être surpris par de nouveaux usages sociaux ; par exemple, il est attendu que l'enfant regarde l'enseignant quand il lui dit bonjour ou bien il arrive souvent que l'enseignant pour accompagner son bonjour fasse une caresse amicale sur les cheveux de l'enfant, autant d'usages qui sont loin d'être partagés par toutes les cultures.

Enfin, l'élève devra construire des **passerelles entre les deux cultures**, celle d'origine et la française. L'école va grandement l'aider dans ce sens mais déjà apparait l'idée fondamentale que la culture d'origine de l'élève doit avoir une place prépondérante.

Axes de différenciation

En général pour les élèves allophones :

Comme le font déjà certaines écoles, proposer aux familles au moment de l'inscription de leur enfant de répondre à un questionnaire concernant leur(s) langue(s) d'origine et leurs usages.

Pour l'apprentissage du français comme langue de scolarisation :

– viser et encourager l'élève à prendre la parole même pour produire un très bref énoncé : prendre conscience que cela représente une réelle prise de risque pour lui ;

– placer l'élève dans un groupe à même de relayer les propos de l'enseignant ;

– confronter l'élève à des situations qui le font agir : diversité des coins (symboliques, peinture, transvasement, lecture, etc.) ;

– viser beaucoup le jeu, les expériences, les essais afin de donner « envie de parler ».

Pour découvrir la pluralité des langues et des cultures :

– s'intéresser aux langues parlées par les enfants. Établir un « atlas des langues parlées » dans la classe ou dans l'école ;

– demander à chaque famille d'apporter une comptine lue, voire enregistrée. Les recettes de cuisine permettent aussi de comparer le lexique dans une langue et dans l'autre. En GS, cela peut donner naissance à des écrits qui donnent à voir la diversité des langues.

Pour les passerelles culturelles :

– proposer des ouvrages de littérature de jeunesse qui permettent de faire le pont entre les deux cultures grâce à des personnages prototypiques et des thèmes récurrents. Agir de même pour les comptines et les chansons (approche d'un nouvel univers sonore, spécificités du français – phonèmes, prosodie, accentuation) ;

– chercher à convaincre les parents de poursuivre l'apprentissage de la langue d'origine avec leur enfant. L'enfant, qui a repéré inconsciemment les régularités de sa langue, régularités phonologiques et morphosyntaxiques, se sert dans un premier temps de ce matériau, pour parler français ;

– organiser un prêt de livres à destination des familles allophones.

Un apprentissage de la pluralité – La Kinderkiste

La sensibilisation à d'autres langues et à d'autres cultures permet aux allophones comme aux francophones de mettre plus facilement à distance leur langue maternelle et de comprendre qu'il y a d'autres univers de références et qu'une langue est un objet qui s'étudie selon un certain nombre d'aspects (le lexique, la syntaxe, la phonologie, comment on parle dans une situation de communication). À titre d'exemple, la Kinderkiste, mallette pédagogique diffusée par l'OFAJ[3], propose aux très jeunes élèves des activités ludiques (lotos imagés, un abécédaire proposant des mots transparents, un CD de comptines et de chansons allemandes et françaises qui comportent des similitudes culturelles, l'utilisation d'une marionnette « ne s'exprimant qu'en allemand » et une autre « pratiquant le bilinguisme », un beau livret montrant les diverses fêtes emblématiques des deux pays, etc.).

Les marionnettes de la Kinderkiste

Le rapport au langage

Les travaux sociolinguistiques d'Élisabeth Bautier[4] portent un autre regard sur les difficultés langagières qu'ont certains enfants de maternelle. Après Claire Blanche-Benveniste[5], elle nous invite à nous décentrer des erreurs syntaxiques et des imprécisions lexicales, même lorsqu'elles amènent à des propos oraux

3. OFAJ : Office franco-allemand pour la jeunesse.
4. Élisabeth Bautier, « Le rapport au langage : malentendus et difficultés scolaires, des pistes de travail », conférence, mai 2014.
5. Linguiste française dont les travaux ont porté sur la langue orale, ses usages et ses spécificités, lui accordant une digne place au sein de la linguistique généralement plus portée à s'intéresser à l'écrit.

parfois baroques. Elle montre que ce qui est finalement essentiel et discriminant sont moins les « fautes orales », écume des mots, que le « rapport au langage[6] » différencié produit par ces enfants.

En effet, certains enfants ne font du langage qu'un outil de communication, basé sur la connivence entre les interlocuteurs dont ils sont proches : famille ou pairs. Ils ne perçoivent pas qu'à l'école, le langage est aussi et surtout un moyen d'appréhender le sens des situations d'apprentissage. Et comment y parviendraient-ils si l'on ne les y prépare pas.

Ainsi, la difficulté langagière relève moins d'un langage oral fautif que du fait que les productions langagières n'accompagnent pas la construction du savoir. Leurs productions demeurent une évocation anecdotique du faire et du ressenti. Pourtant, cela n'agira pas sur le changement de posture que nécessite un usage du langage dans un registre cognitif et linguistique qui traite de ce que l'on apprend et pas seulement de ce que l'on a vécu.

C'est ainsi qu'une syntaxe nouvelle va naitre de la nécessité de s'exprimer autrement. Le manque de mots et de phrases pour exprimer un premier raisonnement, une première argumentation va ouvrir la porte vers la nécessité de les acquérir. Et peu importe si la syntaxe est fautive, dès lors que les essais visent l'élaboration d'un discours centré sur le savoir, un nouveau « rapport au savoir[7] ».

Certains pourraient dire qu'une telle élaboration langagière est trop précoce pour des enfants de maternelle. Pourtant, on observe que les élèves ordinaires en font déjà usage à leur façon et que les instructions de l'école maternelle prescrivent cet usage élaboré. En effet, que signifie la compétence « dire ce qu'il apprend » des Instructions officielles de maternelle de 2008 ? Et la première phrase des Instructions officielles de cycle 2 n'est-elle pas : « Apprendre à l'école, c'est interroger le monde[8] » ?

Il s'agit là d'une capacité déterminante qui permet de **voir si l'enfant devient élève en adoptant un premier rapport au langage distancié**, dégager des affects et des ressentis spontanés. Cette mise à distance de l'expérience, la manière d'en expliciter les finalités est ce qui amène au langage de l'école et s'accompagne alors naturellement de la syntaxe argumentative, de manière bien plus efficace que lorsqu'on cherche à combler les écarts par un apprentissage « forcé » – toujours un peu vain – de structures syntaxiques décontextualisées.

---

6. Élisabeth Bautier, *op. cit.*
7. Bernard Charlot, Élisabeth Bautier, Jean-Yves Rochex, *École et savoir dans les banlieues... et ailleurs*, Paris, A. Colin, 1992.
8. *Programme du cycle 2 en vigueur à compter de la rentrée 2018-2019*, Eduscol, 2018.

Axes de différenciation

- Inviter l'élève à faire usage du langage qui ne se contente pas de décrire le faire. Viser donc des **activités langagières élaborées**. Chercher à accompagner l'élève afin qu'il parvienne à mettre des mots sur ce qui l'a amené à adopter telle ou telle démarche, sur ses intentions, sur ce qu'il anticipait de réussir, à justifier ses choix (voir à ce propos les 8 degrés du chapitre 12).
- **Groupes de besoins** : groupes **hétérogènes** afin de « tracter » les élèves les plus fragiles (profiter de la maturité de certains pairs). À d'autres moments, les **groupes homogènes** permettent de cibler davantage ces élèves.
- Lors des temps de regroupement en classe entière, veiller à **placer les élèves les plus jeunes, les plus fragiles, les moins aguerris aux usages de la langue française face à l'enseignant** qui ainsi profitent mieux des échanges avec l'adulte.
- Adopter **une programmation des apprentissages adaptée** à ces élèves. Certaines notions ne peuvent être assimilées trop tôt.
- **Garder longtemps les supports utilisés** : dans l'exemple d'une image du « chat qui boit », il peut être intéressant d'utiliser plusieurs fois cette image, lors de différentes séances. D'abord les élèves la reconnaitront facilement, ce qui les sécurisera, et il sera aisé de revenir avec eux sur ce qui a été dit la fois précédente. Des notes prises par l'enseignant pourront laisser une trace. Ensuite, l'élève n'a pas à tout reconstruire et il sera possible pour lui de réutiliser des structures linguistiques qu'il avait proposées ou qui avaient été suggérées par l'enseignant (« Le chat noir et blanc boit du lait... »). Enfin, il lui sera possible de proposer de nouvelles pistes orales plus axées sur l'hypothèse ou sur l'interprétation (« Il boit car il a couru, car il a mangé un poisson trop salé », etc.).

Les entretiens individuels : parfois, le groupe, aussi restreint soit-il, ne permet pas à l'élève de trouver une place pour s'exprimer. Il est donc nécessaire d'avoir des entretiens individuels assez réguliers (sur le temps des activités pédagogiques complémentaires, lors d'ateliers autonomes pour les autres élèves, en présence d'un autre adulte) de façon à construire avec l'élève une proximité et une relation de confiance. À partir d'un support stable utilisé plusieurs fois (la même image par exemple), on effectue avec l'élève une « reformulation alternée » de structures linguistiques proposées par l'enseignant. Une première reformulation est demandée, mais l'enseignant va plus loin en donnant des pistes de compréhension, d'hypothèses et en invitant l'élève à donner son point de vue. Dans cette perspective, l'enseignant doit s'armer de patience, car l'élève ne va pas se mettre à parler si facilement qu'on le souhaiterait. Mais c'est par la fréquence et la durée dans l'année que les résultats peuvent porter leurs fruits. Ces entretiens individuels lèvent souvent des blocages ! Terminons ce passage par cette citation de Laurence Lentin. Avec les plus jeunes enfants (TPS et PS) mais aussi les allophones et les enfants

présentant un handicap, **la différenciation la plus efficace en matière de langage oral** doit se réaliser selon un ratio un/un (un enfant pour un adulte), dans le cadre d'un dialogue authentique, « c'est-à-dire qu'au point de vue affectif et relationnel, l'enfant est naturellement disposé au dialogue. Il faut qu'il soit en confiance, qu'il prenne déjà plaisir à communiquer avec l'adulte, même sans langage[9] ».

Manier différentes natures de langage

La prose pédagogique en matière de langage évoque depuis de nombreuses années la difficulté de certains élèves à pouvoir relater un évènement qui n'est pas lié au vécu immédiat et qui est plus ou moins éloigné dans le temps.

Manier ce **« langage d'évocation »** va permettre à l'élève d'utiliser un langage précis, cohérent et intelligible afin de raconter, informer, argumenter. Le langage d'évocation nécessite une syntaxe plus complexe, un lexique précis, des relations logiques entre les évènements. En ce sens, cette nature de langage relève aussi du langage écrit. Enfin, **ce langage d'évocation est décontextualisé du faire.**

Il faut donc accompagner l'élève dans cette conquête tant en production qu'en réception et surtout ceux pour qui cela est particulièrement gênant.

Axes de différenciation

Voici quelques pistes différenciées pour y contribuer :

• Se doter d'outils qui peuvent aider les élèves : photos prises lors d'une séance d'EPS, d'une sortie scolaire, etc. Grâce à la projection de ces photos, les élèves pourront plus facilement évoquer ce moment vécu.

• Voici un dispositif très opérant de la PS à la MS pour mettre en place ce langage d'évocation, c'est-à-dire quand il s'agit pour l'élève de parler de quelque chose que son interlocuteur ne connait pas. Au moment des explications des ateliers, l'enseignant partage sa classe en deux groupes, l'un sort de la classe sous la surveillance de l'ATSEM, l'autre reste dans le coin regroupement. L'ATSEM est chargée d'occuper suffisamment longtemps son groupe pour que l'enseignant puisse avoir le temps de bien exposer ses consignes. De retour en classe, l'enseignant procède à l'échange de groupes. Ensuite, les élèves se mettent au travail et doivent expliquer à l'ATSEM ce que l'enseignant leur a demandé de faire, et comment ils doivent s'y prendre. Ce dispositif marche tout aussi bien en GS, mais à condition d'avoir à sa disposition un ATSEM à ce moment-là.

9. Laurence Lentin, *Comment apprendre à parler à l'enfant*, Paris, ESF éditeur, (1977), 2009.

L'atelier de langage

Dans l'ensemble des ateliers qui sont proposés au fil d'une journée de classe, l'atelier de langage est celui qui cible avant tout le développement des compétences langagières. Ces ateliers représentent un outil privilégié de différenciation pédagogique.

Ce dispositif ne va trouver sa pertinence que si :

- Le **format est identique** durant l'année scolaire (les élèves doivent identifier ce qu'ils vont devoir y faire). Ceci doit les rassurer et les « libérer » pour parler. Si au fil des séances le format du questionnement reste régulier, si les échanges langagiers se déroulent selon des attendus bien définis par l'enseignant et exposés d'avance aux élèves (clarté cognitive), alors tous les élèves – et même les plus fragiles – savent à quoi s'attendre ; ils peuvent explorer en toute tranquillité la situation d'apprentissage qui leur est offerte.
- Les **séances** sont **régulières** : au moins une séance par semaine, voire deux pour les petits parleurs. Utiliser longtemps le même sujet de conversation. Le garder sur une période de cinq à six semaines va favoriser la dynamique de ces élèves plus fragiles.
- Des **mots simples** et choisis sont utilisés. Avoir un questionnement « figé » et récurrent qui ne va pas surprendre les élèves. Voici quelques entrées possibles : « Parler à l'école est très important, cela nous aide à réfléchir ensemble et à dire toutes les choses que nous faisons tous les jours dans la classe » ou bien : « Quand on se réunit en atelier de langage, on apprend à parler pour raconter une histoire » ou bien encore : « Vous savez que je vous ai réunis une nouvelle fois pour vous entrainer à faire la liste de tous les livres que nous avons lus depuis le début de l'année ».
- L'enseignant vise à instaurer des **échanges entre élèves** (langage horizontal). Progressivement les échanges vont s'enrichir grâce aux différents propos des membres du groupe.

Groupes hétérogènes – groupes homogènes

Les deux pistes pédagogiques sont intéressantes parce qu'elles se complètent. Nous avons surtout évoqué les vertus du groupe hétérogène pour constituer ces ateliers de langage. Les élèves plus en retrait peuvent être épaulés par des élèves plus à l'aise. Le dispositif de Pierre Péroz décrit plus loin permet d'en mesurer les bienfaits.

Mais à d'autres moments, la constitution d'ateliers de langage homogènes peut aussi être intéressante. Il est alors possible de rendre les ateliers de langage moins homogènes afin d'obtenir une parole plus « libérée » pour les petits parleurs que nous avons évoqués. C'est pourquoi on peut envisager des ateliers de langage regroupant les élèves les plus fragiles qui dès lors, n'ayant plus personne pour prendre leur place, auront à produire eux-mêmes les interactions verbales. Il ne s'agit pas d'obliger, de contraindre bien sûr. Et la bienveillance est ici de mise. Mais c'est permettre à ces élèves d'oser différemment et d'en tirer satisfaction. Il faut viser l'estime et la réussite.

Afin qu'un tel groupe fonctionne, il sera intéressant parfois d'y maintenir un élève plus expert et volontaire qui servira de ressource, lorsque les propositions verbales des autres se tariront. Ses interventions en nombre limité auront pour conséquence de relancer les échanges qui, sinon, risqueraient de s'appauvrir. Lui-même en tirera un grand profit d'apprendre à se taire ou à intervenir à bon escient.

Mettre en place les ateliers de langage

À quel moment ?

La première moitié de la matinée est la période la plus propice pour travailler le langage pour lui-même. Aussi, logiquement cet atelier de langage peut trouver une place durant cette période de la journée même s'il peut être mené à d'autres moments par exemple au retour d'une séance d'EPS avec un vécu fort.

Où ?

L'idéal est de trouver un lieu assez isolé un peu à l'écart du reste des tablées. Le recours à la table d'appui (voir chapitre 3 et chapitre 21 sur l'aménagement de la classe) est ici particulièrement souhaitable.

Comment ?

Parler et faire parler sous-entendent aussi s'écouter et écouter. Pour y parvenir, l'enseignant doit pouvoir se concentrer et ne pas être sans cesse sollicité et interrompu par les autres élèves de la classe. À ceux-là, il faut confier des tâches suffisamment longues mais bien comprises, réalisables en toute autonomie (voir chapitre 11 « *La construction de l'autonomie* » et chapitre 16 « *La classe multiniveau pour différencier* »).

Enfin, l'atelier de langage peut porter aussi sur des activités de catégorisation qui invitent l'élève à organiser sa pensée et donc à agir sur le monde qui l'entoure[10].

10. L'outil *Catego Maternelle* est une bonne référence (Hatier, 2018).

Différencier avec la pédagogie de l'écoute de Pierre Péroz[11]

Tous les élèves doivent apprendre à parler à l'école, c'est-à-dire à utiliser un langage scolaire et à comprendre les enjeux des activités proposées. Dans une perspective de différenciation, ce dispositif permet aux plus démunis d'acquérir du matériel verbal et d'appréhender au mieux l'exercice difficile de la conversation scolaire. Il tient compte des différences sans les stigmatiser, ce qui permet d'éviter les blocages, il rend possible une évaluation différée des compétences langagières, ce qui est un vrai atout pour l'enseignant qui peut mieux planifier ses séances de langage et pour l'élève, même le plus fragile, à qui on donne la possibilité de prendre la parole sur une longue durée.

Organisés en un groupe hétérogène[12], les élèves (environ une douzaine) sont réunis autour d'une table ronde. L'enseignant, après avoir lu un texte sans illustration, pose d'une façon immuable trois séries de questions (les deux dernières étant davantage contextualisées). Intervenant très peu pour mieux écouter les enfants, il se met volontairement en retrait et leur laisse la parole.

Le dispositif est le suivant : l'enseignant pose une question et laisse répondre tous les enfants qui le désirent, de sorte que l'on obtient un dialogue qui se distribue ainsi : question du maitre – réponse d'un élève – réponse d'un élève – réponse d'un élève – réponse d'un élève, etc. Ce qui diffère grandement d'un dialogue pédagogique ordinaire dont le schéma est plutôt le suivant : question du maitre – réponse d'un élève – question du maitre – réponse d'un élève – question du maitre – réponse d'un élève, etc. Pour répondre aux questions de l'enseignant, les élèves ont à leur disposition essentiellement deux sources de matière verbale : le texte et les réponses des camarades.

En complément de ces séances de compréhension formatées, on doit prévoir des moments où il faut apporter des clarifications sur le texte (travailler le vocabulaire,

---

11. Pierre Péroz, *Apprentissage du langage oral à l'école maternelle, pour une pédagogie de l'écoute*, Canopé, 2015.

12. L'hétérogénéité du groupe est un des principes didactiques qui président au dispositif de Pierre Péroz : celui-ci fait le pari qu'en travaillant avec des groupes hétérogènes correspondant à des demi-classes, les petits parleurs se désinhibent ; au fil des séances de langage oral qu'il appelle « dialogue pédagogique à évaluation différée », ils se saisissent des propos des camarades et construisent des énoncés de plus en plus longs. Pour P. Péroz, « l'étayage entre enfants est le moteur essentiel des progrès d'une intervention [séance] à l'autre ». Les énoncés se succèdent et dans leur succession, on se rend compte que les enfants procèdent par reprise, reformulation, rectification ou discussion. Ce dispositif aide grandement les petits parleurs sans jamais les stigmatiser. Quant aux élèves très bons parleurs, ils y trouvent tout autant leur compte, car ils peuvent produire des énoncés longs et de plus en plus complexes, pouvant mémoriser et restituer des pans entiers de textes.

la chronologie, lever des ambigüités), et sur le dispositif (quand prendre la parole ? Quelles questions vont être posées et durant quelle séance ?). Dans ces temps en grand groupe, l'enseignant reprend la parole dans un dialogue pédagogique ordinaire ; il est préférable que ces moments de clarification soient placés un ou deux jours après la séance formatée et, par conséquent, ils doivent commencer par une relecture du texte.

Un tel dispositif présente l'intérêt d'offrir un protocole qui propose des formats de questions et de séances.

Axes de différenciation

- Par la stabilité du dispositif (questions de l'enseignant puis circulation de la parole entre élèves), les élèves en retrait ou plus fragiles y trouvent leur compte.
- Les grands parleurs apprennent à se réguler : parler quand c'est leur tour, rester dans le thème.
- La volonté de maintenir des groupes hétérogènes vise à désinhiber les petits parleurs. Au fil des séances, ces élèves se saisissent des propos des camarades et construisent des énoncés de plus en plus longs (« dialogue pédagogique à évaluation différée »).
- L'étayage entre enfants est le moteur essentiel des progrès d'une intervention [séance] à l'autre. Les énoncés se succèdent et dans leur succession, les enfants procèdent par reprise, reformulation, rectification ou discussion. Ce dispositif aide grandement les petits parleurs sans jamais les stigmatiser.
- Quant aux élèves très bons parleurs, ils y trouvent tout autant leur compte, car ils peuvent produire des énoncés longs et de plus en plus complexes, pouvant mémoriser et restituer des pans entiers de textes.

L'atelier préalable (intervention en amont)

Une autre façon d'aider les élèves fragiles est de les réunir en petit groupe homogène sur le temps des APC. Dans ce cadre institutionnalisé, il est intéressant d'anticiper par exemple avec ces élèves le moment de découverte en grand groupe d'une nouvelle histoire. Cet atelier est déjà décrit dans le chapitre 15.

MS – groupe de besoins en atelier préalable (« attention partagée »)

L'enseignant montre alors l'album, fait la présentation des personnages, réalise une première lecture et élucide les questions de vocabulaire.

Pourquoi ce procédé est-il efficace ? D'abord, parce que la plupart des élèves « prioritaires » sont très heureux de se retrouver avec leur enseignant pour un moment particulier ; ensuite, ils sont souvent peu attentifs quand ils sont en grand groupe. Ces enfants ont besoin de **bénéficier d'une attention conjointe visuelle** fortement guidée par l'enseignant. Celui-ci pointe du doigt les images, oblige les élèves à les regarder.

Les bilans langagiers

Si l'on veut que les élèves puissent se construire une solide représentation de leur action et qu'ils puissent envisager à la fois ses modalités et ses finalités, il faudra aussi **mettre en place des processus de rétroaction** ; à l'école maternelle, on appelle cela des « bilans » après les ateliers. Ce sont tous ces moments après action, où les enfants, réunis en regroupement de classe entière ou en regroupement d'atelier, doivent s'exprimer sur la situation d'apprentissage, en faire un retour distancié. Cette conversation permet, d'une part à l'enseignant de **réguler son travail** (les activités proposées ont-elles été adaptées aux capacités des enfants ? Ont-elles été comprises ?), d'autre part aux élèves de comprendre pourquoi ils ont été mis en action et d'en tirer des connaissances qui vont servir dans d'autres situations d'apprentissage futures.

Les questions que l'on peut poser aux élèves pendant un bilan

- **En PS :** « Est-ce que vous avez aimé travailler (par exemple, avec la pâte à modeler) ? Qu'avez-vous fait avec ? J'avais dit avant de commencer les ateliers qu'il fallait se servir d'au moins deux instruments, l'avez-vous fait (rappel des consignes) ? » ;
- **En MS,** même questionnement et on peut ajouter : « Comment avez-vous fait ? Comment pourrait-on aider les camarades en leur donnant des conseils pour la prochaine fois ? » ;
- **En GS,** on complète par : « Pourquoi est-ce que je vous ai donné à faire ce travail ? Qu'est-ce que vous avez appris ? Est-ce que cela va nous servir pour la prochaine fois ? Qu'est-ce qu'on pourrait imaginer faire ensuite ? »

Exemple de rétroaction à la fin d'un atelier

L'enseignant demande aux élèves d'une même tablée et qui ont fourni une même tâche de s'autoévaluer. C'est un moment souvent étonnant car même au début de la GS, la plupart des élèves s'évaluent à mauvais escient, selon une sous-estimation ou une surestimation de leurs capacités. Pour amener les élèves à objectiver leurs résultats, l'enseignant rappelle les consignes de travail, renvoie éventuellement à l'exemple donné. Il est important de mener un entretien bref mais individualisé.

Début GS – Bilan individualisé à la fin d'un atelier portant sur l'exercice de la copie

Quelques pistes originales pour générer du langage et stimuler les élèves

Dans un dispositif de différenciation, par exemple lors des APC, ces propositions sont d'une grande efficacité !

Le *kamishibaï*

C'est une invention japonaise très ancienne ; cela veut dire littéralement « théâtre de papier ». Les feuillets de l'histoire sont d'un format A3, ils sont disposés à l'intérieur d'un cadre en bois. Chaque feuillet comporte un recto imagé et un verso textuel, si bien que, pendant que l'enseignant lit l'histoire, les élèves voient les images et sont plus attentifs[13].

Le tablier des contes

Il s'agit d'un tablier façon cuisinière mais très long sur lequel sont fixés des éléments d'un conte. Par exemple, pour Le Petit Chaperon rouge, on peut voir sur le tablier le chemin de la petite fille et celui du loup, la maison de la grand-mère, la forêt. L'enseignant qui le porte fixe ou détache au fur et à mesure de son récit les personnages importants du conte. Cet ensemble passionne les enfants et les fait entrer avec facilité dans l'univers des contes. La matérialité des éléments permet à certains élèves de comprendre plus rapidement les situations.

13. La collection des Oralbums (dirigée par Philippe Boisseau, éditions Retz) offre de tels outils recto-verso.

La boite à histoires

Pour les enfants qui n'ont pas accès immédiatement au sens des mots, la boite à histoires contient un album, des personnages sous forme de figurines ou de marionnettes, des objets emblématiques de l'histoire, des éléments de maquette. Parfois des enseignants complètent ce matériel de séries d'images qui peuvent servir à faire des jeux de loto, des jeux de Memory, etc. La boite à histoires est propice à développer l'imagination et le langage des élèves, en particulier allophones ; transmise de temps en temps aux parents, elle est très utile dans l'établissement de liens entre la famille et l'école.

Les jeux ritualisés

On entend par là des scénarios très simples que les enfants peuvent répéter à l'envi. Ce sont des phrases trouvées dans les contes de randonnées. Par exemple, à partir de Roule Galette, les enfants peuvent jouer avec les marottes représentant les personnages de l'histoire et faire dire à la galette : « Je suis la galette, la galette, je suis faite avec le blé ramassé dans le grenier, on m'a mise à refroidir mais j'ai mieux aimé courir ! » Mais cela peut se faire pendant un jeu de rôle, par exemple avec le jeu de la marchande, par lequel les élèves formulent des demandes et des réponses selon un format d'échanges verbaux et non verbaux ritualisés.

La boite à mots

C'est l'idée de collecter les « mots de la classe » et de les écrire sur une étiquette cartonnée placée dans une boite : la boite à mots. À certains moments, une fois par quinzaine par exemple (le temps de collecter les mots), la boite est ouverte et des étiquettes en sont extraites. Il s'agit alors de demander aux élèves à quelle occasion ces mots ont été rencontrés (sortie scolaire, album de jeunesse, visionnage, etc.) et de se remémorer l'activité qui avait été proposée. De nouvelles « histoires » peuvent être créées sous la forme de dictées à l'adulte dans lesquelles les élèves plus fragiles ont toute leur place.

Les rallyes mathématiques

Faire des mathématiques, c'est d'abord résoudre des problèmes. Dans ce dispositif très connu proposé dès la MS, il s'agit de résoudre des problèmes mais à plusieurs. Il faut donc justifier son choix, écouter l'autre et proposer une réponse pour laquelle tous les élèves du petit groupe sont d'accord.

Du côté de l'accès au langage écrit

Les élèves de maternelle vont progressivement découvrir la fonction et une part du fonctionnement du langage écrit. Des apprentissages vont aider à cette découverte à travers des activités pour développer une réflexion sur la langue, pour comprendre des écrits entendus, pour affiner la conscience phonologique, pour découvrir le principe alphabétique et pour commencer à produire des écrits seul ou avec l'adulte. Ces apprentissages viennent en appui les uns des autres ; pour être efficaces, ils doivent se dérouler en parallèle.

Axes de différenciation

Les pistes de différenciation sont nombreuses et aucune n'est à négliger. Leur efficacité repose là encore sur la constitution de groupes restreints (4 à 6 élèves maximum) :

- lecture d'albums en groupe homogène avec une attention particulière portée sur la trame narrative mais également sur des aspects formels comme la direction de la lecture, la forme des lettres et des mots ;
- exercices réguliers en GS de copie avec guidage fort de l'enseignant qui décrit précisément le tracé des lettres et l'ordre des lettres dans le mot ;
- la dictée à l'adulte (exercice individuel en TPS et PS, élargi à 4 élèves en MS, autour de 6 en GS) qui permet de découvrir l'aspect formel et les fonctions de l'écriture ;
- en GS, un travail très progressif sur le codage de mots réguliers qui développe la conscience phonémique.

Les apprentissages qui font le lien entre langage oral et langage écrit

Manipuler les sons

À l'école maternelle, la conscience phonologique – qui est la prise de conscience par l'élève que la langue est un matériau sonore – se fait très progressivement. Pour autant, ce travail est essentiel tant il est indispensable à une entrée réussie dans le futur apprentissage de la lecture. Il est rendu possible grâce à des activités ludiques et régulières sur les trois années du cycle. En la matière, il faut être extrêmement attentif à ce que l'enfant est capable de comprendre de cet apprentissage. Une précocité intempestive serait contre-productive. Très tôt, il est frappant de constater de grands écarts : certains enfants peuvent déjà, en PS prendre de la distance par rapport à leurs énoncés. Ceux-là jouent avec quelques sonorités de la langue et peuvent produire de petites rimes. Pour d'autres, si certaines situations d'apprentissage ne sont pas mises en place, la langue, loin de pouvoir devenir un objet d'étude, va rester longtemps un simple moyen de communication.

En petite section

Dans la seconde moitié de l'année, à partir des prénoms de la classe et, plus tard encore, en s'inspirant des phrases d'une comptine, les élèves peuvent trouver des rimes. L'enseignant pour aider les plus démunis donne des formats de phrases ; par exemple : « Judith aime les frites. » Les voyelles sont généralement repérées en premier, et pour reprendre le même exemple, on aura comme énoncé fréquent : « Judith aime le riz. » Tous les enseignants le savent, il y a, en PS un grand décalage entre la langue en réception (ce que l'enfant est capable de comprendre) et la langue en production (ce que l'enfant est capable d'énoncer). La réalisation de la langue passe par une maturation des muscles de la bouche, certains phonèmes consonantiques (/ch/, /j/, /r/) ne sont pas bien prononcés alors qu'ils sont très bien repérés et distingués à l'audition. L'enseignant veille néanmoins par un *feedback* à reprendre l'énoncé de l'enfant en produisant les bons phonèmes. Les exercices vocaux, le chant et les danses chantées[1] ont un rôle fonctionnel et c'est pour cela qu'il faut absolument chanter souvent en PS.

Axe de différenciation

Avec les élèves les plus fragiles, le temps d'APC peut être mis à profit pour les mêmes activités.

En moyenne section

Jouer avec les sonorités de la langue est une activité que l'on peut mener régulièrement à partir de ce niveau. Les élèves s'amusent de l'absurdité des énoncés qu'ils produisent pour inventer une fatrasie (petit texte souvent rimé construit sous forme d'accumulation d'incohérences par exemple sur le modèle du poème *La Fourmi* de R. Desnos) ou un virelangue (comme *Un chasseur sachant chasser*...).

1. Voir l'excellente collection de CD, *Les Chansons de la marmotte*, Anny et Jean-Marc Versini, Marmottes Productions.

Les élèves peuvent repérer un son vocalique en attaque et en finale d'un mot. La syllabe va également servir d'appui à un travail de segmentation du mot par scansion et comptage.

Axes de différenciation

Si le repérage du son vocalique et le découpage en syllabes sont difficiles pour les élèves fragiles, l'enseignant a à sa disposition de nombreux supports musicaux qui permettent de faire éprouver physiquement l'aspect sonore des mots. Comme en PS, les danses chantées sont d'une grande efficacité.

Par exemple, la chanson des esquimaux[2] commence ainsi : « C'est une danse que l'on danse chez les esquimaux, Oh ! » Cette ronde chantée porte sur le phonème [o] ; à chaque fois que le « o » est prononcé, les enfants doivent s'arrêter et lever les bras.

PS-MS – Jeu dansé et chanté pour travailler les sons

En grande section

C'est à ce niveau que l'on doit envisager des situations d'apprentissage plus variées, en privilégiant avant tout le jeu ; les exercices à répétition qui ne se feraient qu'à partir d'images ne sont pas généralisables à tous les élèves de cette section[3]. Les enfants sont amenés à manipuler tous les sons de la langue. Ils peuvent repérer une syllabe, la redoubler, la supprimer, la déplacer. Ces exercices sont à proposer progressivement et le meilleur des supports pour débuter est encore une fois la

2. *Ibid.*
3. L'ouvrage *Vers la phono, GS* (Accès, 2013) propose des mises en œuvre de situations ludiques.

liste des prénoms de la classe. Avec parcimonie, on peut tenter quelques activités de discrimination auditive fine en demandant aux élèves de trouver tous les phonèmes de mots d'une, de deux, voire ensuite de trois ou quatre syllabes.

Axes de différenciation

• De nombreuses activités existent qui amènent les élèves à **repérer des syllabes sonores**. Lever la main lors d'une syllabe entendue, frapper dans les mains pour donner le nombre de syllabes (pour le mot « parasol », il faut frapper trois fois, mais pas pour le mot « banane » où à l'écoute on ne perçoit que deux syllabes).

• D'autres activités consistent à **faire vivre « physiquement » le nombre de syllabes d'un mot**. L'exemple du mot « kangourou » qui invite les élèves à dire le mot très fort et à sauter dans des cerceaux placés au sol. Dans ce cas, les élèves sautent dans trois cerceaux. L'enseignant propose ce jeu à partir d'autres mots comme « éléphant » (3 sauts) puis « éléphanteau » (4 sauts).

La méthode Borel-Maisonny : une piste possible

Cette méthode utilise le canal visuel : des gestes symboliques sont utilisés pour l'apprentissage des sons et à chaque geste correspond un phonème. Chaque geste sert à faire prendre conscience aux enfants de la position articulatoire nécessaire à l'émission d'un phonème.

Pour engager véritablement la classe dans ce type de travail, chaque élève est photographié lorsqu'il mime le point d'articulation d'un son. Ces cartes photographiques vont servir ensuite à des jeux journaliers très prisés par les élèves. Certains d'entre eux sont invités à décomposer un mot (par exemple « chameau » ou « écolier »), puis à en mimer la suite des phonèmes devant les autres qui doivent arriver à le reconnaître. Le geste est très utile aussi chez les enfants présentant des troubles de la mémoire.

Pour les élèves en train de devenir lecteurs, cette méthode permet d'introduire très vite une mise en correspondance phono-graphémique. L'enseignant confectionne alors un jeu de cartes manipulables par les enfants prélecteurs mêlant photographies façon Borel-Maisonny et lettres de l'alphabet.

GS – Essai d'encodage avec la méthode Borel-Maisonny

Plus tard, un travail autour de l'écrit des mots est demandé et donc préparatoire à l'apprentissage de la lecture qui sera mené à l'école élémentaire. À partir de l'observation d'un mot écrit, les élèves sont invités à cocher la bonne case sous la syllabe entendue. Ce travail plus élaboré, et bien réservé à la GS, permet d'opérer le lien entre l'écoute et l'écrit.

Un élève qui sort de la GS sans avoir construit une conscience phonologique fine va se retrouver rapidement en difficulté au CP. Les instructions parlent de conscience, car il s'agit pour l'élève de réellement prendre conscience des réalités sonores de la langue qui est constituée d'un nombre limité de phonèmes : trente-sept en français. Ce que l'on attend de l'élève, ce n'est pas d'isoler ces trente-sept phonèmes mais précisément de comprendre qu'on peut en identifier un certain nombre, qu'on les retrouve dans de nombreux mots et que dès lors il est possible de jouer avec eux.

Axes de différenciation

Pour les **élèves les plus fragiles**, il est possible de **hiérarchiser la découverte des phonèmes** :

- Pour le premier stade, il importera avant tout qu'ils identifient cette réalité que la langue est constituée de sons que l'on peut isoler et reproduire.
- Un deuxième stade est de travailler sur la base de syllabes. Il est en effet plus facile d'isoler une syllabe [ba] qu'un phonème puisqu'elle se prononce en une seule émission de voix, alors qu'il en faut deux pour isoler ses phonèmes [b] et [a].
- Le troisième stade consistera à isoler les phonèmes-syllabes que sont parfois les voyelles (le premier [a] de « ananas »). Ce travail sera préparatoire au repérage des phonèmes consonnes qui, contrairement aux voyelles, ne se « chantent » pas. On commencera par les fricatives que l'on peut prolonger : [vvvv], [fffff], [llll], [ssss]... Ce qui n'est pas possible pour les occlusives [p], [b] ou [t] par exemple.

Comme nous l'avons dit plus haut, certains élèves auront de grandes facilités dans ce travail de discrimination phonique lorsque d'autres ne parviendront pas à repérer [a] dans le mot « ananas » qui vient d'être prononcé. On ne doit alors pas se contenter de ce constat et on doit tout mettre en œuvre pour que ceux qui ne réussissent pas spontanément disposent de temps pour progresser. Pour ceux-là, un surapprentissage est nécessaire en accordant du temps pour l'entrainement. Les APC peuvent être un temps privilégié pour ce type de tâche. Mais il est évidemment possible de prendre le temps en classe de réunir ces élèves aux besoins proches pour ce temps d'entrainement alors que les autres peuvent être en ateliers autonomes.

Le dispositif adapté n'a rien d'original : il suffit de regrouper autour de soi en un groupe de besoins les élèves ayant ce même besoin. Ce travail correspondant à la première des sept catégories d'aide proposées par Roland Goigoux : « exercer », c'est-à-dire procéder à des activités décrochées et, par un travail intensif, viser à systématiser en faisant des gammes pour automatiser une procédure, une connaissance (ici le repérage d'une syllabe ou d'un phonème-voyelle). Ce travail ne cherche pas à produire du sens, car il s'agit justement de ne pas prendre les mots dans leur dimension sémantique, mais strictement phonique. C'est souvent à cause de cette confusion que certains enfants ne parviennent pas aisément à entrer en phonologie. Illustrons cette difficulté par l'exemple qu'Élisabeth Bautier et Roland Goigoux nous livrent[4] :
« La maitresse : Pouvez-vous me proposer des mots où l'on entend le son [a] ?
Karen : Papa.
Farid : Maman.
Kevin : Tonton. »

L'écoute et la compréhension de textes lus

Comprendre suppose un préalable rarement explicité en classe et qui pourrait se résumer par « savoir écouter ». L'enseignant dispose d'une multitude de petits exercices d'écoute, que l'on retrouve d'abord en éducation musicale : savoir reproduire un rythme avec un instrument ou avec les mains, répéter vocalement un énoncé chanté ou parlé ; ces exercices permettent de s'écouter et d'écouter les autres en classe et pendant les répétitions de la chorale.

4. Élisabeth Bautier et Roland Goigoux, « Difficultés d'apprentissage, processus de secondarisation et pratiques enseignantes : une hypothèse relationnelle », *Revue française de pédagogie*, n° 148, 2004, p. 89-100.

Dans les **séances de langage** où les élèves apprennent à dialoguer, l'enseignant rappelle les règles de la conversation, en particulier qu'il faut attendre son tour de parole et écouter ses camarades pour rester dans le thème. Dans les activités qui développent par exemple la conscience phonologique, l'écoute est le point de départ fondamental et c'est à l'enseignant de rendre claire sa consigne lorsqu'il dit : « Écoute ! » à un enfant.

Pour la **compréhension des textes lus**, ce sont surtout les opérations cognitives qui sont visées. Toutefois, avant de procéder à la lecture, l'enseignant demande aux élèves d'écouter l'histoire qu'il va lire parce que tout de suite après ils devront effectuer un travail particulier.

Axe de différenciation

S'il est indispensable que l'école maternelle propose la lecture régulière d'œuvres de littérature de jeunesse qui soient riches, résistantes et qui invitent les élèves à débattre, il n'en demeure pas moins qu'il faut également penser aux **élèves les plus fragiles** et donc leur proposer dans un premier temps **des lectures avec le moins possibles d'inférences à produire**. Les débats interprétatifs que l'on peut aisément mener en classe à partir de « ce que l'histoire ne dit pas », ce que tel personnage pourrait faire ou penser, débouchent sur des prises de position renvoyées au grand groupe. Dans ce cadre, les plus fragiles peuvent avoir une idée à soumettre et à défendre mais l'enseignant veille à mettre en place un débat avec eux en APC, sous la forme d'un « atelier préalable », temps anticipatoire à la séance en grand groupe.

Et puis, comme le dit le linguiste Alain Bentolila, de nombreux élèves arrivent à l'école maternelle avec un « bagage linguistique » très pauvre et désordonné ce qui entraîne un manque de vocabulaire considérable et donc un réel obstacle pour l'apprentissage futur de la lecture. Ce sont ces lectures nombreuses et régulières qui peuvent contribuer à combler ces manques.

Voyons maintenant ce que peuvent faire les élèves selon le niveau de la classe.

En petite section

Les élèves peuvent très progressivement raconter l'histoire, parler des personnages. Cet apprentissage, qui va bien au-delà de l'activité de simple écoute d'une lecture, se réalise très progressivement. Les petits doivent savoir que ces usages particuliers du langage – comme faire le rappel d'un récit, établir la liste des personnages – peuvent se vérifier grâce au retour au texte que l'enseignant effectue ostensiblement devant eux.

Axes de différenciation

Quelques dispositifs simples et des choix de bon sens sont à opérer **dans les moments de différenciation** :

– Avec les élèves les plus jeunes ou les plus fragiles, il est important que **l'enseignant montre en même temps des marionnettes quand il lit ou qu'il raconte une histoire**. Il y a de plus en plus de collections d'albums à destination des petits avec des héros dont les éditeurs ont créé des figurines.

– **Les récits courts sont à privilégier.** Les enseignants de PS utilisent avec raison des collections d'albums[5], où les personnages, peu nombreux, reviennent d'une façon récurrente, illustrées par des images qui viennent en appui du texte[6].

L'entrée dans l'écrit passe par la nécessité de dissocier pour certaines séances le texte des images. On sait que les enfants sont captivés par les illustrations, ce qui peut les empêcher de construire le sens du texte. Mireille Brigaudiot propose sous forme de protocole « La passation livres[7] », un exercice qui se déroule en atelier. Après avoir lu plusieurs fois trois ou quatre histoires de Petit Ours Brun, l'enseignant demande à l'enfant de choisir un album et de raconter l'histoire.

PS – un petit groupe dans le coin bibliothèque : chaque élève fait le récit du livre qu'il a emprunté

Pour être bien identifiée par les élèves, cette activité peut être mise en œuvre dans un lieu spécifique, la bibliothèque de l'école quand elle existe, ou le coin bibliothèque de la classe. Ainsi, l'enseignant peut lire une même histoire dans le coin regroupement pour le simple plaisir de la lire et plus tard à la bibliothèque, pour faire un travail spécifique de compréhension. Ceci aide grandement les élèves les plus fragiles à donner du sens à l'activité demandée.

5. Parmi les héros des petits, citons à titre d'exemples, les séries des *Tchoupi, Petit Ours Brun, Peppa, P'tit Loup, L'Âne Trotro, Timoté ou Petit Lapin Blanc.*

6. Voir Mireille Brigaudiot, l'objectif 5 de *Langage et école maternelle*, Paris, Hatier, 2015.

7. Mireille Brigaudiot, *Apprentissages progressifs de l'écrit à l'école maternelle*, Paris, Hachette, 2000.

Attention au choix des récits

En PS, il faut bannir les récits dont l'opacité viendrait de références uniquement comprises par les adultes. Il convient de s'assurer que les connaissances encyclopédiques et culturelles qui sont convoquées dans tel ou tel récit sont acquises par les enfants : savent-ils par exemple ce qu'est un chaperon, ou un grenier, voire une chouette ?

Le choix des textes est donc primordial ; une sélection d'ouvrages proposée par la DGESCO peut aider l'enseignant à choisir parmi des œuvres classiques, patrimoniales et des albums de jeunesse plus récents en fonction du degré de difficulté de lecture :

Voir le document pdf sur Éduscol, *La Littérature à l'école, Sélection d'ouvrages pour entrer dans une première culture littéraire,* MEN-DGESCO, 2013.

En moyenne et en grande sections

Enseigner la compréhension de textes lus est un des aspects essentiels pour permettre aux élèves d'être plus tard suffisamment armés à l'école élémentaire pour apprendre à lire. Comprendre ce que dit tel personnage, faire les inférences qui s'imposent, savoir à qui renvoie ce « il » dans tel texte, repérer la chronologie d'un récit, etc. sont autant d'éléments qui rendent les textes intelligibles. Pour de nombreux élèves, cela n'est en rien spontané et une approche différenciée est encore ici essentielle.

Pour parfaitement illustrer cette démarche pédagogique, nous allons nous appuyer sur l'outil *Narramus*[8]de Sylvie Cèbe et Roland Goigoux. Cet outil permet aux élèves dès la PS, mais surtout à partir de la MS, d'apprendre à comprendre et à raconter des textes en explicitant la démarche à adopter et en enrichissant le vocabulaire. Au terme du scénario que les deux enseignants-chercheurs proposent, les élèves sont en mesure de raconter *in extenso* un récit adapté à leur âge.

- Dans une première phase, l'enseignant commence par **expliquer puis faire apprendre le lexique du livre**. Ensuite il lit le texte en occultant les illustrations, puis les élèves accomplissent des séries de tâches et d'entrainements comme mettre en scène le récit lu (avec des marottes, des marionnettes, jouer soi-même un personnage, etc.), tout cela favorisant chez les élèves des **représentations mentales de l'histoire**. Un travail ensuite est proposé autour des illustrations où les élèves sont amenés à réfléchir sur le rapport texte/images. Le texte nécessite un découpage par épisode, ce qui permet, d'une

8. S. Cèbe et R. Goigoux - https://www.editions-retz.com/actualites/narramus-apprendre-a-comprendre-et-a-raconter-une-histoire-en-maternelle.html. Collection chez Retz, par exemple *Les Deniers de Compère Lapin* pour la GS (2017) et *Le Machin* pour la MS (2018).

part, de maintenir l'intérêt des élèves, d'autre part, de leur **faire construire la continuité narrative et de la mémoriser**.

- Dans une seconde phase, les élèves doivent **individuellement raconter l'histoire**, charge aux camarades de compléter ou de corriger. Des règles de parole sont instituées permettant à chacun de trouver un espace de parole et de développer l'écoute des autres. Une maquette représentant les lieux du récit et des figurines sont proposées pour que les élèves puissent s'entrainer à raconter l'histoire. Des masques leur donnent la possibilité également d'**incarner les personnages**.
- S'appuyant sur de nombreux travaux de chercheurs, S. Cèbe et R. Goigoux ont élaboré des exercices amenant les élèves, en particulier les plus démunis, à mémoriser le vocabulaire du récit et surtout à le réinvestir dans d'autres activités. Avant même la lecture d'un épisode, l'enseignant sélectionne préalablement les mots et les expressions qui pourraient faire obstacle à la compréhension, puis il prévoit différents moments où ces nouveaux mots sont expliqués par des images et des vidéos[9], mis en relation avec d'autres mots, catégorisés. Les représentations fixes sont gardées et réunies : elles sont réutilisées par les élèves en autonomie dans des jeux courants comme le Memory, le loto ou le mime. Ce vocabulaire est plusieurs fois répété en jouant sur les diverses modulations de la voix et les enfants doivent soigner la prononciation des mots. Quand les mots peuvent être mimés, l'enseignant organise des dictées motrices de mots et d'expressions qui renvoient précisément à certaines actions des personnages. Ce sont toutes ces expériences sensorimotrices qui rendent durable l'apprentissage d'un nouveau lexique. Un autre objectif est visé dans ce dispositif : un travail sur les états mentaux des personnages fait l'objet d'un questionnement précis. L'enseignant incite chaque élève à s'interroger sur les motivations des personnages et leur psychologie. Il amène les enfants à réfléchir ainsi sur certaines relations causales.

9. Un cédérom accompagne la méthode.

Axes de différenciation

Les activités de compréhension des histoires entendues gagnent à être réalisées collectivement, chacun prenant plaisir à ressentir les émotions partagées qui traversent le grand groupe. Pour autant, quelques compétences nécessaires à la compréhension des textes peuvent être entrainées en petits groupes. Deux modalités s'offrent à l'enseignant :

1. Le groupe d'entrainement : il s'agit d'un groupe homogène « plus », c'est-à-dire composé d'élèves à besoins similaires auxquels l'enseignant a adjoint un élève plus avancé qui servira de ressources lorsque les autres élèves en manqueront. Ces ateliers peuvent porter sur :

– La fonction imageante : aider les élèves à s'habituer à se construire, dans leur tête, le film de la lecture entendue, sans les illustrations, et à être capable de le verbaliser. Les élèves apprennent à décrire les paysages et les situations qui se produisent dans leur imagination. Ils comparent leurs images. Ils sont invités à remplir plus encore les blancs du texte et à réadapter ces images au fil des informations fournies.

– Apprendre aux élèves à réguler leur activité d'auditeur : à partir de ce qu'ils ont entendu, apprendre à distinguer ce qui est vrai, ce qui est vraisemblable, ce qui est plausible, ce dont on doute encore, en s'appuyant sur les dits et les non-dits du texte.

– Apprendre les liens de causalité entre les évènements en repérant des mots de liaison et des connecteurs, articulateurs du texte qui désignent où, quand, quoi, comment.

– La théorie de l'esprit : apprendre à expliciter les états mentaux des personnages. Le héros bien sûr auquel les élèves s'identifient naturellement. Mais surtout les états mentaux des « méchants » : comprendre pourquoi l'ogre veut tuer Petit Poucet ; pourquoi la Grenouille à grande bouche se fait manger par le crocodile...

– Procéder à des reformulations multiples, des rappels oraux de scènes, d'extraits ou du récit entier ; exprimer les idées du texte avec ses propres mots : l'idée ici est de se convaincre comme le dit Goigoux que « lire c'est traduire ».

2. L'atelier préalable : comme nous l'avons déjà décrit dans le chapitre 15 « *Les différents moments d'intervention* », l'idée est de préparer en amont la lecture qui sera réalisée plus tard en grand groupe. L'enseignant peut déjà montrer la couverture et faire émettre des hypothèses. Il peut viser à faire formuler des horizons d'attente. Il peut lire la première page sans illustration et prendre le temps d'enrichir la fonction imageante en sollicitant les élèves sur les images mentales qu'ils ont déjà construites à la lecture de cette première page. Il peut également expliciter certains mots de l'histoire afin que, au moment collectif de la lecture, les élèves aient les références nécessaires. Il peut lever certaines inférences culturelles, si l'histoire convoque un univers peu familier de ces élèves. Il peut résumer le script de l'histoire... L'idée est donc que les élèves fragiles arrivent en situation de force, lorsque l'histoire sera lue à toute la classe, leur permettant ainsi d'entrer pleinement dans l'activité.

Les élèves lecteurs en maternelle

Les élèves qui savent déjà lire en maternelle sont très minoritaires certes, mais doit-on ignorer leurs compétences ? Ils peuvent être sollicités par l'enseignant pour une lecture préalable de l'histoire dans le cadre d'un atelier. En revenant au texte pour une relecture d'un passage, ils apportent une aide à leurs camarades, quand il s'agit de confirmer ou d'infirmer une proposition d'interprétation. Ils font comprendre à leurs pairs que l'écrit est pérenne et immuable.

Axe de différenciation

Les activités enrichies

L'élève qui sait lire va parfois se sentir frustré de ne pas pouvoir montrer ses compétences, et de ne pas en faire profiter sa classe. C'est pourquoi, il peut être intéressant de lui donner un défi à sa dimension. Pour cet élève, mais aussi pour d'autres dans d'autres domaines, il est possible de lui donner une tâche différente des autres élèves, mais sur le même champ de savoir ou le même support. On peut lui demander de lire l'album tout seul, ce qui lui offrira une activité qu'on dira « enrichie », car elle est similaire à celle proposée aux autres élèves, mais enrichie de suppléments. Ici le supplément sera de le laisser lire l'histoire jusqu'au bout, alors que les autres regroupés autour de l'enseignant ne connaitront pas cette fin. Arrivé à cette étape de la lecture collective, l'enseignant invitera l'élève qui a lu seul à dévoiler aux autres la fin de l'histoire. On voit combien il sera fier de ce privilège qui se justifie par le fait qu'il n'a pas bénéficié de la présence de l'enseignant auprès de lui lors de la lecture collective.

La production d'écrits : l'exercice de la dictée à l'adulte

La dictée à l'adulte reste une des démarches les plus efficaces pour faire entrer les élèves dans l'écrit. Cet exercice a l'avantage de pouvoir se dérouler selon toute sorte de configuration, dans tous les domaines d'apprentissages. En le proposant souvent aux élèves, ces derniers prennent vite conscience des différences énonciatives entre l'oral et l'écrit. Il s'agit de négocier un texte à plusieurs ; l'enseignant étant le scripteur (devant les enfants, il écrit en cursives), il met en évidence les mécanismes de l'écrit. La reformulation à l'écrit des propos des élèves, les relectures-corrigés du texte collectivement élaboré donnent à voir aux enfants que l'écriture est un acte de production précis, volontaire et conscient. Le fait de discuter ses propres énoncés oraux, de les reformuler ou de les entendre reformulés, de les voir couchés sur le papier ou le tableau intéresse l'enfant à bien des égards. Il prend conscience que sa production orale est susceptible d'être représentée par des mots et qu'elle peut avoir un effet sur les autres. Avec cet exercice, certains élèves découvrent le système alphabétique, d'autres le construisent véritablement en établissant des correspondances graphophonétiques et quelques-uns encore commencent à approcher le système orthographique. La cohérence et le sens du texte produit sont des questions qui se posent constamment et dans les moindres détails : une lettre omise ou remplacée par une autre peut tout modifier.

En petite section

Les élèves sont capables de **produire des énoncés très courts dans un dialogue avec l'enseignant**. Par exemple, légender une photo où l'enfant se reconnait en train d'accomplir une action est une situation que Philippe Boisseau a développée avec ses **albums échos**[10]. Ce dispositif permet de rendre actif un vocabulaire appris en grand groupe, lors de la passation de consignes par exemple. Les petits sont amenés assez naturellement à employer le pronom à la première personne, ce qui est un grand progrès dans leur énonciation.

En moyenne section

À partir de ce niveau, il est possible, en groupe restreint de six élèves maximum, de produire un petit texte, par exemple un mot adressé aux parents pour les inviter à un petit-déjeuner. La transposition des énoncés des enfants à l'écrit demande de modifier certains propos, mais nous conseillons de ne pas trop modifier les formulations enfantines. Le risque est grand pour les élèves de ne pas reconnaitre leurs énoncés si le texte final est écrit dans un français trop châtié. L'enseignant écrit en cursive, puisque c'est la modalité institutionnelle, et explique aux élèves la différence de fonctions entre la script et la cursive. À ce niveau de classe, on peut amener les enfants à **produire des réflexions métalinguistiques** ; par exemple, ils peuvent relever la ponctuation, les accents, la segmentation des phrases en mots, aidés par le pointage de l'enseignant **(le pointage étant un geste professionnel de différenciation)**.

En grande section

Avec les plus grands, l'enseignant peut aller plus loin dans l'activité métalinguistique : il explique par exemple pourquoi le choix de tel ou tel connecteur est plus pertinent. Les coupures syllabiques de fin de ligne sont commentées ; plus intéressant encore, lorsqu'il est question d'ajouter un mot, une discussion est déclenchée pour savoir où il faut placer l'ajout, les élèves prennent alors conscience du découpage de la langue écrite qui n'est certainement pas le même que celui qu'ils opèrent pour segmenter le continuum sonore[11]. Les élèves sont en mesure de repérer des mots identiques. En GS, les textes produits sont plus longs. Les élèves commencent à comprendre l'organisation d'un récit. La dictée à l'adulte leur permet

10. Philippe Boisseau, *Les Albums échos*, Paris, Retz, 2010.
11. Voir Mireille Brigaudiot, *Apprentissages progressifs de l'écrit à l'école maternelle*, Paris, Hachette, 2000, chap. 3.

de s'essayer à la construction narrative et de réfléchir à la mise en cohérence du récit. Les enfants de fin de GS sont capables de construire divers types d'écrits. À ce niveau de classe, la plupart peuvent élaborer **différentes conduites langagières : lister, décrire, justifier, raconter.**

Axes de différenciation

Pour les élèves les plus fragiles, les contraintes de l'écrit ne sont pas encore saisies. S'ils peuvent savoir que les lettres codent ce que l'on dit, ils ne se représentent que bien plus tard que l'écrit n'est pas un simple oral fait de lettres. Il s'agit de procéder au passage d'un oral de communication à un oral scriptural qui se donne certaines contraintes syntaxiques spécifiques de l'écrit. Certains font ce saut en tirant de leur expérience d'histoires entendues une part de ce code. D'autres restent à distance.

Notre préoccupation pour ces élèves doit être de leur faire vivre cette expérience du passage de l'oral à l'écrit et des distorsions de codes que cela impose.

Nous préconisons la mise en œuvre aussi longtemps que nécessaire d'activités accompagnées d'élaboration d'« albums échos » de Boisseau (évoqués pour la PS) qui permettent à l'élève de se confronter à la production d'un premier écrit personnel, qui, même s'il conserve une part d'oralité communicationnelle, n'en fera pas réellement un écrit normé.

Nous préconisons dès que possible les **dictées individuelles à l'adulte**. C'est ainsi que l'élève devra assumer seul la totalité du processus de passage de l'oral à l'oral scriptural, l'enseignant le guidant dans ce qui sera avant tout une acculturation au monde de l'écrit. Pour réussir ce cheminement, deux grandes étapes doivent être franchies :

– **le temps de l'oral d'élaboration** où l'enseignant regarde l'enfant dans une posture communicationnelle ;

– **le temps du passage à l'écrit** où l'enseignant ne regarde plus l'enfant mais la feuille dans l'attitude scripturale de l'écrivant.

Dictée à l'adulte : réalisation (passer du dialogue à la dictée) d'un écrit

Qu'est-ce que tu veux dire ?	Maintenant qu'est-ce que j'écris ?
Le maitre regarde l'enfant	Le maitre regarde la feuille.
L'enfant raconte. → c'est de l'oral.	L'enfant reformule en écrit oralisé. → c'est de l'écrit.
Préparation des contenus	**Élaboration formelle : on vise cohésion et cohérence**
Le maitre n'écrit pas.	Le maitre fait reformuler. Il ne propose pas/ne remplace pas.
Le maitre précise les enjeux du projet d'écriture : pourquoi on écrit, pour qui…	Le maitre met en débat les imperfections.
L'enfant raconte « mieux ». Son oral se « formalise ». → son oral devient « scriptural » (adopte des contraintes de l'écrit)	L'enfant propose des enrichissements et corrections.
	Le maitre écrit, lit à haute voix.
	L'enfant corrige encore. Finalement, c'est lui qui valide.
	Le maitre tolère les imperfections.

La découverte du code alphabétique

L'écriture autonome et tâtonnée

Nous entendons par là toutes les productions enfantines d'écriture, volontaires et conscientes, qui cherchent à « communiquer ». Cette activité n'est véritablement possible qu'en GS ou alors avec quelques élèves de MS particulièrement précoces, car elle suppose chez l'enfant des opérations mentales complexes (comme comprendre que l'écrit représente des choses et des actions par exemple) et des habiletés graphospatiales et visuomotrices. De nombreuses recherches rendent compte de l'importance de l'apprentissage de l'écriture comme condition d'un apprentissage solide de la lecture. Dès la GS, la mise en lien de ces deux apprentissages est donc primordiale.

La grande enquête dirigée par Roland Goigoux, *Lire et écrire*[12], confirme que la proposition de tâches d'écriture autonome fait progresser les élèves dans toutes les tâches d'écriture, mais a aussi des effets positifs sur l'apprentissage du code et pour la compréhension.

L'écriture tâtonnée

Mireille Brigaudiot conseille aux enseignants de proposer des essais d'écriture[13] que l'on nomme parfois « écriture tâtonnée », dès que l'élève en semble capable, sous forme de **consignes récurrentes** au fil de l'année et même des trois années scolaires. L'une des conditions est que l'enfant ait envie d'écrire un ou des mots : il faut donc lui proposer des thèmes qu'il apprécie ou qui sont proches de ses préoccupations. L'enseignant veille également à faire prendre conscience à l'enfant de l'écart qui existe entre ce qu'il a produit et le mot de référence. Il analyse avec les élèves leurs stratégies dans les moments de bilan.

On peut estimer que les tout premiers essais sont déjà porteurs de sens et un premier pas sur le chemin difficile de l'acquisition du code grapho-phonologique et en particulier du principe alphabétique.

Émilia Ferreiro[14] montre l'importance de l'enseignant guidant les élèves dans leurs explorations. Ils ne peuvent en effet pas approcher et comprendre tout seuls le système alphabétique sans un fort guidage. La chercheuse a défini et décrit quatre stades dans la découverte du principe alphabétique :

- le niveau présyllabique ;
- le niveau syllabique ;
- le niveau syllabico-alphabétique ;
- le niveau alphabétique.

PS avril (écriture du prénom « Lina »)

PS juin

GS

Trois essais d'écriture

12. Enquête *Lire et écrire*, sous la direction de R. Goigoux, Institut français de l'éducation, 2016.
13. Mireille Brigaudiot, *Langage et école maternelle*, Paris, Hatier, 2015. Voir l'objectif 8.
14. Émilia Ferreiro, *L'écriture avant la lettre*, Paris, Hachette, 2000.

Le niveau présyllabique

L'enfant tente d'utiliser autre chose que le dessin pour représenter quelque chose. Ses traces mêlent indifféremment des lettres, des chiffres ou des graphismes. Lorsqu'il doit parler de son activité graphique, il ne dit pas qu'il a dessiné mais, par exemple, il répond : « C'est des lettres » ou : « C'est écrit ». Il y a volonté de respecter un alignement des signes. L'enfant à qui on demande d'écrire plusieurs fois le même mot change de graphie à chaque sollicitation. La forme n'est donc pas stable et, lorsqu'on lui demande de lire sa production, l'enfant tente une interprétation en répondant par exemple « poisson ». L'absence d'article ici est très significative. Elle dénote qu'à cette période du développement, l'enfant fait la différence entre dessin et écriture, car pour l'image d'un poisson, il dit : « C'est **un** poisson. »

Le niveau syllabique

L'enfant établit une correspondance entre oral et écrit, mais son découpage du continuum sonore s'appuie sur la syllabe uniquement. Il représente ainsi chaque syllabe par une graphie, mais à ce stade, il utilise encore indifféremment des chiffres, des lettres ou des pseudo-graphies. Les idées qu'il se fait du mot sont très restrictives : l'enfant pense qu'un mot doit s'écrire avec plusieurs lettres et qu'il doit contenir une variété de lettres. Cela montre que l'enfant commence à produire une analyse plus fine de l'écrit. Il commence à comprendre également qu'un mot se distingue d'un autre par ses éléments. Il suffit donc, par exemple, de modifier l'emplacement d'une lettre pour changer le mot ou bien, pour faire la différence entre la forme au singulier d'un mot et sa forme au pluriel, il faut doubler la graphie du mot. L'enfant est par ailleurs trop orienté encore vers les propriétés du signifié : pour lui, il est juste par exemple que le mot « poule » s'écrive avec plus de lettres que le mot « poussin ».

Le niveau syllabico-alphabétique

Dans cette période intermédiaire, l'enfant utilise deux systèmes de correspondance oral-écrit : dans un même mot, il peut coexister une correspondance graphophonémique et une correspondance graphosyllabique (par exemple, « KKo » pour cacao). Par ailleurs, les signes utilisés sont en grande majorité des lettres et leur ordre commence à faire l'objet d'une réflexion de la part de l'enfant, qui met en place des catégories graphiques pour mieux distinguer les lettres. Il comprend l'existence des trois codes alphabétiques – capitales, cursives et scripts – en les mélangeant toutefois.

Le niveau alphabétique

L'enfant réussit à établir une correspondance graphophonémique.

Axes de différenciation

Dans un travail d'évaluation préalable à toute différenciation, on peut observer les productions à partir des trois premiers niveaux qui sont autant d'étapes nécessaires à la lente acquisition de la compétence « écrire ».

• En petit groupe de 4 élèves maximum, à mi-parcours de la GS, des ateliers d'écriture tâtonnée sont proposés aux plus fragiles. L'enseignant demande d'écrire en capitales d'imprimerie des mots réguliers, très simples comme « moto, vélo, cacao », etc. À raison de deux ateliers de 10 min par semaine suivi d'un bref entretien individuel qui porte sur le sens de l'écriture, le découpage syllabique et l'ordre des lettres.

• Pour aider les élèves dans la découverte du principe alphabétique, l'utilisation des lettres rugueuses et des digrammes rugueux (« on », « en », « ou », etc.) est une piste de différenciation à ne pas négliger. Ce matériel sensori-moteur Montessori exige d'être présenté pas à pas par l'enseignant. Cette passation est individualisée : l'enseignant montre à l'enfant comment il doit s'en servir. Il passe son index sur la lettre, puis son pouce une fois avec la main droite une fois avec la main gauche, car la latéralisation peut se mettre en place chez certains enfants très tardivement. En effectuant ces gestes, l'enseignant bruite le phonème et nomme la lettre. Les voyelles (rouges) et les consonnes (bleues) se présentent sous la forme de cursives et peuvent se lier entre elles. L'enfant ensuite procède par imitation ; il poursuit son travail de mémorisation kinesthésique en traçant la lettre avec son doigt dans un petit bac empli de sable, puis il écrit sur l'ardoise avec la craie et enfin avec le crayon sur le papier. Lorsque l'enfant fait correctement la correspondance graphophonémique, il a envie de composer, voire d'écrire, des mots. Les lettres mobiles – un autre matériel Montessori, en cursives également – lui permettent rapidement de composer des mots d'une seule syllabe puis de deux.

PS janvier – copie du prénom dans le sable

L'apprentissage de l'écriture selon Montessori

Montessori place dans l'apprentissage scolaire l'écriture avant la lecture. Elle décrit comment des enfants de 4 ans et demi, à qui l'éducatrice propose de simples lettres, composent des mots en nommant les lettres puis les écrivent dans une certaine frénésie, sans savoir lire pourtant ce qu'ils ont eux-mêmes écrits. Cette activité graphique impliquerait déjà à ce moment-là des capacités métaphonologiques, développées par le codage syllabique des premiers mots réguliers[15].

Le geste d'écriture

Dès la MS, avec les élèves les plus habiles, l'écriture cursive du prénom est conseillée parce qu'elle favorise le traitement de l'enchainement sonore des lettres. Pour conduire l'enfant à une analyse de la mise en correspondance graphophonémique, il est possible de demander aux élèves de GS d'écrire une partie seulement de leur prénom, la segmentation du mot permettant de prendre conscience de la valeur sonore des lettres.

Axes de différenciation

Voici quelques pistes de différenciation, en groupes très restreints, voire de façon individualisée :

- **En petite section :** il n'est pas raisonnable de demander aux enfants d'écrire en cursives. En revanche, à l'image du cahier du bonhomme, il est demandé à l'enfant d'écrire régulièrement ce qu'il veut, par exemple son prénom.
- **En moyenne section :** le travail de différenciation suivant est à mener en tout petits groupes pour pouvoir s'entretenir ensuite avec les élèves. La « passation perroquet » qui se déroule en plusieurs étapes conduit l'enfant à écrire le mot « Momo » énoncé par un perroquet. L'essai d'écriture doit être accolé au dessin d'un perroquet. Puis l'enfant doit choisir parmi trois phrases inscrites chacune sur une bande pour légender le montage (le dessin du perroquet et l'inscription « Momo »). L'enfant a le choix entre les trois propositions suivantes : « le perroquet », « Momo », « le perroquet dit : Momo ! ». S'ensuit une discussion sur le choix de l'enfant.

15. Voir l'arrivée du matériel d'écriture dans une classe et ses effets produits in *Revue Conferencia*, n° 11, janvier 1937.

• **En grande section :** la **« classe fictive**[16] **»** est un cycle d'activités à mener sur une longue période. Les enfants sont amenés progressivement à écrire des prénoms fictifs, composés à partir des syllabes des vrais prénoms de la classe. La meilleure des remédiations, quand l'enfant éprouve des difficultés, est d'exercer une tutelle où la commande d'écriture est de nouveau expliquée individuellement et dont le but est redonné simplement : « Nous refaisons ensemble cet exercice pour que tu puisses apprendre à lire bientôt. » L'enseignant propose à l'enfant en difficulté « un miroir cognitif » en le renvoyant à des stratégies précises. Par exemple, bruiter les lettres, repérer l'ordre des lettres, donner le résultat final en montrant le geste d'écriture et les enchainements de lettres.

La copie n'est pas un simple exercice individuel de mise en conformité, elle suppose des séances en groupe hétérogène restreint où l'apprentissage collectif donne lieu à des interactions langagières maitre-élèves et entre les élèves. Ces discussions permettent de faire émerger les premières règles du fonctionnement de l'écrit et de montrer quelles sont les procédures de réalisation les plus efficaces. Ici, il est important de donner le nom des lettres ; cela donne des résultats bien plus significatifs que le recours à des analogies de formes graphiques, par exemple : « Ici tu as oublié de former le petit serpent » plutôt que de faire remarquer : « Tu as oublié le s du pluriel. » L'exercice de la copie est opérante si les élèves comprennent la signification du modèle et perçoivent leurs erreurs[17].

Axes de différenciation

En matière de **calligraphie**, des écarts très importants peuvent être constatés au sein d'une même classe.

Pour les élèves les moins habiles, le plus sage est de leur proposer en premier lieu une activité d'écriture en cursive de leur prénom, sans trop d'insistance mais avec beaucoup de régularité. Comme le préconisait Liliane Lurçat[18], les auto-entraînements fonctionnels sont nécessaires au développement du geste graphique. En parallèle, ces élèves ont besoin de nombreux moments où ils peuvent s'essayer au dessin libre pour contrôler toujours davantage le mouvement, la forme et la trajectoire.

16. Mireille Brigaudiot, *Apprentissages progressifs de l'écrit à l'école maternelle*, Paris, Hachette, 2000.
17. René Amigues et Marie-Thérèse Zerbato-Poudou, *Comment l'enfant devient élève*, Paris, Retz, 2009.
18. Liliane Lurçat, *L'Activité graphique à l'école maternelle*, ESF, 4e éd., 1988.

Recopier par ailleurs son prénom grâce à un modèle est un apprentissage qui ne va pas de soi. Les premiers exercices exigent le guidage du maitre qui peut se décliner de plusieurs façons :

- tenir la main de l'enfant tout le temps de l'acte d'écriture ;
- l'aider seulement au départ en vérifiant la position des doigts sur le crayon, la posture et la souplesse du poignet ;
- montrer une grande attention au sens de l'écriture, sans pour autant intervenir physiquement, mais en annonçant, par exemple, les gestes adéquats à produire pour réussir[19].

Individualisation forte des tâches graphiques pour un même support d'écriture en GS ▲

19. Les gestes adéquats et les bons ductus peuvent être entrainés sur des supports prévus pour cela, par exemple le cahier effaçable « *J'écris les lettres avec Mila et Noé : niveau 1* » d'Éric Battut, Nathan, 2020.

Le document 18.2. propose une programmation de l'apprentissage du prénom qui vise à donner des repères.

Lire et composer son prénom					
	Période 1	**Période 2**	**Période 3**	**Période 4**	**Période 5**
PS				Recomposer son prénom en capitales sur le modèle.	Recomposer son prénom en capitales sous le modèle (petit).
MS	Recomposer son prénom en capitales sur le modèle.	Recomposer son prénom en capitales sous le modèle.	Recomposer son prénom en capitales sans le modèle.	• Recomposer son prénom (sans l'écrire) en script sur/sous le modèle. • Reconnaitre son prénom en cursive parmi cinq autres très différents.	• Recomposer son prénom en script (sans l'écrire) sans modèle. • Reconnaitre son prénom écrit en écriture cursive.
GS	• Écrire son prénom en capitales d'imprimerie sans modèle. • Reconnaitre son prénom dans les trois écritures.	• S'entrainer à écrire son prénom en cursive, sur un modèle. • Reconnaitre le prénom d'autres enfants de la classe dans les trois écritures.	Écrire son prénom en cursive avec l'aide de l'enseignant, en situation individuelle.	Écrire son prénom en cursive seul, en respectant les ductus.	

Doc. 18.2. – Exemple de programmation de l'apprentissage d'écriture et de lecture du prénom[20]

20. Production réalisée dans le cadre d'une formation d'initiative locale (FIL), Paris 4e, 2018.

Le choix des supports s'inscrit également dans une progression.

Le document 18.3. reprend une série de propositions qui ne sont pas normatives, chaque élève prend le temps d'acquérir les compétences sous-jacentes de chaque étape pour passer à l'étape suivante. Il existe des élèves qui, dès le début de la GS, savent déjà utiliser le format petit Sieyès et beaucoup d'autres qui, en fin d'année, éprouvent encore des difficultés à organiser leur écriture dans le double interlignage à 0,5 centimètre. Au fur et à mesure que le geste s'affine, les propositions d'écriture se multiplient : écrire le titre du nouvel album étudié, souhaiter la bonne année à ses parents, faire une demande simple à la directrice, faire une liste de courses, etc.

GS – Écrire son prénom sur toute une année scolaire	
Septembre	Feuille A4 paysage.
Octobre	Feuille A4 portrait.
Novembre	Feuille A4 portrait, écriture posée sur une ligne tracée au centre de la feuille.
Décembre	Même support double interlignage (1 cm de hauteur) pour cadrer les petites lettres.
Janvier	Même support ajout d'un interlignage en haut pour contrôler les grandes boucles.
Février	Ajout d'un interlignage en bas pour contrôler les boucles du bas.
Mars	Même support mais le double interlignage est réduit à 0, 5 cm.
Avril	Double lignage normé CP.
Mai	Grand Sieyès.
Juin	Petit Sieyès pour les élèves très habiles.

Doc.18.3. – Proposition de calendrier des étapes

La connaissance des lettres

Connaitre le nom des lettres est une des exigences de l'école maternelle. En effet, cette connaissance conditionne elle aussi l'apprentissage futur de la lecture lorsque l'élève sera en CP.

D'ailleurs, les dernières instructions officielles le mentionnent clairement. Toutefois, cet apprentissage doit garder une certaine progressivité. Un apprentissage trop prématuré et quelque peu forcé pour certains élèves agirait *a contrario* et pourrait générer de la difficulté scolaire. Tout est donc affaire de souplesse.

L'objectif est bien qu'en fin de GS, les élèves maitrisent le nom des lettres et que ce code tellement essentiel ait fait l'objet d'un apprentissage rigoureux. On ne peut en faire l'économie !

Certes, nous trouvons dans nos classes de nombreux abécédaires, qui, comme les files numériques ou le tableau des présents, sont invariablement punaisés au mur. Et une majorité d'élèves arrive dans nos classes en connaissant la comptine de l'alphabet. Pourtant les évaluations nationales de CP montrent que la maitrise du nom des lettres est beaucoup moins assurée qu'on ne pourrait l'imaginer. Il s'agit même de la compétence la plus échouée. L'hypothèse qui est avancée est que ces lettres ne feraient pas l'objet d'un apprentissage systématique dans les classes de maternelle. Si bien que certains enfants les apprendraient ailleurs, notamment à la maison, et d'autres... ne les apprendraient pas.

Un autre constat peut être fait : si la majorité des élèves connaissent les capitales d'imprimerie et bon nombre de lettres cursives, il en est tout autrement des lettres scriptes. On a vu que Maria Montessori privilégie les lettres cursives et le fait de savoir écrire son prénom en attaché est un enjeu important à l'école comme dans les familles. D'autre part, il est souvent dit qu'il ne faut pas apprendre à écrire en lettres scriptes, ce qui effectivement serait un travail inutile, mais, en revanche, combien il est essentiel de savoir lire les lettres scriptes, car l'immense majorité de ce que les élèves auront à lire est écrit en script. D'ailleurs, les instructions officielles se font l'écho de cette nécessité (doc. 18.4.).

Nous pouvons donc conclure sur la nécessité d'un apprentissage systématique du nom des lettres et en particulier des lettres script.

Connaitre les lettres de l'alphabet					
	Période 1	Période 2	Période 3	Période 4	Période 5
PS	Reconnaitre son **initiale**.	Nommer son **initiale**.		Reconnaitre **quelques lettres du prénom**.	
MS	Reconnaitre **les lettres de son prénom en capitales**.	- Nommer **les lettres de son prénom en capitales.** - Épeler son prénom.	- Reconnaitre la plupart des lettres en capitales. - Épeler un mot.	- Reconnaitre et nommer **les lettres de son prénom en script.** - Épeler son prénom.	- Reconnaitre **quelques lettres en script**. - Faire le lien entre les deux écritures.
GS	Reconnaitre et nommer **les lettres capitales**.	Reconnaitre et nommer **quelques lettres scriptes** hors prénom.	Reconnaitre et nommer **les lettres scriptes**.	Reconnaitre et nommer **quelques lettres cursives**.	Reconnaitre et nommer **les lettres dans les trois écritures**.
				« En fin d'année scolaire, la correspondance entre la forme des capitales et des lettres scriptes doit être connue pour pratiquement toutes les lettres de l'alphabet ». « La correspondance avec les lettres cursives devrait être acquise pour la plupart des lettres. »	

Doc. 18.4. – Progression de la connaissance des lettres de l'alphabet selon les instructions officielles de maternelle de 2015

Axes de différenciation

On a vu plus haut que nombre d'activités convoquaient l'usage du nom des lettres et que les familles s'occupaient aussi de cet apprentissage et cela très tôt à l'aide d'abécédaires et d'imagiers. Mais tous les enfants n'ont pas cette chance et force est de constater que certains arrivent au cours préparatoire sans connaitre le nom des lettres. Il semble donc nécessaire de prévoir des activités décrochées en petits groupes de besoins autour de cet apprentissage.

Voici quelques activités possibles à partir de cartes amovibles plastifiées[21] :

– **Mémoriser le nom des lettres capitales :** placer cinq cartes lettres capitales sur la table et demander à un élève : « Prends le T. » S'il la prend, remplacer la carte par une nouvelle afin d'en avoir toujours cinq et continuer à questionner les élèves ainsi. Si l'élève se trompe, lui montrer la carte T et ajouter une sixième carte. Puis interroger l'élève suivant pour une autre des cartes exposées. Ainsi de suite.

– **Nommer rapidement les lettres capitales :** garder un paquet de cinq lettres capitales dans votre main. Les présenter rapidement une à une aux élèves : ils doivent les lire le plus vite possible. Chronométrer et viser chaque jour à battre ce score. Faire constater aux élèves leurs progrès. Au fil du temps, augmenter le nombre de lettres à lire.

– **Réaliser également ces deux jeux avec des lettres scriptes**.

– **Réunir lettres capitales et lettres scriptes :** disposer les lettres capitales et les lettres scriptes sur la table. Demander à l'élève de les associer par paires afin de les reconnaitre dans les différentes écritures.

21. Il est possible d'en fabriquer soi-même ou d'opter pour ce que l'on trouve sur le marché éditorial par exemple : *Mon coffret pour apprendre à lire, cycle 1*, collection « Regarde, je lis », Éric Battut, Nathan, 2020.

Du côté de l'EPS et des activités motrices

L'EPS est certainement le domaine disciplinaire par excellence qui ne peut se passer de la différenciation pédagogique. En effet, d'une façon très pragmatique et visible, la compétence motrice des élèves peut être très différente d'un enfant à l'autre. Certains ont de l'aisance dans l'accomplissement d'une tâche motrice alors que d'autres sont gênés, voire malhabiles.

Certes, à l'école, il s'agit de confronter les élèves à des activités motrices variées en partant du principe qu'agir avec son corps est une des activités de prédilection du jeune élève et que ceci est facteur de progrès.

Cependant, quelles différences peut-on constater chez les élèves en EPS à l'école maternelle ? Essayons de les lister même si ces différences ne sont pas exclusivement réservées à ce niveau de la scolarité :

- l'élève est plus ou moins résistant à l'effort ;
- l'élève a plus ou moins envie d'agir, de s'éprouver et de fournir un effort ;
- il a des capacités motrices et sensorielles différentes ;
- il est plus ou moins développé physiquement ;
- il a déjà un vécu « sportif » (durant les vacances...) ;
- il connait déjà l'activité proposée ;
- il accepte volontiers ou non la prise de risque.

Ne serait-ce qu'à partir de ces différences, il est assez simple d'envisager des axes de différenciation que nous allons nous efforcer de décliner dans ce chapitre.

Intéressons-nous maintenant à ce qui est demandé dans les programmes de l'école maternelle en précisant les quatre domaines de compétences qui doivent être mobilisées durant l'année scolaire. Ces compétences vont s'appuyer sur des APSA (activités physiques, sportives et artistiques) qui peuvent être différentes d'une école à l'autre en fonction des diverses ressources locales.

Quatre compétences en EPS

Les activités d'EPS proposées aux élèves relèvent donc de quatre compétences :
- agir dans l'espace, dans la durée et sur les objets (athlétisme, natation, etc.) ;
- adapter ses équilibres et ses déplacements à des environnements ou des contraintes variées (parcours d'EPS, course d'orientation, etc.) ;
- communiquer avec les autres à travers des actions à visée expressive ou artistique (danse, cirque, etc.) ;
- collaborer, coopérer, s'opposer (sports collectifs, jeux d'opposition, etc.).

Des cycles d'apprentissage peuvent être proposés à la classe de façon à mobiliser ces quatre compétences sur une année scolaire.

D'une façon générale et quel que soit l'élève, il faut s'efforcer de proposer des situations motivantes et attrayantes. Cette stimulation est vite « contagieuse » et même les élèves les plus réticents se retrouvent assez facilement enrôlés dans la tâche.

Sur quels points peut-on agir pour différencier en EPS ?

Les formes de regroupement

- Ne pas hésiter à constituer de façon alternative des groupes homogènes et des groupes hétérogènes. Dans le premier cas, ces groupes dits de « besoin » peuvent favoriser des activités plus adaptées, plus allégées et peut-être moins stressantes. Dans l'autre cas, un groupe hétérogène peut favoriser l'entraide entre pairs ce qui peut s'avérer très stimulant et facteur de réussite. Dans les deux cas, cela dépend de l'activité proposée et l'idée d'un travail en équipe peut permettre de souder le groupe.
- Dans le cas de classes à plusieurs niveaux, chercher autant que possible à séparer les enfants les plus jeunes des plus âgés.
- Dans le cas de classes à fort effectif ou d'un lieu dans l'école destiné à l'EPS trop exigu, ne pas hésiter à travailler en demi-classe de façon à permettre à chaque élève d'avoir un espace conséquent. Il est tout à fait possible – et particulièrement pour des activités à visée artistique – que le reste de la classe soit observateur, que les élèves aient à donner un avis, à évaluer, à expliquer. Puis, les groupes s'inversent et tous sont actifs.

Axes de différenciation

Dans cette partie, il ne s'agit pas de multiplier différentes tâches en fonction des besoins des élèves, ce qui serait impossible à mettre en œuvre. Il s'agit plutôt, au sein d'une même tâche de proposer soit un allègement, soit une complexification de cette dernière.

Prenons quelques tâches, quelques activités physiques sportives et artistiques à titre d'exemples.

Le parcours d'EPS

Voilà un bon exemple de tâche qui peut être modulée. Dans ces parcours, il s'agit de proposer différents types de locomotion, d'amener l'élève à prendre des risques, à s'adapter à différents environnements, etc. Ces parcours sont installés souvent pour plusieurs jours dans la salle d'EPS (préau, gymnase, etc.) et ils sont modulés en fonction de l'âge des élèves. Parfois, certains parcours sont à destination d'une tranche d'âge en particulier et sont installés pour une durée plus courte.

Quelles difficultés peuvent rencontrer certains élèves ?

- Trouver leur équilibre.
- Savoir sauter, ramper, glisser, etc.
- Oser prendre le risque d'un déplacement « exposé » (risque subjectif et risque objectif).
- Respecter l'ordre de passage d'un atelier à un autre.
- Accepter de passer sous un engin (claustrophobie).
- Etc.

Doc. 19.1. – Exemple d'un parcours d'EPS

Axes de différenciation

Il ne s'agit donc pas d'obliger les élèves plus en difficulté mais au contraire d'aménager la tâche :

- limiter le nombre d'ateliers à enchainer ;
- cibler un atelier plus particulièrement et viser la répétition ;
- faire accompagner l'élève d'un camarade plus expert (jusqu'à lui tenir la main !) ;
- proposer un atelier à part, moins haut, moins engageant, pouvant rassurer l'élève.

La course (rapide ou longue)

Cette activité physique se prête particulièrement à des tâches différenciées que l'on peut moduler :

- nombre de tours de pistes différent d'un enfant à un autre ;
- vitesse plus ou moins rapide demandée ;
- course à deux, voire à trois (passage de témoin).

De nombreuses actions sont menées par différentes académies en France, comme celle appelée « Courir ensemble à la maternelle ». Selon le niveau de classe, les élèves ont des parcours différents à effectuer en courant. Mais insistons sur le mot « ensemble », qui montre que la course doit se faire à plusieurs ce qui incite certains élèves à tenir compte de leurs camarades, car les élèves de la classe doivent arriver ensemble. On a ici un axe évident de différenciation et d'entraide entre pairs.

Doc. 19.2. – Exemple d'une course ▲

Évoquons maintenant une autre action bien connue qui s'appelle « Le temps du sablier ». Durant l'écoulement d'un sablier, objet bien lisible pour les élèves qui voient le temps s'écouler, un parcours plus ou moins long de course à pied est à effectuer.

Axe de différenciation

Les différentes courses peuvent être représentées à l'aide du schéma suivant (doc. 19.3), ce qui suppose un aménagement de l'espace à l'aide de plots et de tracés différents.
La tâche est bien différenciée selon quatre graduations. Les élèves ont donc, pour un même objectif, la possibilité d'effectuer des parcours plus ou moins longs.

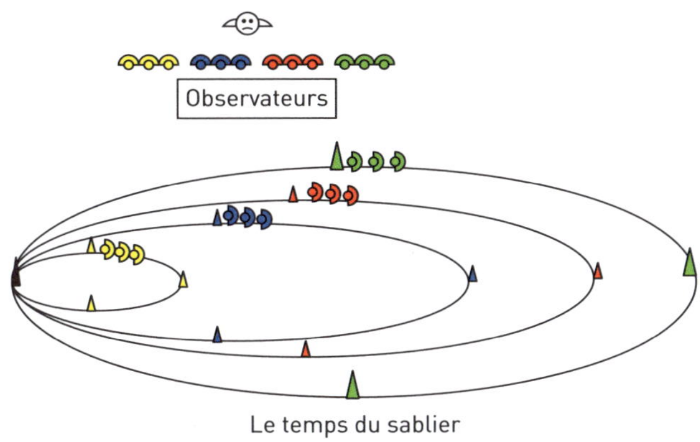

Doc. 19.3. – Exemple d'un schéma représentant les différentes courses

Comment déterminer quel parcours l'élève doit suivre ?

Il faut obligatoirement associer l'élève au choix du parcours. Il s'engage de ce fait dans **un contrat** qu'il s'efforce de respecter. « Je veux faire le parcours bleu et je le ferai trois fois. » Le choix de l'élève validé par l'enseignant l'engage et de ce fait le motive. Cela lui permet d'avoir une évaluation immédiate de ses capacités. Cela lui permet aussi et surtout de viser un parcours plus long la fois suivante. Ceci est tout particulièrement facteur de progrès. Il apprend à gérer son effort et en comprend l'enjeu. Dans une certaine mesure, il accepte de se dépasser, voire de se surpasser, ce qui constitue un volet essentiel de l'EPS.

Qui arbitre ? Qui valide ?

Et pour les élèves qui ne peuvent courir, pour des raisons multiples pouvant aller jusqu'à l'inclusion d'un élève handicapé, cette activité de course peut permettre à ces élèves d'avoir un rôle important et actif.

Associé à plusieurs enfants qui eux courent, l'élève qui ne court pas peut devenir arbitre (ou contrôleur ou encore celui qui valide). D'une façon simple, avec des anneaux de la couleur correspondant à la course choisie, il doit comptabiliser le nombre de tours effectués (un anneau correspond à un tour parcouru) et valider le contrat initial. S'il a à gérer plusieurs coureurs, la tâche devient plus ardue. En fin de course, c'est lui qui valide ce qu'a réussi à faire le coureur et sa décision est indiscutable. Il prend alors le statut d'arbitre, celui qui est garant de la règle.

Ainsi, tout le monde a sa place et ceci représente une réelle richesse. Notons que ce rôle d'observateur peut se décliner quasiment dans tous les domaines de l'EPS, que ce soit des activités à visée artistique, des jeux de lutte, des jeux de balle ou encore de petites compétitions pour lesquelles il faut valider un gagnant.

Agir avant le temps d'EPS mais agir aussi après

Pour certains élèves, l'arrivée dans la salle d'EPS est un moment assez perturbant qui les met parfois dans l'impossibilité d'écouter la consigne donnée par l'enseignant. De plus, ce temps est souvent long et l'attention n'est pas au rendez-vous. L'activité qui suit est donc trop peu réussie.

Avant de descendre pour ce temps d'EPS, il est réellement conseillé **d'accorder un temps en classe** pour expliquer ce qui va se passer. Le recours à des photographies des lieux, du parcours, de la séance précédente permet déjà d'anticiper sur ce qui va se passer.

Durant le temps de l'activité, il est souhaitable de prendre certaines **photographies évocatrices** de façon à favoriser un temps de langage une fois retourné en classe.

Axe de différenciation

De **petits films** peuvent aussi être faits de façon à permettre aux élèves plus fragiles de verbaliser ce qu'ils ont vécu, de parler de leurs peurs possibles et de les dépasser. Un simple smartphone devient un outil précieux au service de la différenciation pédagogique.

Et du côté des formes de travail ?

Toujours dans un souci d'aide, on peut réfléchir sur l'organisation des formes de travail. D'une façon simple, la vigilance doit reposer sur trois points :

- Varier les dispositifs, c'est-à-dire des activités physiques proposées qui peuvent se dérouler seul (parcours par exemple, course…) et des activités qui nécessitent un travail de groupe ou d'équipe (les ateliers en sont un bon exemple).
- Alterner les formes de travail : travail par vagues, activités en grand ou en petit groupe, activités liées à l'entraide entre pairs.

- Proposer des activités nécessitant des rôles d'arbitre, d'observateur ou de spectateur. L'idée d'avoir à évaluer la prestation d'autrui est aussi facteur de réussite pour de nombreux élèves et fait partie intégrante de l'EPS.
- Et puis, après toute séance d'EPS qui dans l'ensemble sollicite beaucoup les élèves, penser à les inviter à boire de l'eau (et non des boissons sucrées). Ceci a pour fonction d'améliorer la récupération après l'effort et installe des habitudes d'hygiène sportive. Ceci contribue aussi à la prévention de l'obésité, fléau de plus en plus important dans nos sociétés occidentales.

Enfin, parlons de l'évaluation !

Terminons ce chapitre en évoquant l'évaluation. Vous avez certainement compris que la principale évaluation dans ce domaine est avant tout formative. C'est très motivant pour l'élève de pouvoir mesurer s'il a réussi ce à quoi il s'est engagé (nombre de tours, durée de course, mouvements corporels artistiques, etc.).

L'idée, et toujours de façon à permettre à chaque élève de progresser, est bien d'intégrer l'évaluation au cours des activités, que celle-ci soit menée directement dans la salle d'EPS ou de retour en classe à l'aide de visuels évocateurs.

Du côté de la gestion du temps

La **notion de temps** est longue et difficile à acquérir. Sa lente construction dépasse largement la scolarité du cycle 1, puisque des élèves de collège sont encore mal à l'aise avec cette notion. La notion de temps s'élabore peu à peu grâce à un ensemble de situations vécues, qui obligent l'enfant de maternelle à prendre conscience du temps qui passe, de la durée d'une demi-journée puis d'une journée entière. Par la mise en place de certaines situations d'apprentissage, le jeune enfant comprend et se représente peu à peu ce qu'est un cycle comme celui de la journée, de la semaine, du mois ou des saisons.

Bien évidemment, des différences sont notables entre des élèves de PS ou ceux de GS.

En petite et moyenne sections

Pour les plus jeunes, il est important de donner à voir, chaque jour, une frise chronologique de la matinée avec les photographies de ses différents moments, bien identifiables (quelles activités et dans quel lieu).

La plupart des enfants de cet âge construisent leur notion du temps en éprouvant la périodicité et la durée des activités d'une matinée à l'école. Toutefois, certains élèves peuvent rencontrer des difficultés à se représenter une activité passée ou à venir.

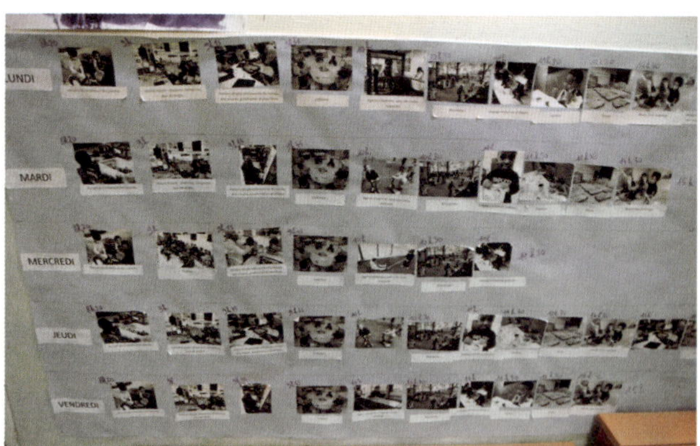

TPS – Panneau qui montre l'alternance des jours longs et courts, dans le cadre des nouveaux rythmes scolaires, Paris ▲

Axes de différenciation

Réserver aux élèves les plus fragiles un moment en regroupement, près du tableau sur lequel est affichée la frise chronologique, sans rien à côté qui puisse distraire leur attention.

Chaque photographie de la frise qui correspond à une étape de la matinée est pointée du doigt par l'enseignant, nommée et décrite. L'enseignant pose un curseur au fur et à mesure que chaque activité de la matinée débute et répète autant de fois que nécessaire à quel moment de la matinée cela se situe.

Un peu plus tard dans l'année, l'enseignant pourra demander à ces enfants de désigner eux-mêmes l'image décrite.

Plus tard encore, ils pourront annoncer l'activité à venir et le faire pour toute la classe. Ce qui est important, c'est que, dans ce moment de socialisation, ils puissent parvenir à distinguer l'instant présent par rapport à un avant et un après.

En **petite section**, la récréation, la cantine, la sieste, qui répondent à des besoins physiologiques, sont pour cette raison des moments primordiaux pour les jeunes enfants. Leur attente est parfois ressentie par les élèves comme intenable, assez souvent elle crée de l'inquiétude. Ces temps qui rythment et organisent la vie scolaire marquent fortement les élèves, peu capables de maitriser la chronologie de la journée.

Axes de différenciation

- Prendre le temps d'annoncer aux enfants les plus jeunes ou les plus fragiles l'approche de la récréation, de rappeler quel animateur prendra en charge le groupe pour la cantine, la sieste ; quel adulte sera présent au réveil de la sieste.
- Un affichage sur un panneau déplaçable est nécessaire : il suffit de coller les photos des personnes qui prennent en charge les enfants aux divers moments de la journée – qu'ils entrent dans le cadre scolaire ou périscolaire. On y fait apparaitre également les lieux où se déroulent les activités.
- Au début de l'année, et même bien après pour les élèves qui en ont encore besoin, le panneau est transporté de lieu en lieu au fur et à mesure de l'après-midi.

C'est la qualité et la sérénité de l'instant présent qui priment ; de cela dépend la prise de conscience par le jeune enfant d'une succession réglée d'évènements et d'activités qu'il va petit à petit accepter et maitriser.

En **moyenne section**, le support de la frise chronologique est un outil tout aussi pertinent et encore nécessaire ; on ne peut pas attendre des enfants de cette section qu'ils se représentent une **journée entière** passée à l'école (et non plus une demi-journée comme en PS). Les activités doivent être bien repérables et régulières afin de pouvoir travailler quotidiennement sur le déroulement de la journée.

L'enfant autour de 4 ans a des représentations mentales déjà mieux construites : sans être trop normatif, on peut dire qu'il est capable d'évoquer ce qu'il a fait avec un léger différé et peut très bien imaginer l'activité du lendemain. Entre 4 et 5 ans, les enfants emploient de plus en plus de marqueurs temporels (adverbes de temps et temps du passé et du futur).

Axes de différenciation

Ne pas hésiter avec certains élèves à appréhender uniquement l'organisation de la demi-journée en leur faisant verbaliser les différents moments. Petit à petit, élargir à la journée complète.

Inviter les élèves les plus jeunes ou les plus fragiles à évoquer ce qu'ils viennent de faire ou de vivre. Pour ce faire, des photographies prises « sur le vif » (en EPS par exemple ou dans la cour de récréation) sont d'excellents outils pour évoquer un vécu proche.

De la même façon, ce sont ces mêmes élèves qui sont sollicités pour dire ce qui va se passer juste après une activité donnée. L'aide de l'enseignant est située cette fois en amont et permet d'observer la liste des activités prévues et de « préparer » ce qui devra être annoncé à la classe (« Maintenant nous allons chanter, juste après les ateliers »).

Et la grande section ?

La GS est l'année où l'enfant franchit un grand saut qualitatif : entre 5 et 6 ans, la semaine est progressivement perçue comme une période d'une durée plutôt courte, marquée par des régularités. La plupart des enfants saisissent en fin d'année son caractère cyclique, ce qui ne veut pas dire qu'ils sont capables de comprendre d'autres cycles temporels.

La périodicité des sept jours permet aux enfants de GS d'éprouver trente-cinq fois ce qu'est une semaine vécue à l'école avec toutefois la difficulté d'en comprendre les interruptions (week-end, jours fériés, vacances...).

La périodicité du mois est encore peu accessible à l'enfant de 5 ou 6 ans, et celle de l'année encore moins[1]. Il est à noter que ces trois systèmes temporels – semaine, mois, année – sont différents par leur périodicité (7 jours par semaine, 28, 29, 30 ou 31 jours par mois, 12 mois par année) et que leurs apprentissages juxtaposés lors du rituel de la date, loin d'aller de soi, représentent au contraire une grande complication pour les élèves de l'école maternelle.

Lors du rituel de la date, il est souvent présenté à bon escient un calendrier de la semaine comportant de nombreuses informations : sorties, anniversaires, fêtes, etc. Cela permet peu à peu de faire coïncider le temps vécu par les enfants et le temps social.

Axes de différenciation

Donner différentes sortes de semainiers peut être pertinent :

– Un disque fractionné en sept portions représentant les jours de la semaine, avec une flèche centrale que l'on tourne au fur et à mesure. Ce semainier est souvent mis en place en MS pour représenter le cycle de la semaine ; cet outil continue d'avoir son efficacité pour les enfants moins à l'aise. En GS, il peut évoluer : les portions sont vides et c'est aux enfants de les remplir au fur et à mesure avec des étiquettes de nom de jours[2].

– Proposer un calendrier de la semaine un peu plus complexe sous forme de tableau à deux rangées et sept colonnes : sur la première rangée, sont inscrits les jours de la semaine et sur la seconde rangée, les cases, laissées vides, sont à remplir de dates et d'évènements. La différenciation consiste soit à remplir pour certains élèves les cases avec des étiquettes déjà faites, soit pour d'autres à faire écrire aux élèves la date du jour, le prénom d'un camarade quand c'est son anniversaire, etc.

– Dans l'objectif d'appréhender la notion de mois, plus tard dans l'année, ce semainier va comporter plusieurs rangées pour définir ce qu'est un mois. Mais ceci ne se fera pas pour tout le monde et il est indispensable que certains élèves puissent agir au niveau de la semaine. En revanche, tout est prêt pour aborder, au bon moment, le calendrier mensuel. Il s'agit d'un réel « passage en douceur » qui peut porter ses fruits.

Enfin, un calendrier mensuel vertical sous la forme d'une longue liste comportant trois colonnes (la première pour les jours de la semaine, la deuxième pour les dates et la troisième pour inscrire des évènements) permet de voir le caractère cyclique

1. Henri Wallon, *Les Origines de la pensée chez l'enfant*, Paris, PUF, 1945.
2. Voir sur le site académique *L'école maternelle à Paris* diverses représentations de calendriers, in « Construction de repères temporels et sensibilisation aux durées », en ligne : *https://www.ac-paris.fr/portail/jcms/p1_610272/disciplines-maternelle-portail.*

de la semaine, la succession des jours pour un mois et quelques repères temporels significatifs.

Dans tous les cas, ces supports doivent être suffisamment grands pour être lisibles et manipulables par tous les enfants. Certains élèves rencontrent des difficultés tout simplement, car l'outil proposé n'est pas assez lisible. Il faut y veiller !

La semaine en GS. Une représentation originale ▲

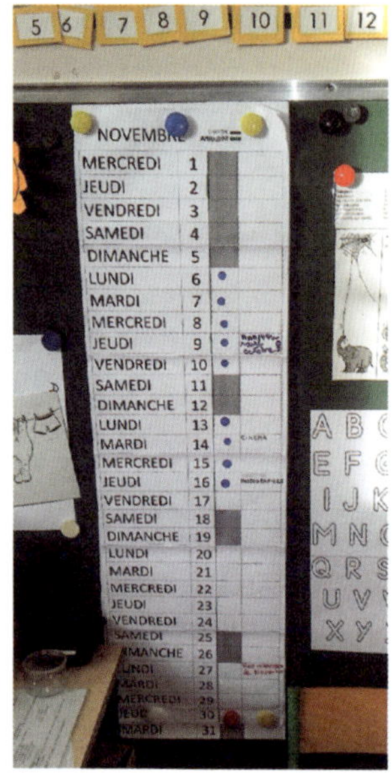

Calendrier mensuel vertical ▲

De plus, l'apprentissage de la date se réalise presque toujours en regroupement. Il y a peut-être là matière à réflexion :

- Les enfants nés en fin d'année ou les plus jeunes d'un double, voire d'un triple niveau, ont tout intérêt à travailler avec des supports bien adaptés.
- Il est plus utile alors de les leur proposer en groupe restreint (en activités pédagogiques complémentaires ou en groupe de besoins pendant la classe). L'idée est de favoriser la proximité maitre/élèves et d'inciter dans ce groupe restreint les élèves à s'exprimer plus librement et à s'assurer de son attention alors qu'on lui propose, avec la date, l'un des concepts les plus essentiels de son entrée dans un monde dont on lui montre qu'il est structuré et rythmé.

Et l'accueil, parlons-en !

Ce moment qui débute chaque journée à l'école maternelle est principalement consacré à la rencontre entre l'enseignant et l'élève accompagnés de ses parents. Ceci est indispensable, bien sûr, et contribue à une coéducation (voir chapitre 4 « *L'école maternelle, un rapport particulier avec l'élève* »).

Pourtant, si l'on regarde du côté de l'élève, force est de constater que ce temps d'accueil est parfois fort long, car, pour peu que son arrivée se soit faite dès l'ouverture de l'école, cette durée peut parfois avoisiner la demi-heure. Cet accueil est par principe « libre », c'est-à-dire que les élèves choisissent l'activité autonome qu'ils vont faire.

Axes de différenciation

Pour certains élèves, cette liberté les dessert, car ils ne peuvent se fixer trop longtemps sur un espace de la classe. Il faut donc chercher à organiser temporellement ce moment de la journée, ce qui contribue à aider de nombreux élèves à se situer dans le temps.

Dès la MS et *a fortiori* en GS, la veille, juste avant de quitter la classe, les élèves doivent choisir l'atelier auquel ils participeront le lendemain matin durant l'accueil. Que ce soit les Lego, ou la pâte à modeler, ou encore le coin dessin, les inscriptions sont faites à l'avance et sont notées par l'enseignant. Un tableau à double entrée répertorie ces inscriptions.

Le lendemain matin, les élèves savent donc où ils doivent aller. Si besoin, l'enseignant rappelle son choix à l'élève. On mesure bien comment un tel dispositif aide certains élèves à se projeter dans le temps ; il leur donne également un contrat à respecter, ce qui leur permet de se structurer.

Et puis, une fois le temps d'accueil terminé, au moment où les activités dirigées débutent, l'enseignant, en ayant recours au tableau des inscriptions, peut rapidement solliciter certains élèves pour qu'ils disent ce qu'ils ont vécu dans leur atelier choisi. À ce moment, il peut les inciter à choisir ce qu'ils devront faire en fin de journée.

Du côté de l'aménagement de la classe

L'aménagement de l'espace de la classe à l'école maternelle[1] joue un rôle fondamental parce qu'il oriente les expériences et les activités proposées aux élèves.

L'accès libre de ces divers espaces à certains moments de la journée, inscrits dans l'emploi du temps et bien identifiés par les élèves, permet de mettre en œuvre une forme de différenciation, qui serait fondée non pas sur des profils d'enfants, mais plutôt sur ce que Maria Montessori définit comme une **période sensible** de l'enfant, sorte de manifestation d'un besoin impérieux de l'enfant de s'adonner à des activités spécifiques pour se développer.

C'est dans ces moments-là que les enfants révèlent certaines compétences sur lesquelles ensuite l'enseignant va pouvoir s'appuyer pour des apprentissages futurs. Par exemple, un élève dans un temps libre fait un dessin et l'agrémente d'une légende écrite. L'enseignant se saisit de ce travail pour valoriser l'essai d'écriture et proposer à la classe une situation-problème d'écriture.

L'aspect modulable des espaces, dans l'année et dans la journée, devrait donner lieu à des marques de différenciation forte selon le niveau de classe, l'âge des enfants et les apprentissages visés. D'une manière générale, les enfants de maternelle ont besoin avant tout de se mouvoir et de travailler dans un environnement identifiable et sécurisant.

L'aménagement doit donc répondre à ces besoins très spécifiques et évoluer progressivement au fil des trois ou quatre années de l'école maternelle. Dans **les classes à plusieurs niveaux**, qui doivent bénéficier d'un plus grand espace, tenir compte de l'âge des enfants est impératif car chaque niveau correspond à des besoins spécifiques et suppose un aménagement de l'espace classe particulier.

À l'école maternelle, les pratiques de classes efficaces sont liées à l'aménagement de divers espaces qui donnent la possibilité aux élèves de s'entrainer librement à certaines activités autant de fois que nécessaire.

---

1. Voir la série de 3 ouvrages *Aménager les espaces en maternelle*, sous la direction de C. Faucon Méjean, Paris, Retz, 2020. Ces ouvrages sont une mine d'idées pour aménager sa classe en divers espaces, à l'école maternelle.

L'aménagement d'une classe de petite section

Plus les enfants sont petits, plus ils ont besoin d'espace pour leur exploration personnelle, pour transporter des objets en les poussant, en les tirant, etc. Plus d'espace veut dire par conséquent moins de mobilier. Il ne sert à rien d'avoir, en PS, autant de tables et de chaises que d'élèves. Au contraire, il faut miser sur les espaces de jeux d'imitation, véritables vecteurs d'apprentissages. Imaginer tous les élèves d'une section de petits assis en même temps pour travailler est une illusion pédagogique ; il vaut mieux envisager deux îlots d'activités dirigées par l'enseignant et l'ATSEM (voir chapitre 25 pour mieux comprendre son rôle dans la différenciation), disposés en place centrale dans la classe, bien reconnaissables, en concomitance avec des jeux libres répartis dans les divers coins de la classe (voir chapitre 22 pour en savoir plus sur l'atelier échelonné et chapitre 23 pour les jeux).

En supplément des meubles ordinaires, il est intéressant d'**avoir en PS du mobilier mobile**, à savoir :

- Une piste graphique déplaçable en supplément de celle qui est accrochée au mur ; les petits adorent peindre, il serait dommage de les restreindre dans cette activité à cause d'un manque de matériel. L'été, la piste se déplace dans la cour. Elle peut servir à d'autres activités comme, par exemple, l'affichage des photos des élèves de la classe ou bien des activités de la journée, qui sont de très bons supports de langage pour les petits.
- Une table de transvasement portative, qui permet de nombreuses manipulations très appréciées des petits.
- Divers bacs à roulettes pour ranger les livres de la période, des objets découverts dans le même temps...

Par ailleurs, en toute logique, la classe de PS doit se trouver au rez-de-chaussée, attenante à la cour et au dortoir.

Enfin, les élèves de PS qui se retrouvent dans une classe à niveau multiple doivent bénéficier, même s'ils sont minoritaires, des aménagements décrits plus haut.

Un exemple de différenciation en petite section

L'enseignant a choisi de travailler avec quelques enfants qui ont encore du mal à comprendre ce qu'est une image et qui ne font pas de correspondance entre un objet et ses diverses représentations. Précédemment, l'enseignant a proposé à ses élèves de constituer trois grandes catégories d'objets : les vêtements (ils sont arrivés dans une grande valise à la mi-septembre pour habiller les trois poupons de la classe), les animaux en plastique (parce que les enfants aiment beaucoup les manipuler et les faire parler), les engins de chantier (il y a un gros chantier qui passionne les enfants du quartier et l'enseignant emmène régulièrement sa classe voir l'évolution des travaux). Il s'agit à présent d'établir des associations entre les objets d'une même catégorie et leurs représentations imagées. Quatre bacs sont placés devant les enfants ; tous les livres documentaires ont été rangés dans un même bac : les livres sur les engins de chantier, sur les animaux de la ferme et sur les vêtements. Dans le deuxième bac sont réunis les vêtements des poupons, dans le troisième les engins de chantier et dans le quatrième les animaux. L'enseignant montre un livre documentaire et les élèves doivent le ranger dans le bac de jouets correspondant. Ici la réussite de cette activité repose sur d'autres activités de catégorisation mais aussi sur le choix des livres et des objets, qui ont du sens pour les enfants.

Ces bacs ont servi ici à réaliser des activités de catégorisation et d'association ; à d'autres moments, ils sont rangés dans les divers coins de la classe (dans la bibliothèque, dans le coin poupées, etc.). Parce qu'ils sont déplaçables, ils peuvent faire aisément le lien entre ces divers coins, ce qui permet aux élèves **d'entrevoir la cohérence de l'organisation spatiale de la classe**. **L'aménagement de la classe peut donc induire des apprentissages, développer des attitudes réflexives chez les enfants, à travers des pratiques culturelles scolaires**[2].

L'aménagement d'une classe de moyenne section

En MS, des groupes de pairs se constituent, les mouvements de socialisation deviennent importants et l'aménagement de la classe doit pouvoir favoriser les interactions : aires de jeux plus grandes pour les jeux de construction à plusieurs, canapés pour regarder des livres ensemble, tables rondes pour échanger lors d'activités en groupe. C'est l'année de maternelle durant laquelle il ne faut pas hésiter à « agrandir » sa classe en proposant des activités dans le couloir ou dans une salle attenante qui serait libre. Les élèves de MS se sentent à l'aise partout et adorent explorer tous les lieux de l'école. Le couloir peut être investi pour accomplir un travail d'alignement d'objets : fabriquer le chemin le plus long, par exemple avec des Kapla.

Les espaces réservés aux jeux symboliques continuent d'avoir du sens en MS et certains coins semblent même investis avec plus d'intérêt : ceux où l'on se déguise, le castelet avec ses marionnettes, par exemple.

2. Voir M. Corbenois, B. Devanne, E. Dupuy, M. Martel, *Apprentissages de la langue et conduites culturelles*, Paris, Bordas, 2000.

Un exemple de différenciation dans le coin mathématiques en moyenne section

L'espace mathématiques est un ensemble de deux tables, près d'un mur sur lequel est collé un panneau de liège, à hauteur d'enfant. Sur ce panneau sont régulièrement épinglées les traces d'apprentissages mathématiques d'une période. Les quelques élèves qui éprouvent des difficultés à décomposer le nombre quatre, par exemple, sont invités par l'enseignant dans le coin mathématiques (dénommé ainsi depuis le début de l'année, étiqueté et symbolisé – voir la photo) à reprendre l'activité de construction de collections de quatre objets par comparaison de ces collections. Ils ont à leur disposition du petit matériel mathématique, toujours rangé dans ce coin.

Un coin mathématique en MS (Canopé) ▲

Ici cet espace spécifique fonctionne comme un sas protecteur : le restant des élèves est occupé par exemple avec des activités Montessori (voir chapitre 16 « *La classe multiniveau pour différencier* »). Ces derniers savent qu'il ne faut pas déranger l'enseignant quand il est dans ce « coin » parce que depuis le début de l'année des règles ont été mises en place et elles sont souvent l'objet d'un rappel.

Parmi ces règles, en voici deux qui déterminent la possibilité pour l'enseignant de mettre en place des temps de différenciation : « Quand je suis en activité autonome, je fais mon travail tout seul, je ne dérange personne, ni les camarades, ni la maitresse ». **Cette règle fonctionne comme un contrat**.

Le coin d'apprentissage : un sas protecteur

L'espace très restreint donne la possibilité d'être dans une figure particulière d'apprentissage que Jerome Bruner nomme « l'attention conjointe visuelle » (voir chapitre 14 « *Le dialogue maitre-élève au cœur de la différenciation* »).

L'aménagement d'une classe de grande section

En GS, les contraintes d'apprentissage devenant plus importantes, en particulier dans la perspective du cours préparatoire, mais aussi parce que le développement global de l'enfant en dépend, il est préférable d'avoir une mise en espace de diverses situations d'apprentissages ; par exemple :

- **Des coins de jeux différents :** il en faut encore en GS, car le jeu est source d'apprentissage (privilégier alors les jeux de construction comme les Kapla, les jeux symboliques de petits formats – les Playmobil, les Lego, les maisons de poupées, etc.).
- **Des coins d'apprentissage autonome :** un coin pour le graphisme, un pour l'écriture, un autre pour les mathématiques, un coin bibliothèque, un coin d'exploration, qui sont porteurs d'outils différents, chacun contribuant à développer des actions mentales à travers des expériences sensibles. Il est très important de bien différencier tous ces espaces, en les distinguant visuellement les uns des autres. Ce sont le plus souvent des espaces délimités, identifiés par une inscription (mots et symboles), par un ensemble de règles de fonctionnement, par des supports spécifiques. Cet agencement structuré permet à l'enfant de mieux percevoir chacun des apprentissages, de se le représenter objectivement comme un ensemble d'activités, d'outils, de supports, de mots et de consignes.

Si la salle de classe est un peu exigüe, la bonne option est d'avoir des rangements légers sur roulettes que les enfants déplacent eux-mêmes jusqu'à leur table. Il faut alors prévoir aussi un affichage portatif.

Les 5-6 ans ont besoin de s'isoler de temps en temps pour faire l'expérience d'un travail unique, par différenciation du groupe. Le libre choix d'une activité est par ailleurs une forme d'émancipation puissante qui peut faciliter le travail de différenciation de l'enseignant. Nous engageons fortement les enseignants à laisser des plages de libre activité dans leur emploi du temps.

Les élèves de GS doivent également bénéficier d'un mobilier plus personnalisé :

- Disposer d'un casier contenant quelques affaires personnelles d'écolier pour s'accoutumer à gérer son petit matériel avant l'arrivée au CP.
- Avoir chacun sa table, étiquetée avec son prénom, au moment où une activité exige de travailler sur un plan horizontal en étant assis. Les étiquettes des prénoms, toutes collées sur les tables par exemple à droite, servent aussi de repères pour les enfants qui ne sont pas encore bien latéralisés. Avoir sa table personnelle est important en GS, cela donne aux élèves un avant-goût de l'aménagement d'une classe de CP. Dans **une classe multiniveau**, le mobilier est une façon de faire de la **différenciation entre les âges**. L'existence de tables individuelles ne veut pas dire disposition frontale devant le tableau, comme

souvent à l'école élémentaire. Accolées pour former du mobilier de travail en groupe, les tables personnalisées restent un moyen simple pour chaque enfant de comprendre qu'à certains moments de la journée, il doit travailler seul.

GS – des ilots pour les ateliers et des tables alignées devant le tableau pour une activité de copie ▲

Les tables individuelles permettent une plus grande modularité et une plus grande variation des configurations : groupement en atelier de six ou sept tables, groupement en binôme pour les travaux de commandes et de programmation, alignement en rangées face au tableau pour des activités d'écriture (et toutes les activités pré-élémentaires qui exigent une attention particulière du tableau). **C'est en GS que l'aménagement de la classe doit évoluer le plus.**

Une dernière chose… Parfois **travailler par terre** avec un ou quelques enfants en difficulté modifie complètement leur point de vue sur la tâche à accomplir et améliore la relation enseignant-élève !

Dans le cadre de l'aménagement de la classe, évoquons très rapidement la **table d'appui**, ce dispositif qui contribue à déterminer un espace dédié à l'aide, un endroit où les élèves comprennent que de l'aide peut leur être accordé. La relation à l'enseignant n'en sera que plus fine. Ce dispositif est largement expliqué dans le chapitre 3 « *Principes de mise en œuvre de la pédagogie différenciée* ».

Les affichages comme aide à la différenciation

Les affichages dans les classes de maternelle sont de natures différentes, à visée soit esthétique soit didactique. Il convient de faire participer le plus activement possible les élèves à leur élaboration, en premier lieu pour les faire réfléchir sur leurs fonctions. Les affichages correspondent à des apprentissages, ils sont donc évolutifs, ils constituent souvent une trace importante à garder parce que les enfants apprennent en se remémorant. Quand ils contiennent des traces écrites, les affichages deviennent eux-mêmes des supports d'apprentissage : comment présente-t-on un document écrit ou imagé ? Comment se lit-il ? À quoi sert-il dans la classe ? Autant de questions à régler qui peuvent faire l'objet d'une différenciation[3].

Voici quelques exemples d'affichages, supports de différenciation.

Un affichage pour travailler seul

Les étiquettes des prénoms constituent un matériau de lecture et d'écriture quasiment inépuisable à l'école maternelle : elles sont utilisées très souvent dans les apprentissages ritualisés (en particulier pour recenser les présents et les absents du jour). Pour ces usages, elles sont affichées, constituant une ou des séries.

En GS, les étiquettes des prénoms existent sous au moins deux formes bien distinctes : les étiquettes pour lire (en script) et celles pour écrire (en cursive). Chaque élève est en mesure de lire et d'écrire son prénom et, en GS, il devrait, en fin d'année, pouvoir lire et écrire celui des camarades.

Ce matériau verbal, riche par sa diversité et par sa valeur symbolique forte (chaque étiquette représente un enfant), permet d'initier les élèves à l'apprentissage de la lecture, d'une façon différenciée. Le passage d'un code alphabétique à l'autre (de la capitale au script), le découpage syllabique des prénoms, l'observation des lettres à l'initiale et à la finale, l'ordre des lettres de chaque prénom, l'épellation, tous ces exercices se réalisent beaucoup plus facilement si le support lui-même a du sens.

Le repérage de l'initiale peut se faire plus aisément si la lettre est d'une autre couleur.

Axes de différenciation

En fin de GS, on peut imaginer un système de différenciation :
– ceux qui ont encore besoin de ce repérage par la couleur et ceux qui n'en ont plus besoin (voir chapitre 18 pour les étiquettes des prénoms écrites en cursive) ;
– le classement par ordre alphabétique est une tâche intéressante mais compliquée. On peut jouer sur le nombre d'étiquettes de prénoms ; une dizaine de prénoms à classer permet aux élèves plus fragiles de réussir ce classement ;
– on peut demander aux **élèves experts** de prendre en charge régulièrement l'affichage des étiquettes amovibles des prénoms de la classe et de les ranger par ordre alphabétique.

3. Voir Mireille Delaborde, *Les Affichages à l'école maternelle. Première entrée dans l'écrit*, Chasseneuil, Canopé Éditions, 2014.

Un affichage pour valoriser

Les étiquettes des prénoms servent aussi de support à des activités d'écriture. Cette fois l'enseignant a fabriqué une étiquette pour chaque enfant et a écrit le prénom, de préférence à la main. En PS et MS, le prénom est écrit en capitales. Pour les MS, quand on sent les élèves mûrs, on confectionne une étiquette en cursive. En GS, on commence la classe avec des étiquettes écrites en cursive.

Axe de différenciation

Pour **les élèves les plus jeunes ou dyspraxiques**, il faudra maintenir encore quelque temps la capitale d'imprimerie.

Il est indispensable d'introduire ces étiquettes d'une façon individualisée. Chaque enfant doit comprendre comment s'agencent les lettres de son prénom, où commence et finit chaque lettre. L'étiquette est donc présentée à l'élève, puis l'enseignant dévoile comment il a composé le prénom ; il recommence ce travail en montrant cette fois comment il recopie le prénom à partir de l'étiquette modèle. Cette dernière action est importante, car savoir suivre l'ordre des lettres est tout aussi fondamental pour écrire que pour lire. Ce n'est pas une compétence qui se développe naturellement, elle s'acquiert après de nombreux entrainements.

Axe de différenciation

Avec **les élèves les plus fragiles**, il faudra réitérer cette opération de nombreuses fois en choisissant un format plus grand. Les étiquettes de ces élèves sont affichées dans le coin écriture, en bonne place, pour leur permettre de s'entrainer librement à l'exercice de la copie de leur prénom.

Si un élève a du mal à respecter l'ordre des lettres de son prénom ou bien s'il ne réussit pas à les transcrire correctement, il faut rendre visible l'enchainement des lettres sur l'étiquette en utilisant une couleur différente pour chaque lettre (et le mieux est de demander à l'élève quelles couleurs il souhaite !).

Une fois l'appropriation des étiquettes faite, on peut demander d'une façon récurrente aux élèves d'écrire seuls leur prénom.

Un élève a recopié par exemple son prénom et plus tard celui d'un camarade : l'enseignant affiche le travail dans le coin écriture, marque d'un exploit qu'il faut absolument montrer pour valoriser l'enfant et pour susciter chez les camarades l'envie de faire la même chose.

Axe de différenciation

C'est souvent à partir des étiquettes des prénoms que commencent les tentatives d'écriture approchée et pendant une très longue partie de l'année, l'affichage des étiquettes des prénoms de la classe constitue **pour les élèves qui ont le plus de difficultés** le seul matériau signifiant en matière d'apprentissage de l'écriture.

Un affichage pour comprendre

Les comptines et les chansons peuvent donner l'occasion de fabriquer une bande illustrée, chaque illustration correspondant à un mot important, porteur de sens. Ce support est particulièrement efficace avec les élèves allophones. La prosodie chantée n'est pas la même que celle du langage parlé et les enfants ont souvent du mal à faire un découpage correct du continuum sonore chanté.

Voici un exemple à partir d'une comptine très simple :
« Boule rouge, boule qui bouge
Boule blanche qui se balance
Guirlande dorée,
Sapin, tu es décoré ! »

Doc. 21.1. – Exemple de bande illustrée d'après une comptine ▲

Un affichage pour se remémorer

En différenciation, un affichage des photos d'une séance d'EPS dans la salle de motricité est un support excellent de mémorisation des actions, du lieu, du matériel utilisé. Pendant une séance en activités pédagogiques complémentaires, l'enseignant réunit quelques élèves pour leur permettre de se faire une meilleure représentation mentale de la séance faite la veille. Ce rappel sera efficace si un dispositif complexe est mis en place.

Exemple de différenciation en MS à partir d'un affichage

L'enseignant affiche les photos de la dernière séance en EPS ; il montre cet affichage aux quelques enfants qui n'arrivent pas à faire un rappel compréhensible de cette séance, il commente les photos. Les mêmes photos sont à disposition des élèves, mais elles ont été mélangées à d'autres qui font office d'intruses (par exemple, les photographies de la préparation des gâteaux d'anniversaire de la période). Les élèves doivent pouvoir se référer à l'affichage, procéder par comparaison et effectuer en fin de compte une opération de tri parce que seules les photos prises en EPS seront gardées. Tout cela est verbalisé par eux et, si cela n'est pas possible, par l'enseignant. C'est par cette activité de catégorisation (les activités d'EPS *versus* les activités de cuisine) en lien avec l'affichage que les enfants vont aussi mémoriser du lexique. À la séance d'EPS suivante, en grand groupe, l'affiche des photos est ressortie juste avant de passer à l'action pour permettre aux élèves réunis en différenciation précédemment de pouvoir participer au rappel de l'activité d'EPS.

La forte contextualisation (le cadre de l'activité bien identifié par les élèves qui permet de catégoriser certaines actions), l'usage de certains mots employés dans les phrases de consignes de l'enseignant puis activés par les enfants eux-mêmes qui reprennent la même syntaxe (« je saute dans le cerceau, je sors du cerceau, j'évite les cerceaux », etc.), l'aspect ludique de la décontextualisation sous forme de jeu (trouver l'intrus, jeu de loto, jeu de kim, etc.), tout cela devrait contribuer à une meilleure mémorisation du lexique. Micheline Cellier donne de nombreux exemples de mises en lien pour mieux mémoriser les mots découverts dans son ouvrage *Guide pour enseigner le vocabulaire à l'école maternelle*[4].

Un affichage pour réfléchir ensemble

Exemple de différenciation en GS

Un élève ne respecte pas les règles de vie de la classe : l'enseignant l'invite à trouver l'affiche correspondante et à la placer sur le tableau dans le coin regroupement. Cette affiche amovible est placée d'ordinaire à hauteur d'enfant, elle a été conçue en début d'année par toute la classe – les élèves et l'enseignant. S'engage alors dans le coin regroupement une conversation entre quelques élèves dont l'élève en opposition. Il s'agit de réfléchir à plusieurs sur les règles de la classe, peut-être revoir leur présentation pour qu'elles soient mieux comprises par tous : trouver d'autres illustrations, reformuler en changeant quelques phrases (il est préférable par exemple de dire les choses à la forme affirmative plutôt que négative), ou bien changer l'emplacement de l'affiche qui n'est peut-être pas assez visible et ne peut donc pas donner à penser aux élèves.

4. Micheline Cellier, *Guide pour enseigner le vocabulaire à l'école maternelle*, Paris, Retz, 2015.

Un affichage artistique

Il s'agit ici de la présentation des travaux d'élèves en arts plastiques. La plupart du temps, elle se réalise par des séries d'œuvres enfantines (et nous pensons que montrer le travail en série est une bonne façon de faire). L'enseignant peut valoriser les travaux en faisant participer d'une façon différenciée les élèves, en fonction des habiletés de chacun : réaliser un contourage au noir pour faire ressortir un dessin, confectionner un cadre par collage, découpage, etc., choisir la couleur du fond, décider de l'emplacement de l'accrochage et fabriquer une cimaise.

22

Du côté du coin regroupement et des ateliers

Cette configuration du coin regroupement est souvent utilisée en début de journée juste après le temps d'accueil des élèves afin de réunir le groupe classe. C'est le moment souvent consacré aux rituels : l'appel, la date, la météo, etc. Ce peut être aussi l'occasion de la lecture d'un album de jeunesse, de l'écoute d'une musique, d'une chanson, d'une comptine, d'activités à visées mathématiques, etc. C'est aussi là que sont fréquemment annoncés les ateliers qui vont être mis en place juste après, ces ateliers étant explicités et détaillés.

Le coin regroupement

Le coin regroupement est une configuration classique à l'école maternelle. En effet, les élèves sont regroupés autour de l'enseignant qui généralement tourne le dos au tableau. Il a devant lui tous les élèves de la classe. Les bancs sont souvent disposés sous la forme d'un « U ».

Doc. 22.1. – Exemple de disposition en U ▲

Le coin regroupement est aussi utilisé à d'autres moments de la journée dès que l'enseignant souhaite réunir tous les élèves pour faire une synthèse, pour revenir sur ce qui vient de se passer (temps d'EPS par exemple), pour annoncer ce qui va se passer en fin de journée ou le lendemain, pour effectuer un retour au calme, etc.

Même si, comme nous l'avons déjà mentionné, l'aide est difficile à dispenser en grand groupe, certains axes de **différenciation** ou de **vigilance** peuvent être observés régulièrement.

Quelle place pour chaque élève dans ce coin regroupement ?

Dans le cadre de la différenciation, cette place ne doit pas être laissée au hasard. Cela revient à décider de la place de chaque élève et d'y avoir réfléchi. Nous avons même vu certains enseignants écrire le nom de l'enfant à l'aide d'une étiquette autocollante sur la place qu'il doit occuper et même parfois sur le sol.

Sincèrement, cela peut avoir une grande pertinence que d'attribuer une place déterminée à l'élève. D'abord, les élèves s'habituent à leurs voisins, apprennent à échanger avec eux, s'entraident plus facilement. Ensuite, leur perception de l'environnement, les affichages, le rapport à l'enseignant sont des éléments stables et donc susceptibles d'aider l'élève à rentrer dans les apprentissages.

Les extrémités du « U »

Le premier point à surveiller repose sur les élèves placés aux extrémités du « U ». Trop fréquemment, ces places sont quasiment « aveugles », c'est-à-dire que les élèves sont hors du champ de vision de l'enseignant. De même, elles sont trop proches du tableau qui est souvent la première source d'information lors de ce regroupement. Pour des élèves plus fragiles, cet écueil ne leur permet pas d'être facilement dans l'activité proposée.

Il est donc nécessaire d'éloigner ces extrémités du tableau et donc de permettre à l'enseignant d'avoir un regard sur tous les élèves.

Les places devant l'enseignant

D'une façon générale, les enseignants s'efforcent de placer devant eux des élèves « à surveiller », car ils ont tendance à se dissiper. Cela est tout à fait naturel. Cependant, ne pourrait-on pas envisager d'y placer des élèves ayant des besoins plus spécifiques d'attention ou d'écoute ?

Pour de très jeunes élèves, et selon les informations que nous donne le psychologue Jerome Bruner, certains enfants doivent pouvoir être en communication immédiate et visuelle avec l'adulte. C'est ce que ces enfants vivent déjà à la maison et il y a une sorte de transposition entre le monde familial et le monde scolaire.

Axe de différenciation

L'idée est donc de placer devant l'enseignant, dans son champ visuel, les élèves rencontrant davantage de difficultés d'attention ou ceux qui ont davantage besoin de cette communication visuelle avec l'adulte.

Nommer et solliciter l'élève dans le grand groupe

Cet axe de différenciation trouve sa pertinence dans l'idée de solliciter certains élèves plus particulièrement. Dans le grand groupe, ces élèves ont tendance à s'échapper, à se mettre en retrait. Pourtant, on mesure très bien les bienfaits que peut en retirer un élève lorsqu'il a accès à la parole dans le grand groupe, lorsqu'il ose le faire. C'est d'abord prendre l'habitude de nommer l'élève, d'une façon assez théâtrale, on peut en convenir : « Je vais interroger Pierre. Écoutez bien tous, c'est à Pierre que je vais poser la question. »

Pierre est donc directement nommé, ce qui le valorise, lui donne de l'importance, mais cela ne l'aide pas pour autant à parler car ce n'est pas si simple pour lui. Dans ce cadre, le recours à la **différenciation préalable** (en amont) peut être très efficace.

Il s'agit de préparer l'élève (Pierre !) à vivre ce temps collectif dans le coin regroupement. L'album de jeunesse, la comptine, les rituels à responsabilité, l'évocation de tel moment vécu par la classe, etc., sont préparés à l'avance. Nous l'avons déjà expliqué dans le chapitre 15 portant sur les différents moments d'intervention pour différencier.

Axe de différenciation

Rappelons que cette différenciation est au service de l'estime de soi et de la réussite.

D'une autre façon non moins théâtrale, il est indispensable ici de féliciter Pierre, de l'encourager à faire les efforts qui peuvent lui paraitre hors d'atteinte. Ce sont ces petites victoires qui vont lui donner du sens à vivre les apprentissages.

Le chef d'orchestre

Prenons l'exemple de rythmes scandés sous la forme de percussions. L'enseignant frappe dans les mains ou sur des instruments selon un certain rythme et les élèves reproduisent cette action. Au bout d'un moment, l'adulte laisse sa place physiquement pour qu'un élève vienne occuper sa chaise et se mette à diriger le reste de la classe qui a intégré l'enseignant.

L'élève frappe dans les mains, crée des rythmes, peut se frapper sur les cuisses, sur le ventre, sur le tronc, etc., et invite l'assistance à l'imiter. Il devient le chef d'orchestre ! Faut-il décrire ce qu'il peut ressentir à ce moment-là ? Outre le plaisir qu'il en retire, il prend une place considérable dans le groupe, s'y affirme, voire s'y complait.

Axe de différenciation

Cet axe stimulant mérite d'être développé lors des moments de regroupement. L'idée est de viser certains élèves plus en retrait, pour leur confier la tâche de diriger le groupe comme un chef d'orchestre.

Cette idée peut être déclinée dès qu'il s'agit de chanter une chanson connue mais aussi de raconter une histoire déjà lue à partir d'un album de jeunesse, de réciter une comptine, de parler sur une image. L'élève plus en retrait trouve alors sa place, et quelle place ! Il remplace l'enseignant...

Quelques idées de rituels dans le domaine des mathématiques[1]

Ces rituels peuvent valoriser certains élèves au moment du regroupement :

- Deux élèves choisis comptent le nombre de présents. L'un compte dans un sens et le second dans l'autre. Les deux annoncent le résultat trouvé... C'est pareil !
- Un élève montre les nombres sur la frise numérique de la classe et le second compte les élèves correspondants.
- Un élève compte de deux en deux sur la frise numérique et l'autre entoure (de ses bras, ou avec une cordelette) le nombre d'élèves correspondants. Il fait des paquets de deux. *Idem* pour cinq, puis pour dix. Les nombres de la frise numérique correspondent bien à une quantité... d'élèves de la classe !

1. Catherine Berdonneau, *Enseigner les mathématiques à la maternelle*, Paris, Hachette Éducation, 2007.

• Dans l'activité du *chef d'orchestre* décrite plus haut, un élève est chargé d'ouvrir les enveloppes contenant des jetons en vue d'un problème additif, soustractif… Il énonce la consigne du problème et guide sa résolution.
• Dans une histoire inventée mettant en scène des formes géométriques (*Il était une fois un triangle qui regardait un carré, le triangle était triste car il avait un côté de moins que le carré. Le carré lui proposa de lui donner un côté. Qui devient quoi ?*), un élève doit montrer à chaque fois la bonne forme géométrique proposée lorsqu'elle est évoquée. Ce sont des formes présentées avec des solides.

La distribution des ateliers

Très fréquemment, le moment du regroupement sert à présenter les ateliers qui vont être proposés juste après. Tous les élèves de la classe écoutent les explications données par l'enseignant mais aussi par les élèves eux-mêmes. Ces échanges donnent déjà une cohésion au groupe classe et permettent d'avoir pour certains élèves plus à l'aise une vision générale des activités proposées.

Mais, pour d'autres élèves, ce temps d'explication est parfois fort long. Ceci les dessert, car ils ont une capacité de concentration assez limitée. De plus, lorsque tous les ateliers sont expliqués en grand groupe, lorsque l'enseignant arrive au dernier atelier, les élèves concernés par le premier ont déjà pu oublier ce qu'il fallait faire.

Axe de différenciation

Pour favoriser l'activité de l'atelier et sa réussite possible, il est grandement souhaitable qu'à l'issue de l'explication portant sur un atelier, les élèves concernés puissent immédiatement s'y rendre. Il faut juste prévoir le matériel nécessaire et s'appuyer éventuellement sur un adulte présent dans la classe.
Ces petites vigilances contribuent à aider les élèves les plus fragiles et cet axe de différenciation est entièrement à leur service, mais aussi au service de toute la classe.

Les ateliers

Une des caractéristiques de l'école maternelle est certainement la mise en place régulière et habituelle d'ateliers. Cette configuration, nous l'avons utilisée, voire

« promue », pour les niveaux plus élevés de l'école primaire mais aussi pour le collège[2].

En effet, **c'est la situation idéale pour différencier**, car l'atelier regroupe un nombre assez restreint d'élèves que l'enseignant peut suivre de plus près et aider plus finement. Pour ce faire, il est indispensable que l'enseignant **se fixe un temps conséquent** sur un des ateliers pour observer, relancer, étayer, motiver les élèves qu'il a autour de lui.

C'est l'occasion de faire parler les élèves et de les faire échanger entre eux. Ce langage dit « horizontal » est particulièrement constructif dans un petit groupe d'élèves que l'on peut réguler et encourager. La force de l'enseignant est de parvenir à approcher tous les élèves dans un atelier et d'une façon très fréquente. De plus, tout atelier à l'école maternelle doit avoir une visée de mobilisation du langage. Il s'agit de « débusquer » dans les activités proposées les moments propices pour faire parler les élèves.

C'est aussi l'occasion d'**observer finement ce que font les élèves** et de les faire verbaliser sur ce qu'ils ont à faire, ce qu'ils ont compris de ce qu'ils doivent faire. Là encore, c'est un gain de temps précieux et l'on mesure tout à fait la portée de la différenciation pédagogique.

Les ateliers seront d'autant plus performants que l'autonomie aura été construite pour les autres élèves qui ne sont pas directement avec l'enseignant.

Quels domaines sont concernés ?

D'abord, les ateliers peuvent porter sur un seul domaine (mathématiques par exemple, ou geste graphique) et les activités peuvent même être identiques dans tous les groupes. La présence de l'enseignant sur un des groupes marquera la différence.

Ensuite, les ateliers peuvent être différents et un atelier de langage (voir chapitre 17 « *Du côté de l'acquisition du langage oral* ») peut très bien trouver sa place à ce moment-là.

Enfin, une même compétence peut être travaillée avec une sorte de parcours d'apprentissage étalé sur la semaine, voire sur plus longtemps. Les élèves concernés vivront une espèce d'intensité d'apprentissage qui peut leur être grandement profitable. En effet, la variété est parfois l'ennemie de la construction des savoirs pour certains élèves. En revanche, des activités récurrentes, mais progressives, réunies sur un temps assez court donnent une stabilité rassurante et sont facteurs de réussite.

---

2. Voir aussi : Battut É., Bensimhon D., *Faire réussir les élèves avec la pédagogie différenciée au cycle 2*, Paris, Retz, 2018 ; Battut É., Bensimhon D., *Faire réussir les élèves avec la pédagogie différenciée au cycle 3*, Paris, Retz, 2018.

Toutes les options ont leur pertinence, car ce que l'on vise avant tout, c'est de pouvoir approcher les élèves en petit groupe.

Les **ateliers décloisonnés** trouvent aussi une certaine réalité à l'école maternelle. Ces ateliers visent à mélanger les classes à certains moments de la journée.

Comment constituer les groupes ?

Les groupes sont constitués par l'enseignant et répondent à des besoins identifiés. Dans ce cadre, le **groupe de besoins** a sa logique, car il est constitué d'élèves ayant les mêmes caractéristiques. On obtient donc un groupe plus ou moins homogène.

Mais le **groupe hétérogène** a aussi ses vertus dès que l'on vise l'entraide entre élèves. Le chapitre 3 « *Principes de mise en œuvre de la pédagogie différenciée* » y fait largement référence.

À d'autres moments, il peut être intéressant de constituer un (ou des) **groupe(s) d'experts**. La tâche demandée qu'on peut appeler « activité enrichie » (voir chapitres 3 et 18) peut être très résistante de façon à réellement confronter les élèves à une situation problème. Ce groupe peut aussi être chargé de tâches qui seront ensuite utiles pour toute la classe. C'est l'expertise au service des autres ; une belle mobilisation du principe de fraternité et qui montre que l'hétérogénéité d'une classe n'est pas toujours un problème, mais aussi parfois la solution.

Les **groupes dits « d'affinité »** ont aussi leur pertinence à certains moments. En EPS, cela consolide les liens entre élèves.

L'atelier spiralaire et l'atelier échelonné

Pour terminer ce chapitre sur les ateliers, voici la description de deux types d'ateliers plutôt innovants et qui sont tout à fait au service de la différenciation pédagogique.

L'**atelier échelonné**, comme l'a pensé Christine Lemoine[3], est une déclinaison pour la maternelle de ce que nous avons défini comme l'**atelier spiralaire** dans nos ouvrages de cycle 2 et 3[4].

L'atelier spiralaire

L'idée de notre atelier spiralaire est de donner en une seule fois la totalité des exercices à faire plutôt que de proposer des exercices successifs, mais de les avoir rangés par types de compétences que chacun mobilise. Ce dispositif s'appuie sur

3. Site Les Matern'ailes, *http://maternailes.net/leblog2*.
4. Battut É, Bensimhon D., *Faire réussir les élèves avec la pédagogie différenciée au cycle 2* ; Battut É., Bensimhon D., *Faire réussir les élèves avec la pédagogie différenciée au cycle 3*, Retz, 2018.

Du côté du jeu

L'enfant a besoin du jeu pour se développer et, en fonction de ce besoin, l'école maternelle propose tout un répertoire de situations ludiques et de jeux. Le programme de 2015 redonne toute sa place au jeu comme modalité d'apprentissage, dans la lignée des premières instructions données par Pauline Kergomard[1]. En pédagogue avertie, la première inspectrice générale des écoles maternelles affirmait déjà : « Le jeu, c'est le travail de l'enfant, c'est son métier, c'est sa vie. L'enfant qui joue à l'école maternelle s'initie à la vie sociale, et l'on oserait dire qu'il n'apprend rien en jouant[2] ? ».

Le jeu, une aide pour les élèves en difficulté

Le jeu dédramatise très certainement la situation d'apprentissage. Il permet le tâtonnement et la prise de risque par sa possibilité d'être répété. Le jeu implique moins l'enfant qu'un travail : si sa réussite est bonne pour la confiance en soi, son échec n'a pas d'effets négatifs durables.

Le matériel choisi a une grande importance ; la mise à disposition de plusieurs exemplaires d'un même jeu permet à l'enfant en difficulté d'agir à proximité de camarades, de procéder par imitation et de partager une même expérience. La socialisation par le jeu est en effet cruciale.

Il est important de développer tous les jeux de coopération en priorité pour les élèves en difficulté : les jeux en équipe en EPS mais aussi en classe avec, par exemple, des jeux de plateau organisés à grande échelle.

Certaines classes enfin invitent régulièrement les parents à venir le matin à l'accueil jouer à des jeux de société avec les enfants. Ce sont des séances très prisées par toutes et tous, petits et grands : il y est question de partager les mêmes règles, de les accepter, de transmettre une culture du jeu et de créer des passerelles entre la maison et l'école.

---

1. Pauline Kergomard, *L'Éducation maternelle dans l'école*, 2e éd., Paris, Hachette, 1889.
2. *Ibid.*

MS – des ateliers mathématiques encadrés par des parents

Laisser jouer – faire jouer – jouer avec

À l'école maternelle, plusieurs façons d'utiliser le jeu coexistent. Laisser jouer les élèves, les faire jouer ou jouer avec eux sont trois modalités que l'on retrouve dans les classes ; chacune offre un intérêt particulier et sert grandement l'enseignant dans son travail de différenciation.

Laisser jouer : les jeux libres

Laisser jouer les enfants librement à l'école maternelle française est un peu une fiction. D'abord pour des raisons de sécurité, les enfants sont empêchés de prendre des risques excessifs en étant livrés à eux-mêmes, ensuite c'est l'enseignant qui décide de l'emploi du temps et qui propose le matériel qui peut servir au jeu libre. Par exemple, il aménage des coins pour les Lego et les Kapla à certains moments de la journée en MS et GS ou bien il installe le jeu de transvasement d'eau dans l'évier de la classe en TPS et PS. Malgré tout, dans ce cadre contraint, les élèves peuvent choisir le thème de leur jeu et en définir eux-mêmes les règles. La contrainte n'est pas forcément une entrave au plaisir de jouer, même si elle crée de la frustration (en particulier quand la fin du jeu est signifiée). Il est très important de laisser les enfants jouer librement, cela leur donne la possibilité d'imaginer, de créer, de s'associer aux camarades qu'ils ont choisis eux-mêmes. Ces temps de jeu libre sont souvent considérés par les enseignants comme des respirations ou bien des pis-aller, des moments où les apprentissages dictés par le programme ne sont plus possibles parce que les enfants sont trop fatigués ou excités.

Il se trouve que ce type de jeu libre est particulièrement utile pour les élèves les plus fragiles.

Axe de différenciation

Cette socialisation en situation de jeu libre passe généralement par le langage et est, dès lors, une vraie nouveauté pour les élèves les moins prédisposés. Comme attendu dans les Instructions, cette situation de jeu va favoriser l'entrée « en communication avec autrui » de ces élèves qui l'osent ici parce qu'ils sont en confiance dans une activité libre avec d'autres enfants qu'ils ont choisis. C'est aussi pour eux l'occasion de faire « des efforts pour que les autres comprennent ce qu'ils veulent dire », car de cette compréhension dépend le plaisir qu'on peut tirer de ce jeu fait en commun.

Ce type de jeu est également un temps favorable pour l'enseignant qui différencie.

Axe de différenciation

Grâce à ces jeux libres, l'enseignant peut observer des compétences déjà là, comme un geste très maitrisé, une parole explicative très aboutie, ou il peut au contraire se rendre compte de certaines incapacités, comme l'impossibilité de faire des choix, d'accepter l'autre ou, plus largement, d'agir. Cette prise d'indices peut ne pas concerner tous les élèves. L'enseignant doit se donner comme objectif de suivre certains élèves, seulement ceux pour lesquels il est dans l'incertitude, ceux qui le préoccupent. Cette observation sera d'autant plus efficace que l'enseignant a anticipé ce qu'il vise à observer en ayant produit en amont de la situation une grille critériée d'observation.

Le document 23.1. propose un exemple de grilles pour collecter des indices langagiers et comportementaux.

Oral en situation de jeu libre										
		Intensité				Fréquence				
Expression et communication	articulation peu assurée									
	demeure en réception sans être en production									
	autocentration									
S'exprimer avec précision pour se faire comprendre	est capable de s'exprimer en petit groupe									
	évoque des faits									
	son expression est claire									
	fait usage de connecteur pour marquer une relation causale									
Participer à un échange verbal en respectant les règles de communication	respecte les règles d'écoute									
	respecte les règles de prise de parole et d'échanges									
	sait questionner autrui									
	réagit en fonction de ce qui a été dit									

Doc. 23.1. – Exemple de grille de collecte d'indices

À partir de cette prise d'indices, l'enseignant identifie les microcompétences dont l'élève observé dispose, mais aussi celles sur lesquelles il faudra agir car on constate qu'il ne parvient pas à les acquérir par ses ressources propres ou par simple imprégnation. L'enseignant sait donc où agir. Il peut alors s'immiscer dans les jeux afin de « faire jouer » et « jouer avec » l'élève.

Faire jouer : le respect des règles

Faire jouer les enfants est très certainement la modalité d'apprentissage la plus fréquente à l'école maternelle par le biais de très nombreux jeux éducatifs. Ces jeux s'accompagnent de modes d'emploi et de règles qui fonctionnent comme des consignes et, la plupart du temps, leurs objectifs renvoient tout autant au développement de l'enfant qu'au programme scolaire. Les élèves doivent apprendre à respecter des règles.

Axe de différenciation

Avec les plus fragiles, il est important que l'enseignant insiste avec eux sur la mémorisation des procédures. Cela doit passer par des moments institutionnalisés de verbalisation.

Voici un exemple d'activité en MS pour apprendre et mémoriser des règles de jeu lors d'APC.

L'enseignant avec un groupe de 4 élèves montre 3 photos des 3 jeux utilisés dans la période : le jeu du serpent, le Coloredo et la bataille. Il décrit le matériel d'un des jeux, les enfants doivent deviner de quel jeu il s'agit. Puis l'enseignant énonce une des règles d'un jeu. Par exemple, il faut employer autant de pions d'une couleur que ce qui est montré sur le modèle. Le mot « modèle » doit évidemment faire penser tout de suite au Coloredo. Cette séance peut être répétée autant de fois que nécessaire et par la suite, ce sont les élèves eux-mêmes qui posent des questions aux camarades.

Jouer avec les élèves : construire des scénarios de jeux

Jouer avec les élèves est une autre modalité d'apprentissage, peu souvent employée, et qui pourtant permet d'effectuer un travail de différenciation avec quelques élèves.

Axe de différenciation

L'enseignant a préparé en amont de la séance un canevas de scénario[3], ce qui n'empêche pas les élèves de prendre des initiatives dans l'action à mener ; l'adulte jouant un rôle au même titre que ses élèves, il accepte les prises de décision des enfants, est ouvert à leurs propositions, mais il peut également les discuter pour progressivement arriver à ses fins. Ces étayages discrets font toute la différence pour les élèves les plus fragiles qui n'ont pas forcément toutes les ressources personnelles pour être spontanément moteur dans le jeu. Les contributions de l'enseignant ouvrent sur de nouveaux champs d'investigation qui vont nourrir grandement les élèves qui ne sont pas habitués à rencontrer ces richesses de langage ou d'action. Par exemple, dans un jeu qui consiste à imiter une scène de la vie familiale comme mettre la table, l'enseignant amène les enfants à poser le couvert en prenant en compte des quantités souhaitées, en relation avec les apprentissages numériques du moment.

3. Pour des idées de scénarios, nous renvoyons au document ressource sur le site d'Eduscol, *Le Langage à l'école maternelle, Annexe IX. Faire évoluer des jeux de la petite section à la grande section.*

À chaque âge ses plaisirs[4]

Nous nous appuyons ici sur la classification de Jean Piaget[5].

Les jeux d'exercice

Les jeux d'exercice sont essentiellement sensori-moteurs et convoquent le plaisir de la répétition. À l'école, les tout-petits et les petits aiment manipuler, répéter à l'envi les mêmes gestes pour toucher des matières différentes, pour utiliser des instruments comme transvaser au moyen de divers objets (cuillères, pinces, entonnoirs), pour appuyer, faire rouler, etc.

La plupart de ces exercices concernent des gestes élémentaires, mais ils n'en demeurent pas moins très ludiques (et nécessaires à maitriser !) pour les petits. En voici une liste assez complète : remplir, vider, visser, dévisser, appuyer, faire rouler, enrouler, dérouler, plier, déplier, boucher, déboucher, ouvrir, fermer, empiler, frotter, gratter, déchirer, couper, accrocher, enfiler, lacer, boutonner. Ces manipulations contribuent au développement moteur et visuoperceptif de l'enfant et il faut bien comprendre que les élèves en ont besoin, et surtout les plus fragiles.

Il est donc important de prévoir des plages de jeux d'exercice dans son emploi du temps journalier. Le plaisir que les enfants mettent à s'absorber dans ce type d'activités est un indicateur de ce besoin d'agir. Ils sont à la fois la preuve que les enfants peuvent maintenir leur attention un certain temps et le moyen de les entrainer à se concentrer.

Axe de différenciation

Certains élèves ne montrent pas toujours d'appétences pour ce type de jeux. On observe parfois qu'ils semblent entravés dans la maitrise des gestes simples que ces jeux nécessitent. Comme ils sont essentiels au développement psychomoteur de l'enfant et développent la motricité fine des élèves, il est nécessaire de se montrer attentif aux élèves qui ne se tournent pas spontanément vers ces jeux.

La stratégie est de jouer avec eux. Dans une relation d'exclusivité, l'enseignant va partager pour un petit temps le plaisir qu'il prend lui-même à ces manipulations. Il va inviter l'enfant à utiliser différemment sa main, en faire découvrir les ressources que l'enfant n'exploite pas ou peu. Dans une démarche pleine de réassurance, l'enseignant va se faire initiateur.

---

4. Voir aussi le chapitre « Quels jeux pour quels âges ? » du document *Jouer et Apprendre, cadrage général* sur Eduscol, septembre 2015.
5. Jean Piaget, *La Formation du symbole chez l'enfant*, 8e éd., Paris, Delachaux et Niestlé, 1945.

En TPS et PS, ces exercices du toucher permettent aux enfants de s'entrainer à ne pas engager tout leur corps dans une action mais au contraire à solliciter qu'un seul segment corporel, ce qui, ensuite, va leur donner la possibilité d'agir avec beaucoup plus de précision.

Axe de différenciation

Il peut s'agir de mettre l'accent sur l'attention, la concentration, la précision du geste, c'est vers ces exercices qu'il faut orienter l'élève et cela jusqu'en GS. On se rend compte par exemple que les élèves les plus agités, très peu concentrés dans des activités d'apprentissages prédisciplinaires, peuvent mobiliser pour ces jeux une attention plus longue, pour peu qu'on leur donne de l'importance et que l'enseignant marque son intérêt pour ce que l'élève réussit à produire.

Les jeux symboliques

Ce sont des jeux de fiction qui impliquent la représentation d'objets ou d'êtres vivants absents. Pour Piaget, l'enfant opère une « assimilation déformante ». On voit souvent en PS, des élèves se servir par exemple d'un gros Duplo pour l'utiliser comme un téléphone. Il y a pour l'enfant un plaisir à assujettir symboliquement le réel, parce qu'il réalise des désirs, il comble des manques, il résout des conflits, etc.

Organisation des jeux symboliques en maternelle

En très petite section

On assiste presque toute l'année scolaire à une juxtaposition de jeux symboliques réalisés individuellement. C'est que l'enfant de 2 ou 3 ans se développe en intériorisant ce qu'il imite et il se sert presque exclusivement de jouets ou d'objets faisant fonction de jouets.

En petite section

Ces mêmes jouets vont progressivement être utilisés à plusieurs (la plupart du temps à deux) et donnent lieu vers la toute fin de l'année à un commencement de distribution de rôles, sans doute parce que le développement du langage le permet.

Un coin déguisements en GS ▲

En moyenne section

L'organisation se complexifie avec plus de jeux de rôles. Des formes de négociation, de concession apparaissent, donnant lieu souvent à des disputes, car la symbolisation reste très subjective et encore difficile à partager. Cela empêche d'établir des scénarios de jeu durables, mais les coins de jeux symboliques sont véritablement investis par les élèves. Les objets proposés sont utilisés pour ce qu'ils sont et quand ils sont détournés, c'est consciemment et pour en rire.

En grande section

Les jeux symboliques deviennent des jeux de rôles, avec une organisation collective plus précise. On y voit des jeux qui mêlent plusieurs caractéristiques : des actions sensorimotrices répétées, des formulations de règles sommaires, des scénarios de plus en plus longs et qui peuvent se dérouler sur plusieurs séances avec une permanence des « acteurs ». Dans ces jeux, chaque enfant joue physiquement le rôle qu'il a choisi ou qu'un camarade lui a assigné. C'est particulièrement vrai quand les élèves investissent les coins symboliques et imitent la vie quotidienne des adultes.

Axe de différenciation

Cette distinction que nous nous sommes efforcés de faire à partir de l'âge des élèves nous donne des pistes de différenciation, en particulier dans une classe **multiniveau.** En effet, il est intéressant d'accorder dans un premier temps le choix aux élèves du jeu symbolique qu'ils souhaitent utiliser. L'idée est d'inviter les élèves à aller vers le jeu de rôle afin de développer un imaginaire de plus en plus riche.

- **Les enfants de PS** aiment sans hésiter tous les jouets qui servent à imiter les adultes : le coin cuisine avec tous les ustensiles et les aliments, la chambre des poupées, l'établi de bricolage, la mallette du médecin, etc.
- **Quant aux MS**, ils se mettent à apprécier les jeux où, à deux ou trois, il est possible de fabriquer des objets au service de petits scénarios : fabrication de pistolets ou d'épées en Duplo pour se battre, assemblage de Kapla pour s'imaginer dans un château ou un bateau, mais ils aiment aussi se servir des marionnettes ou des animaux en plastique qu'ils font volontiers parler.
- Lorsque **l'enseignant de GS** prévoit pour ses temps de différenciation pédagogique une malle de déguisements avec des accessoires, apparaissent alors des jeux de fiction où un autre langage s'élabore. Les déguisements liés à la lecture d'une histoire constituent un dispositif de différenciation pédagogique particulièrement puissant qui génère du langage proche de l'écrit.

Si les déguisements renvoient directement à des histoires ou des contes étudiés en classe, les enfants sont alors capables de reproduire l'histoire en restituant des pans entiers du texte lu par l'enseignant. Les élèves peuvent aussi mobiliser leur imagination pour créer la suite d'une histoire, voire sa genèse.

• Pour **les élèves experts**, ce dispositif leur permet de planifier leur discours en même temps que leurs actions. En GS, ils aiment beaucoup jouer aussi avec des figurines qu'ils mettent en scène : ils inventent là encore des scénarios et sont capables de créer les décors de leurs histoires.

Dans son travail d'**évaluation**, l'enseignant n'oublie jamais que le jeu est un moyen puissant de différenciation ; certains critères d'évaluation sont extrêmement pertinents parce qu'ils donnent à voir le développement de l'enfant à l'école. En voici des exemples : « joue volontiers », « sait partager des jeux avec des camarades », « élabore des scénarios de jeux ».

Les jeux de règles

Dès que des relations sociales se mettent en place, les jeux de règles sont possibles. Ils supposent de la régularité et « l'idée d'obligation qui suppose deux individus au moins[6] ». Quant aux jeux de règles imposés, ils relèvent à l'école soit des jeux éducatifs de la production éditoriale, soit des jeux institutionnels, parfois patrimoniaux comme le jeu de l'oie ou le jeu du béret. Beaucoup de jeux de règles renvoient à la didactique des mathématiques, en particulier de la construction du nombre : la manipulation du dé ou des dominos et la perception rapide que les enfants doivent avoir des constellations sont de bons entrainements pour automatiser les petites quantités.

Axe de différenciation

D'une façon simple, l'enseignant est plus ou moins présent dans ces jeux de règle selon les besoins des élèves (leur degré de compréhension de la règle et l'autonomie qui en découle).

• **Pour les élèves experts :** certains peuvent d'emblée jouer entre eux. Le suivi de ces élèves permet de mesurer les progrès.

• **Pour les élèves fragiles :** il est nécessaire de mettre en place des ateliers de jeux sur la base de groupe de besoins ou d'atelier d'entrainement où l'enseignant s'installe et joue lui-même avec le groupe d'élèves qu'il a constitué. Le recours au langage et à l'explicitation va aider grandement les élèves plus fragiles à jouer de façon plus approfondie.

Plus tard, ils joueront sans l'aide de l'enseignant.

6. *Ibid.*

Les jeux numérisés sont proposés parfois en MS et GS. Ils captivent fortement les enfants et c'est pour cela qu'une médiation de l'adulte est nécessaire. Comme la plupart des autres jeux de règles, ils apprennent aux enfants des savoir-faire plus que des notions ; après l'activité, l'enseignant pointe avec l'élève ce qui a été appris, retrace avec lui le cheminement qui a permis la réussite ou au contraire ce qui a fait obstacle.

Un cas particulier : les jeux de construction

Ils s'apparentent aux trois catégories de jeux décrites (jeux d'exercices, jeux symboliques, jeux de règles). Avec les jeux d'exercices, ils ont en commun d'être des jeux d'adresse, puisqu'il faut manipuler, assembler, etc., à cette différence près que la manipulation devient combinaison de diverses actions vers un but très précis. Tout comme les jeux symboliques, les jeux de construction conduisent les enfants à bâtir des scénarios ; mais ils peuvent aussi en être leur suite logique quand le jeu symbolique devient imitation du réel (par exemple les constructions de maquette). Ils s'accompagnent souvent de programmes, de modes d'emploi, ce qui les rapproche des jeux de règles. Ils permettent très souvent aux enfants de réfléchir sur les objets, leurs matières, leurs formes, leurs assemblages, voire leurs équilibres.

Axe de différenciation

Ici la différenciation va résider dans le degré de guidage. Alors qu'un élève expert a juste besoin du modèle pour (re)produire une construction, il faudra pour un élève plus fragile soutenir son attention, l'encourager à persévérer. Dans un premier temps, l'enseignant réduit le nombre d'étapes de la construction (voir Jerome Bruner[7]). Puis il va miser sur la coopération entre élèves et le partage d'expériences.

Guidage à partir d'un modèle

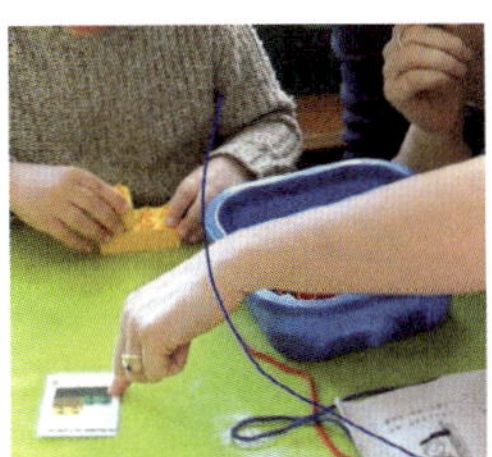

Guidage par la maitresse – PS ▲

Guidage par un enfant expert – PS ▲

7. Voir chapitre 13 « *Différencier les étayages* » où l'on aborde la simplification de la tâche qui renvoie à la fonction de « réduction des degrés de liberté ».

Le plan de travail

Le plan de travail initié par Célestin Freinet en école élémentaire – qui est l'un des fondements de sa pratique pédagogique – peut tout à fait être mis en place dès l'école maternelle. C'est un outil puissant au service de la différenciation pédagogique.

Il correspond totalement à l'esprit modulaire de son fonctionnement ordinaire.

En effet, son principe est simple puisqu'il s'agit de proposer aux élèves une série d'activités qu'ils vont devoir réaliser en autonomie et à leur rythme. Cette question de l'autonomie est essentielle à ce dispositif où l'enseignant n'a pas à intervenir.

À l'origine, le plan de travail est une « pédagogie des temps faibles[1] », comme l'a défini Raphaëlle Raab, le temps faible étant celui où volontairement l'enseignant ne vient pas au contact de l'élève. Est-il pour autant une « abstention pédagogique » de la part de l'enseignant, selon l'expression de Basile Bernstein, et qui, dans une dévolution excessive, attendrait que l'élève construise lui-même ses savoirs ? Non, car on ne donne pas au plan de travail une ambition démesurée. Il ne doit pas être considéré uniquement comme une stratégie d'apprentissage, mais aussi comme une modalité organisationnelle qui permet à l'enseignant de se rendre disponible auprès d'élèves fragiles avec lesquels durant ce temps dégagé, il va pouvoir mettre en place un groupe de besoins. Les autres élèves sont sur des activités non occupationnelles dans le sens péjoratif du terme.

Par ailleurs, le plan de travail peut également être une stratégie majeure pour favoriser l'acquisition de l'autonomie chez l'élève en respectant son rythme et ses besoins. On va donc accepter que les supports proposés dans le cadre de ce plan de travail soient différents selon les élèves. Dès lors qu'on opère ce choix, on prend le risque de voir les écarts s'accroitre entre les élèves. Ce qui serait un danger si la majorité du temps scolaire était basée sur cette modalité. C'est pourquoi le plan de travail doit être utilisé avec parcimonie, la modulation du niveau des exercices étant alors acceptable.

---

1. Raphaëlle Raab, *Vers une pédagogie des temps faibles*, thèse sous la direction de Philippe Meirieu, Université Lyon 2, 2015.

Axes de différenciation

• Le plan de travail permet de tenir compte des besoins des élèves ; plus d'activités pour certains et moins pour d'autres. Les élèves experts sont nourris sans pour autant basculer dans des activités dites « occupationnelles ».

• Avec un plan de travail, chaque élève peut travailler à son rythme et mesurer ses progrès. Le temps accordé à l'activité est une variable dont il faut tenir compte. C'est une forme de « pédagogie du contrat ».

• Le plan de travail favorise l'acquisition de l'autonomie et permet à l'enseignant de se libérer du grand groupe afin d'approcher les élèves qui en ont le plus besoin.

• Le plan de travail est source de motivation par le premier principe d'accorder le choix de l'activité à l'élève. Pour les élèves plus faibles, ils y trouvent un espace de réussite.

Quelques principes sont à suivre pour réussir la mise en œuvre du plan de travail.

Principes de mise en œuvre

- Tout d'abord, il faut que les propositions d'exercices correspondent à des notions déjà travaillées en classe et pour lesquelles il est maintenant nécessaire d'accorder **un temps d'entrainement et de structuration**.
- D'autre part, le fait que les élèves puissent travailler seuls nécessite qu'ils connaissent la nature des consignes proposées ; au risque sinon de les voir soit errer dans l'activité en passant à côté de sa fonction, soit de les obliger à venir solliciter des précisions auprès de l'enseignant.
- Parce que les élèves auront à travailler seuls, la motivation doit être à l'œuvre. Elle se gagne sans doute par des supports et des activités attrayantes, ne négligeons pas cet aspect. N'en faisons pas, cependant, une condition préalable, tant on observe que les élèves trouvent leur motivation d'abord dans l'importance et la fonction qu'ils donnent à la tâche. Les élèves les plus avancés se savent élèves et veulent montrer qu'ils le sont. Il est donc souhaitable de jumeler plaisir et contenus. Il est important d'accorder le choix de l'activité à l'élève. De nombreuses études montrent que le choix accordé est un critère important de motivation et l'activité a de grandes chances d'être réussie grâce à cette motivation.
- Le plan de travail n'est pas une activité optionnelle. Il est un vrai temps de la semaine, ou de la journée, de l'élève. Ainsi, si on l'adapte aux rythmes et aux compétences de chacun, il demeure un contrat tacite, un engagement à réaliser le contenu du plan comme il a été défini pour chacun des élèves.

- Le plan de travail concerne tous les élèves, car il inscrit l'élève dans autre chose que la simple exécution de tâches. L'élève est en situation de s'engager volontairement dans la tâche, il cherche à la dépasser et peut voir immédiatement ses résultats. Les élèves les plus fragiles trouvent dans ce dispositif un formidable espace de progrès.
- Le plan de travail ne doit pas être systématiquement employé, car l'enfant de maternelle a aussi besoin de s'ennuyer... Il doit aussi disposer de temps pour lui, pour faire un dessin, pour parcourir un livre dans le coin bibliothèque, pour échanger avec un camarade choisi. La classe doit pouvoir répondre à ces besoins physiologiques. Tout temps libre n'est pas à remplir par le plan de travail. Mais, *a contrario*, beaucoup d'élèves sont vite désœuvrés si l'on ne cadre pas un peu ces temps de décompression et, du coup, ils sont désireux d'entreprendre une activité qu'ils identifient comme du « travail ». D'ailleurs, ne viennent-ils pas à l'école pour cela ?
- Le plan de travail va donner l'occasion à tous les élèves d'être au travail. Les élèves perturbateurs ou à besoins particuliers notamment vont de ce fait ne plus être isolés et trouver des activités dans lesquelles ils seront en réussite, puisqu'elles auront été pensées spécifiquement pour eux.
- Quant aux élèves plus experts, ils vont pouvoir trouver le moyen de « moins s'ennuyer », car ils seront alors suffisamment nourris. Pour eux, il faut veiller à ce que les activités faites en plus soient valorisées à un moment de la journée et devant toute la classe. Sans quoi, ils risquent de ne plus vouloir les faire...

Quand utiliser le plan de travail ?

Quand le besoin s'en fait sentir

Le plan de travail est un outil souple qui offre la possibilité aux élèves de ne jamais rester sans rien faire pour peu que le travail demandé de façon « ordinaire » en dehors de ce plan de travail soit terminé. On mesure ainsi l'intérêt que peut avoir un élève à investir son plan de travail dès qu'il a du temps disponible pour poursuivre une activité amorcée ou en commencer une nouvelle. Ce plan peut donc être utilisé comme « roue de secours » pour les élèves plus rapides. Il est souvent réclamé par les élèves eux-mêmes.

Sur des plages horaires régulières

Le plan de travail pour tous

Certains élèves qui ne parviennent quasiment jamais à finir un travail en avance ne pourront pas s'investir dans ce dispositif. C'est pourquoi des moments doivent être consacrés à des activités « plan de travail » pour toute la classe – des moments inscrits dans l'emploi du temps affiché dans la classe et faire l'objet d'un rappel en début de journée. Tous les élèves doivent pouvoir être confrontés au choix de l'activité, à la gestion du temps, au respect des engagements. On entre ainsi dans une pédagogie du contrat dont on entrevoit les bienfaits, et en particulier celui de faire en sorte que l'élève soit effectivement acteur de ses apprentissages.

Le plan de travail associé à un groupe de besoins

Comme nous l'avons vu plus haut, le plan de travail va permettre à l'enseignant d'être disponible pour la mise en œuvre d'un groupe de besoins, dont le contenu pourra s'appuyer sur les activités proposées dans le plan de travail (il suffit de demander aux élèves concernés de cocher l'activité souhaitée), mais ce contenu pourra aussi être différent de ce que le plan de travail permet aux autres élèves de mobiliser. Toutefois, comme nous l'avons mentionné, c'est un temps indispensable à ces élèves qui nous préoccupent le plus. Afin de ne pas générer de frustration, l'idéal sera, juste après le groupe de besoins, de laisser du temps à ces élèves d'investir eux aussi leur plan de travail.

Axes de différenciation

- On peut envisager que tous les élèves se retrouvent au final sur le plan de travail même si la durée de celui-ci n'a pas été identique.
- On peut aussi envisager une permutation des groupes, l'enseignant regroupant autour de lui les élèves plus experts pour une tâche particulière. Il faudra cependant exclure qu'elle soit à fort contenu notionnel au risque là encore d'accroitre les écarts entre les élèves.
- On peut par exemple travailler autour d'activités coopératives, de réalisations d'affichages didactiques et de référentiels ou tout simplement d'embellissement de la classe. Il importe que ce travail supplémentaire vise le bien-être et le bien-apprendre de tous les élèves, les compétences de ces experts étant alors mises au service des autres.

Le contenu du plan de travail

Le plan de travail gagne à être hétéroclite avec des activités prises dans différents champs disciplinaires, ou encore avec des activités de type « méthodologique », par exemple le rangement des casiers ou l'organisation du cahier de vie.

Pour des raisons pratiques, on peut choisir un plan de travail construit sur une base commune, c'est-à-dire proposer quatre à sept activités inscrites dans différents champs disciplinaires, sur des supports toujours identiques et avec des consignes récurrentes.

Axe de différenciation

Ce qui va changer d'un élève à l'autre peut être son degré d'avancement dans la progression.

Le monde éditorial offre de nombreux supports répondant à ce type de progression du plus simple au plus complexe, sur la base de consignes similaires.

On trouvera de nombreux fichiers chez la plupart des éditeurs, mais aussi des supports en dur : Logico primo (MDI), Veritech (Sed)... Des jeux poursuivent également cette même ambition : Rushhour (Thinkfun), Camelot Jr, Château Logique, Le Petit Chaperon rouge Logique, Il était une ferme, Jungle Cache-Cache (Smart Game), Jumpin'XXL, SmartCar Mini, Logic City... Et bien sûr le matériel Montessori. On trouvera dans l'ouvrage de Sylvain Connac[2] de nombreux exemples de plans de travail qui permettront à chacun de trouver la forme, la durée et les contenus qui lui conviennent.

L'organisation

Quatre à six activités peuvent être proposées sur la semaine. Elles sont inscrites dans un tableau à double entrée bien positionné à hauteur des enfants dans la classe (doc. 24.1.).

	Les lettres A B	La logique 	Les nombre 123	Les histoires 	Graphisme, écriture 	La vie de la classe : aider 
Théo				X		
Farid	X					X X X
Samira			X X			
Alice		X			X	
Boubakar			X			
Justine		X				
Ambre				X	X	

Doc. 24.1. – Tableau à double entrée pour organiser les activités de la semaine

2. Sylvain Connac, *Apprendre avec les pédagogies coopératives. Démarches et outils pour l'école*, Paris, ESF éditeur, 2009.

Afin de respecter la pleine autonomie et fluidifier les mises en œuvre, le matériel est prêt dans des boites repérables. On peut par exemple utiliser une gommette de couleur pour faire correspondre activité du tableau et matériel disponible dans la classe.

Une grille commune permet de cocher les activités choisies et réalisées afin de suivre et réguler les activités. Il n'est pas interdit de passer plusieurs fois sur la même activité, même s'il faut avoir réalisé au moins une fois chaque activité.

Il peut être intéressant de nommer un **maitre du plan**. Cet élève, dont ce sera le service de la semaine, connait parfaitement les tâches à réaliser. Il peut transmettre les consignes et sert donc de personne-ressource. Il peut inciter un élève qui ne réalise pas son plan ou qui oublie de le faire à mieux s'inscrire dans le projet et sert alors de tuteur.

S'appuyer sur d'autres adultes : ATSEM et AESH

La classe maternelle a comme spécificité de faire coexister deux types de personnel : les professeurs des écoles, relevant de la fonction publique de l'État, et les agents territoriaux spécialisés des écoles maternelles, relevant de la fonction publique territoriale. Il est intéressant ici de préciser le rôle de l'ATSEM, en particulier sur la nature de la différenciation qu'il est amené à mettre en œuvre.

Le travail de différenciation avec l'ATSEM

En TPS et PS, l'enfant ne fait pas la distinction entre enseignant et ATSEM ; il se tourne spontanément vers l'adulte, dont il se sent le plus proche, celui qui est le plus à même de lui donner une sécurité affective. Ce choix opéré par l'enfant est nettement visible à l'accueil du matin qui doit être pensé par l'enseignant comme un moment de forte individualisation. Il semble important que l'enseignant prenne en compte l'attachement de l'élève pour tel adulte, lorsqu'il envisage une différenciation qui, dans le cas présent des TPS et PS, passe le plus souvent par une relation duelle. C'est en effet dans cette relation que l'apprentissage du langage se réalise avec les plus jeunes. L'ATSEM doit donc être conscient que la verbalisation est primordiale dans les situations fortement individualisées d'apprentissages scolaires ou de soin et d'hygiène.

Fonctions de l'ATSEM

Sous la responsabilité de l'enseignant, l'ATSEM participe à la mise en œuvre des activités pédagogiques, en apportant une aide matérielle ou en encadrant un groupe d'enfants. Pour connaitre les objectifs attendus par l'enseignant, l'ATSEM a tout intérêt à avoir à l'avance une trace écrite du travail qu'il doit mener : c'est nécessaire à la conduite de l'atelier qu'il encadre, ça l'est encore plus dans le cadre d'un décloisonnement, en autonomie hors de la classe.

Dans son accompagnement des apprentissages, l'ATSEM contribue à l'autonomie des élèves, en cela il y a nécessité pour l'enseignant de savoir quel est le degré de guidage proposé pour chaque enfant : ni trop ni trop peu.

L'ATSEM et l'enseignant conduisent chacun un atelier

L'ATSEM doit savoir exactement ce qui est attendu par l'enseignant et quelle différenciation prodiguer. La clarté cognitive ne concerne pas seulement les élèves, les adultes doivent donner à voir de la cohérence dans leur façon de mener les apprentissages. Dans le cadre d'un groupe homogène par exemple, des élèves ont été réunis parce qu'ils commencent un travail écrit indifféremment à droite ou à gauche. L'ATSEM exerce une vigilance accrue, verbalise et propose un étayage adapté à chaque situation. Certains enfants auront besoin d'un simple rappel, d'autres d'un repère écrit, voire d'un fléchage, assortis d'un pointage par l'ATSEM, d'autres d'un guidage plus fort encore comme l'accompagnement physique de la main.

L'ATSEM prend en charge la plus grande partie du groupe classe pendant que l'enseignant s'occupe de quelques élèves

L'enseignant et l'Atsem se sont entendus à l'avance sur l'activité à mener en grand groupe, par exemple une activité de motricité, des activités en autonomie. Ce cas de figure est notamment précieux lorsque l'enseignant a besoin de s'isoler pour mettre en place un atelier de langage avec des petits parleurs.

L'ATSEM et l'enseignant s'occupent ensemble d'un petit groupe d'élèves

Parfois, l'enseignant et l'ATSEM s'occupent ensemble d'un petit groupe d'enfants, par exemple dans une activité d'empreintes à la peinture en PS ou dans le guidage à effectuer des gestes très précis comme le montage d'une structure complexe en Lego en GS. Dans ce cas, le reste de la classe est invité à jouer librement ou à s'adonner à des activités autonomes (voir chapitre 24 « *Le plan de travail* »).

L'enseignant, après avoir expliqué le travail, se retrouve avec l'ATSEM autour d'une table avec quelques élèves bien identifiés pour prodiguer de l'aide et pour discuter de la tâche. Cette forme de coopération n'est pas négligeable. Elle offre d'abord l'intérêt de montrer aux élèves un dialogue entre adultes, un dialogue qui produit une réflexion à deux voix sur l'apprentissage en jeu. Ensuite deux adultes conduisant un même atelier observent mieux les élèves au travail et peuvent produire des analyses diversifiées et plus fines.

L'ATSEM s'occupe particulièrement d'un enfant

C'est souvent le cas lorsqu'un enfant est en attente d'une reconnaissance de handicap, processus qui peut s'avérer long. Avant de pouvoir bénéficier d'un AESH, l'enfant est souvent accompagné par l'ATSEM qui intervient par exemple pour circonscrire un comportement difficile ou pour amener l'enfant à écouter une lecture, une consigne.

Le travail de différenciation avec l'accompagnant des élèves en situation de handicap (AESH)

L'école maternelle est tenue d'appliquer les grands principes de l'école inclusive, définie comme une école pour tous et adaptée à chacun. Chaque enfant en situation de handicap doit pouvoir vivre sa scolarité avec succès et pour cela l'école doit mettre en place des adaptations nécessaires. C'est une nouvelle façon de considérer la différence pour l'école qui doit penser des dispositifs en fonction des besoins de chaque enfant. La reconnaissance du handicap d'un enfant aboutit à un projet personnel de scolarisation et entraine dans la grande majorité des cas un accompagnement spécifique prodigué par un AESH.

Fonctions de l'AESH

À l'école maternelle, l'AESH est chargé, selon une durée déterminée, d'apporter une aide individuelle sous la responsabilité de l'enseignant ; cette aide peut s'adresser à un ou plusieurs élèves. Il y a nécessité pour ces deux professionnels de se concerter, d'envisager leur rôle respectif vis-à-vis de l'enfant handicapé. À l'école, l'AESH doit favoriser autant que faire se peut l'autonomie de l'élève en veillant à sa sécurité (voire à celle des autres élèves), au développement de sa socialisation et en lui donnant accès aux apprentissages.

Si l'aide apportée est individualisée, l'AESH peut néanmoins mettre en œuvre son travail de guidage dans le cadre d'un atelier. Dans ce cas, il reçoit de l'enseignant la mission d'encadrer un petit groupe d'élèves car, à l'école maternelle, il est important que chaque enfant bénéficie d'interactions pour apprendre.

Comme avec l'ATSEM, l'enseignant envisage avec l'AESH la division du travail selon diverses modalités. La présence d'un AESH est une vraie richesse pour la classe par sa spécialisation d'abord et aussi par la possibilité qu'il offre d'obtenir un taux d'encadrement plus important.

Axe de différenciation

L'adaptation de la consigne est une question qui se pose constamment. Il serait dommageable pour l'élève qu'elle soit pensée dans l'improvisation, juste avant la mise au travail.

Par sa proximité physique, l'AESH est en situation d'observer au plus près le cheminement d'apprentissage de l'élève. Ce poste d'observation lui permet de reformuler la consigne d'une façon personnelle, d'accompagner l'enfant dans sa mise au travail, de le remobiliser quand il le faut.

Il peut apporter une aide à l'enseignant dans son travail d'évaluation en donnant son point de vue et en mettant en perspective les erreurs et les réussites de l'enfant. Son rôle est essentiel pour faire percevoir les progrès de l'enfant, à lui-même en premier lieu pour le valoriser au maximum, mais aussi à l'enseignant et aux parents.

En concertation, l'enseignant et l'AESH analysent les obstacles à venir, prévoient ensemble les ajustements possibles des tâches et, dans la préparation, les supports différenciés de travail. Tous deux ont pour objectif le développement de l'autonomie de l'élève sans entrainer de dépendance.

Conclusion

Dans le référentiel de compétences[1] communes à tous les professeurs et à tous les personnels d'éducation, y compris à l'école maternelle, qu'il s'agisse de professeurs des écoles ou de professeurs du second degré, il y a bel est bien la compétence quatre qui stipule qu'il faut pouvoir « prendre en compte la diversité des élèves » dans tout acte d'enseignement. Il s'agit donc de parvenir à adapter son enseignement et son action éducative à cette diversité.

Une fois ce cadre institutionnel donné, la tâche de l'enseignant peut s'avérer complexe pour justement satisfaire à cette compétence professionnelle et le recours à une pédagogie différenciée devient alors incontournable. Mais quoi de plus satisfaisant pour l'enseignant que de parvenir à prendre en compte cette diversité ? Quoi de plus noble que de chercher à lutter contre toute forme de déterminisme social ? Quoi de plus prometteur que de faire en sorte que l'école maternelle se pose déjà ces questions de différences entre élèves et y voit là une chance inouïe de développer l'entraide, l'acceptation de l'autre tel qu'il est, la fraternité ?

Rappelons rapidement les principales différences qui existent. Elles concernent déjà l'âge des élèves dont l'écart peut être conséquent dans une même classe, mais aussi l'aisance de certains ou, à l'inverse, la « réticence », toute naturelle et nullement problématique à ce niveau de la scolarité, à suivre les apprentissages dispensés. Et puis, l'immersion dans le grand groupe d'élèves que constitue la classe peut s'avérer à lui seul être un obstacle difficile à franchir pour certains élèves tant il est en opposition avec l'univers sécurisant de la famille. Cela peut créer des difficultés voire des refus de parler devant les autres, des réactions parfois « musclées » qu'il faut canaliser, des incompréhensions devant la nécessité d'attendre et d'accorder une place aux autres. C'est cela devenir élève et tous ne le font pas en même temps ni à la même vitesse.

Tous les dispositifs que nous nous sommes efforcés de développer dans ce livre visent à aider les enseignants à tenir compte de ces différences. Nous les avons souhaités simples à déployer afin qu'ils puissent s'inscrire dans le quotidien de la classe et contribuer à forger une réelle compétence professionnelle.

Mais au-delà de ces dispositifs, c'est avant tout le regard que porte chaque enseignant sur les élèves qui lui sont confiés que nous avons voulu affiner. Ce regard, rempli de bienveillance mais aussi d'exigence, vise l'épanouissement de chacun et la réussite de tous. Il s'agit réellement, comme nous l'avons évoqué dans notre introduction, de convoquer l'égalité des chances, élément constitutif de notre école républicaine.

---

1. *BO* n° 13 du 26 mars 2015 – Descripteur des degrés d'acquisition des compétences à l'entrée dans le métier (fiche 14).

Bibliographie

Astolfi J.-P. (1992). *L'École pour apprendre*, Paris, ESF éditeur.

Battut É., Bensimhon D. (2018). *Faire réussir les élèves avec la pédagogie différenciée – cycle 2*, Retz, 2018.

Battut É., Bensimhon D. (2018). *Faire réussir les élèves avec la pédagogie différenciée – cycle 3*, Retz, 2018.

Bautier É. et Goigoux R. (2004). « Difficultés d'apprentissage, processus de secondarisation et pratiques enseignantes : une hypothèse relationnelle », *Revue française de pédagogie*, n° 148, 2004, p. 89-100.

Bautier É. (dir.) (2006), *Apprendre à l'école, apprendre l'école : des risques de construction d'inégalités dès la maternelle*, Lyon, Chronique sociale.

Brigaudiot M. (2015). *Langage et école maternelle*, Hatier.

Bruner J. (1983). *Le Développement de l'enfant : savoir faire, savoir dire*, Paris, PUF.

Connac S. (2009). *Apprendre avec les pédagogies coopératives. Démarches et outils pour l'école*, Paris, ESF éditeur.

Florin A. (1999), *Le Développement du langage*, Dunod.

Forget A. (2017), « Quels sont les différents types de différenciation pédagogique dans la classe ? », *Rapport de la conférence de consensus « La pédagogie différenciée »*, CNESCO.

GFEN (coll.) (2009). *Pour en finir avec les dons, le mérite, le hasard*, Paris, La Dispute.

Kahn S. (2010). *Pédagogie différenciée*, Bruxelles, De Boeck.

Lentin L. (2009). *Comment apprendre à parler à l'enfant*, Paris, ESF éditeur.

Meirieu Ph. (2016). *L'École, mode d'emploi*, Paris, ESF éditeur.

Montessori M. (2018). *L'Enfant*, Desclée de Bouwer.

Passerieux C. (dir). (2014), *Construire le gout d'apprendre à l'école maternelle*, Lyon, Chronique sociale.

Perrenoud Ph. (1997). *Pédagogie différenciée. Des intentions à l'action*, Paris, ESF éditeur.

Rey B. (2017). « Comment concilier la différenciation pédagogique avec les objectifs de la scolarité obligatoire ? », *Rapport de la conférence de consensus « la pédagogie différenciée »*, CNESCO.

PÉROZ P. (2015). *Apprentissage du langage oral à l'école maternelle, pour une pédagogie de l'écoute*, Canopé.

PIAGET J. (8e éd. 1994). *La Formation du symbole chez l'enfant*, Delachaux et Niestlé.

WALLON H. (1re éd. « Quadrige » 1989). *Les Origines de la pensée chez l'enfant*, PUF.

Sitographie

- **Eduscol**

Programme et ressources pour l'école maternelle

https://eduscol.education.fr/pid33040/programme-ressources-et-evaluation.html

Une ressource pour le langage et la différenciation

https://cache.media.eduscol.education.fr/file/Langage/42/1/Ress_c1_langage_oral1.4_456421.pdf

- **Institut Français de l'Éducation :**

http://ife.ens-lyon.fr/ife

Un site de référence qui offre entre autres, des éléments sur la maternelle.

- **Groupe Français d'Éducation Nouvelle (GFEN) :**

http://www.gfen.asso.fr/fr/accueil

Ce site propose des pistes aussi sur la maternelle.

- **Trois sites « personnels » qui offrent des ressources (2020)**

– École Petite section, site dédié à la petite section : http://www.ecolepetitesection.com/

– Matern'ailes, site d'une enseignante qui pratique le double-niveau : http://maternailes.net/

– Objectif maternelle, site d'une maitresse formatrice en MS-GS : http://objectifmaternelle.fr

N° de projet : 10260219
Achevé d'imprimer en France en août 2020
sur les presses de l'imprimerie Chirat
N° 202007.0299